김옥란
연극평론집

블랙아웃,
블랙리스트와
미투

블랙아웃, 블랙리스트와 미투
초판 1쇄 발행 2021년 10월 30일
초판 2쇄 발행 2022년 10월 10일
지은이 김옥란 **펴낸이** 박성모 **펴낸곳** 소명출판 **출판등록** 제1998-000017호
주소 서울시 서초구 사임당로14길 15 서광빌딩 2층
전화 02-585-7840 **팩스** 02-585-7848
전자우편 somyungbooks@daum.net **홈페이지** www.somyong.co.kr

값 22,000원 ⓒ 김옥란, 2021
ISBN 979-11-5905-650-5 03680

김옥란
연극평론집

블랙아웃,
블랙리스트와
미투

Blackout, Blacklist and #MeToo

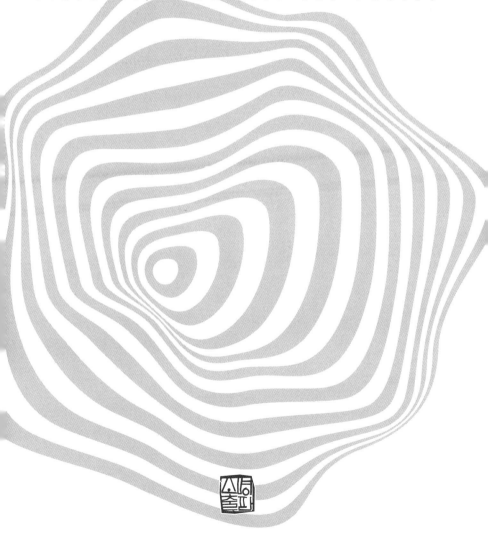

네 번째 평론집을 냅니다. 2016년부터 2018년까지 무대에 올라간 연극과 함께 한 시간들입니다. 제목 '블랙아웃blackout'은 무대에서의 암전暗轉을 뜻합니다. 일상생활에서는 정전停電이나 전자기기가 갑자기 먹통이 되는 일을 가리키기도 합니다. 연극제작과정에서 연습팀이 극장에 들어가서 가장 마지막에 확인하는 과정이 블랙아웃 테스트, 곧 암전 테스트입니다. 암전 테스트는 극장의 불을 모두 껐을 때 새어나오는 빛은 없는지 확인하는 일입니다. 무대의 시간은 암전 상태에서 빛과 함께 흐르기 시작합니다. 그러기 위해서는 칠흑 같은 어둠이 먼저 있어야 합니다. 관객으로서도 암전은 묘한 경험입니다. 공연은 암전과 함께 시작됩니다. 객석 조명이 꺼지면 관객들은 일상의 시간과 공간의 감각을 끄고 공연에 몰입하게 됩니다. 다른 시간 속으로 들어가게 됩니다. 막과 막, 혹은 장과 장 사이에도 암전이 있습니다. 막과 장이 바뀌면 이전으로는 돌아갈 수 없는 다른 시간들이 기다리고 있습니다.

2016년부터 2018년의 무대는 블랙리스트 이후, 그리고 미투운동과 함께 한 시간이었습니다. 2016년 10월의 일을 이야기하지 않을 수 없겠습니다. 최순실 국정농단 사건, 태블릿PC, JTBC, 팩트체크, 촛불집회, 국회 대통령 탄핵소추안 가결, 특검수사, 헌법재판소의 시간이 지나갔습니다. 겨울의 차가운 광장에서 2016

년을 보내고 2017년을 맞이하였습니다. 연극무대보다 극적인 시간들이 광장에서 흘렀습니다. 촛불집회 현장은 우리 사회의 거대한 블랙아웃, 장면전환의 시간이었습니다. 연극인들은 광화문 광장에 텐트극장을 치고 연극을 이어갔습니다.

그리고 다음 겨울, 2018년 2월 미투 폭로와 고발이 이어졌습니다. 2018년 2월 19일 오전 10시 연출가 이윤택은 공개사과를 하고, 극단 연희단거리패는 해체되었습니다. 연희단거리패 30주년을 기념하는 30스튜디오에서 열린 기자회견장에서의 일입니다. 32년 역사의 극단이 한순간에 사라졌습니다. 연출가 오태석에 대한 미투 폭로도 이어졌지만 현재까지도 그는 행적을 감추고 있습니다. 거장답지 않은 추락입니다. 어느 때보다도 참담한 시간을 보내며 말을 잃었던 시간들이었습니다. 그럼에도 다시 극장에 들어서면 이전과는 완전히 달라진 태도로 공연을 보고 있는 스스로를 거듭 확인하게 됩니다. 피해자다움의 강요가 아닌 피해자 중심 관점, 공연의 결과물뿐만 아니라 연극제작과정에서의 윤리적 관점도 중요해졌습니다. 그리고 장애인과 성 소수자 연극이 제대로 조명되기 시작하였습니다. 또 한 번의 블랙아웃으로 이전과는 돌이킬 수 없는 완전히 다른 시간 속으로 나아가고 있었습니다.

이 시간 동안 연극인들의 무대로부터 많은 것을 배웠습니다. 산울림소극장에서 올라간 젊은 극단 라스의 공연 〈헤카베〉는 극중

'사건번호 17-0315'와 함께 시작합니다. 이 숫자는 공연의 초연 날짜이면서, 박근혜 대통령의 검찰조사가 결정되고, 대선 날짜가 결정되던 날입니다. 공연팀은 헤카베를 트로이뿐만 아니라 우리의 광장의 어머니로 적극적으로 불러오고 있습니다. 제1회 페미니즘 연극제 참가작 〈이방연애〉을 보러 간 날은, 대학로에서 불법촬영 편파수사를 반대하는 여성집회가 열렸습니다. 차도를 가득 메운 거리에서는 뜨거운 구호가, 극장에선 차가운 암전이 관객을 기다리고 있었습니다. 국립극단 근현대희곡의 재발견 시리즈 공연으로 올라간 윤백남 〈운명〉의 여주인공 메리를 이 시기에 다시 만난 것도 감사한 일 중의 하나였습니다. 메리를 피해자의 피해자다움을 거부하는 인물, 행동하는 여성인물로 다시 이해하게 된 것은 온전히 미투 운동 덕분이었습니다. 미투 운동의 관점은 이전에는 보이지 않았던 많은 것들을 볼 수 있게 해주었습니다.

2016년부터 2018년까지 짧은 시간 동안 어느 때보다 많은 일들이 일어났습니다. 세상이 뒤집어졌고, 이전으로는 다시 돌아갈 수 없는 시간들입니다. 이제는 새로운 등장인물들을 주목하고 그들이 만들어가는 새로운 드라마에 집중해야 하는 때입니다. 오래 마음을 다하는 시간이 다시 필요합니다. 연극인들 스스로 성장하고 단단해지는 시간에 극장에 함께 있었다는 사실에 감사합니다. 세월호에 대한 슬픔의 연대로부터 시작된 블랙리스트와 이후, 미투 운동과 이후, 그리고 한국연극의 새로운 문을 두드리는 소리들에 더 예민하게 귀를 기울이도록 하겠습니다.

이 책의 원고를 출판사로 떠나보내고 2년이 흘렀습니다. 이 또한 운명일까요? 그 후 2년 동안 꼬박 코로나와 함께 하고 있습니다. 더 우울한 소식도 있습니다. 2020년 12월 남산예술센터가 폐관되었습니다. 뒤늦게 머리말의 글을 다시 쓰면서, 또다시 말문이 막히네요. 어느 한 순간 긴장을 놓을 수 없었던 시간이었습니다. 무관중 공연, 비대면 온라인 공연, 큐알 체크인 입장에도 익숙해졌습니다. 거리두기 좌석제로 티켓을 구할 수 없어 예매오픈 시간을 기다려 '광클광속으로 클릭'하는 일도 익숙해졌습니다. 그럼에도 극장의 문은 닫히지 않았습니다. 국가가 운영하는 대극장 문은 닫혔어도, 민간 소극장들의 문은 닫히지 않았습니다. 평범한 일상이 멈춘 시간 속에서 문화와 예술이 얼마나 우리 삶에 소중한 것들이었는지 절감하고 있습니다.

연습도 마스크를 쓰고 진행하고 있습니다. 한 연출가가 말했습니다. 마스크를 쓰게 되니 사람들이 오히려 서로의 눈을 바라보면서 대화를 한다고요. 관객들도 말합니다. 마스크를 쓰고 있으니까 더 열심히 눈빛으로 배우들에게 응원의 메시지를 보내게 된다고요. 말없는 눈빛의 연대 속에서 계속 극장의 불빛이 지켜지고 있습니다. 모두에게 감사한 마음뿐입니다. 극장 로비에서 반갑게 손을 맞잡고 큰 소리로 웃으며 애기할 수 있는 그날이 빨리 오길 기다리며, 이 글을 마무리합니다. 오래 기다려주신 소명출판 편집자 선생님들께도 감사드립니다.

2021년 10월

김옥란 드림

차례

제3부　드라마투르그 노트

국내 창작극

외국 원작극

제1부

블랙리스트와
미투

—

블랙리스트를 넘어,
국립극단과 대학로 연극의
풍경

—

한국연극과 페미니즘,
'미투'와 새로운 감각의 확장

—

블랙리스트를 넘어,
국립극단과
대학로 연극의 풍경

2015 국립극단 공연 총평[*]

국립극단 2015 연차보고서

국립극단은 2015년 4월 명동예술극장과 통합되었다. 2010년 7월 국립극단 재단법인화 이후 5년, 이제야 비로소 국립극단의 이름에 걸맞는 제대로 된 전용극장을 갖추게 되었다. 새롭게 정비된 홈페이지 소개에 의하면, 국립극단은 "명동예술극장과 백성희장민호극장, 소극장 판 등 3개의 연극 전용극장을 보유한 국내 최대 연극제작 단체"가 되었다. 그만큼 "우리나라를 대표하는 연극전문 공익단체"로서 책임과 임무도 무거워졌다. 2015

---

[*] 이 글은 원래 『국립극단 연감』으로 작성된 글이다. 그러나 원고가 완성된 시점에 아무런 해명 없이 정식 출판물이 아니라 비공개 내부 연차보고서 형식으로 변경되어 출간되었다. 2015년은 국립극단 공연을 대상으로 블랙리스트 검열이 조직적으로 전개되기 시작한 원년이다. 이는, 글을 쓰던 당시에는 미처 인지하지 못했으나, 블랙리스트 진상조사위원회의 결과 발표 및 검열백서 발간에 따라 뒤늦게 밝혀진 사실이다. 2015년의 상황을 기록으로나마 남겨두기 위하여 이 글을 이 책에 함께 수록한다. 블랙리스트 검열백서 『문화예술계 블랙리스트 진상조사 및 제도개선위원회 백서』는 2019년 2월 본책 4권과 부록 6권으로 발간되었다. 국립극단 검열과 관련한 조사 결과는 제2~3권 제42장 (재)국립극단 블랙리스트 실행 사건, 제43장 2016 국립극단 '작가의 방' 검열 사건 항목에 수록되어있다.

년은 김윤철 예술감독 체제 2년차로 가장 의욕적인 시기였다. 성과도 뒤따랐다. 〈조씨고아, 복수의 씨앗〉은 동아연극상 대상·연출상·연기상, 대한민국연극대상 대상·연출상·연기상, 한국연극평론가협회 올해의 연극 베스트3, 월간 한국연극 올해의 연극 베스트7 등을 수상하며 2015년 최고의 작품이 되었다.

관객

국립극단 2015년 작품은 전체 18편이다. 전년도 제작편수는 20편이었다. 국립극단과 명동예술극장의 통합과 내외부적 변수로 인해 한 해 동안 공연 일정이 다소 불안정하게 운영되었다. 기존 명동예술극장에서 기획했던 〈리어왕〉, 〈문제적 인간 연산〉, 〈아버지와 아들〉, 〈조씨고아, 복수의 씨앗〉이 국립극단 제작으로 올라갔고, 연간 라인업으로 예고되었던 하반기 작품들이 교체되거나 제작이 중단되었다. 〈키 큰 세 여자〉는 이윤택에서 이병훈으로 연출이 교체되어 공연되었고, 〈혜경궁 홍씨〉는 〈시런〉으로 대체되어 공연되었다.[1] 〈세인트 존〉은 김광보 연출이

---

[1] 블랙리스트 진상조사위원회에 의하면, 이 또한 검열과 관련이 있었다. 2015년 1월 〈빛의 제국〉, 〈문제적 인간 연산〉, 〈조씨고아, 복수의 씨앗〉, 〈Saint Joan〉, 〈아버지와 아들〉의 5작품과 이윤택 연출의 〈혜경궁 홍씨〉, 〈키 큰 세 여자〉, 〈어머니〉에 대하여 청와대 지시에 따라 문체부가 국립극단·명동예술극장측에 공연취소 가능성을 물어보았고, 공연 취소시 파장을 고려하여 그대로 진행하라는 양해조치가 있었다. 그런데 이윤택 연출가의 경우, 양해 조치가 있었지

서울시극단 예술감독으로 취임하면서 공연이 무산되었다. 국공립 제작극장 체제에서 이미 자리 잡은 시즌 티켓이나 연간 패키지 티켓을 구매한 관객들에게는 혼란스러운 상황이었다.

국공립 제작극장 체제의 가장 큰 성과로 언급할 수 있는 대중 관객 개발과 관련해서 이제는 단지 관객을 불러 모으고 객석을 채우는 홍보 마케팅의 성과 못지않게 극장을 찾아온 관객들의 충성도를 유지시키는 관객 정책도 중요하다. 관객 정책적 차원에서도 단기적으로는 1년, 장기적으로는 2·3년간 안정적인 극장 운영이 필수적이다. 예술의전당의 입장권 판매 자체조사에 의하면 예술의전당 관객 또한 기존 40·50대에서 20대로 고정 관객층이 이동하고 있다는 보고가 있다.[2]

지금 현재 국립극단 공연에 대해서도 '믿고 보는' 관객층이 형성되어 있다. 특히 어린이청소년극연구소의 청소년극 장르 개발과 청소년 관객 발굴은 국립극단만이 가능한 일이었다. 재단법인 국립극단의 지난 5년간 지속적인 노력의 결과이다. 2015년 상반기 연극계에 치명적인 타격을 주었던 메르스의 한파에도 국립극단의 객석은 찼다. 더더욱 관객과의 신뢰 유지와 고정 관

만 2015년 6월 〈문제적 인간 연산〉 공연 연습 당시 국립극단 직원에 대한 성희롱 발언으로 공연에서 하차하였다. 문화예술계 블랙리스트 진상조사 및 제도개선위원회 편, 『문화예술계 블랙리스트 진상조사 및 제도개선위원회 백서─진상조사 결과보고서 공연2』 2~3권, 문화체육관광부, 265쪽.

2   예술의전당 고객지원부 박거일, 「예술의전당은 세대교체 중?」, 『예술의전당과 함께 Beautiful Life』, 2015.5.

객층을 개발하는 관객 교육과 관객 정책이 중요한 때이다. 관객 교육은 단지 교육 자료를 제공하는 데에서 그치는 것이 아니라 동시대 관객과 어떻게 소통할 것인지 적극적인 모색이 필요하다. 게다가 통합 국립극단은 명동예술극장의 중장년층 관객 중심의 고급 대중 연극의 방향과 어떻게 조율해나갈 것인지의 과제를 안고 있다. 통합 국립극단의 관객 정책의 방향은 국립극단의 정체성을 판단할 수 있는 중요한 척도이다.

레퍼토리

이러한 맥락에서 보았을 때, 2015년은 일종의 과도기적 상황으로 안정을 지속하는 모습과 새로운 연극적 모색이 공존하는 시기였다. 우선 안정과 지속의 방향으로는 국립극단 자체 제작 작품의 재공연을 통한 레퍼토리화를 들 수 있다. 〈3월의 눈〉은 원로배우 백성희·장민호에 대한 헌정공연으로 백성희·장민호가 직접 출연하여 2011년 초연되었고, 매년 3월 국립극단의 대표적인 레퍼토리로 자리 잡았다. 2015년 공연에는 신구·손숙이 출연하여 노부부의 노년의 삶을 퍽퍽하고도 먹먹하게 전달해주었다. 노배우의 깊은 연륜의 무대는 어느 공연 못지않게 강력했다. 2012년 장민호 배우의 타계, 2016년 1월 백성희 배우의 타계로 이제 이 공연은 역사 속의 공연으로 남게 되었다.

그 외에 1995년 최대 흥행작으로 20년 만의 재공연을 이룬 〈문제적 인간 연산〉, 그리고 비록 공연은 성사되지 못했지만 〈혜경궁 홍씨〉는 2013년 초연과 2014년 재공연을 거쳐 관객들의 꾸준한 호응에 힘입어 국립극단 창작극 레퍼토리로 자리 잡았다. 신작 제작의 '생산'만이 아니라 언제든 재공연이 가능한 흥행작 레퍼토리를 '보유'하는 일은 관객이 모이는 곳인 극장의 성격을 강화하는 데에 중요한 역할을 한다. 더불어 이는 국립극단이 제작극장producing theater뿐만 아니라 레퍼토리 극장repertory theater 으로 한 걸음 도약할 수 있는 중요한 계기가 된다.

그러나 신작 창작극이 재공연을 거듭하는 확실한 레퍼토리가 되는 것은 여간 어려운 일이 아니다. 2015년 신작 창작극으로는 김광림 작·연출의 〈슬픈 인연〉 1편이 공연되었다. 그러나 공연은 작가의 연배인 1970년대 정서로 인해 관객들의 연령층에 따라 각기 상이한 반응을 얻었을 뿐이다. 중극장 제작극장으로 과감하게 신작 창작극을 무대에 올리는 일은 어려운 일이다. 따라서 창작극 공연은 〈문제적 인간 연산〉, 〈혜경궁 홍씨〉, 〈슬픈 인연〉의 이윤택과 김광림의 경우처럼 주로 창작자의 명성에 기대는 경향이 크다. 그렇다고 신작 창작극 개발을 포기할 수는 없다. 〈3월의 눈〉의 경우에서처럼 우리 배우들의 존재감이 숨소리 하나까지 생생하게 살아날 수 있는 것은 동시대를 함께 살고 있는 작가의 작품에 의해서이다. 국립극단의 〈3월의 눈〉, 남산예

술센터의 〈푸르른 날에〉, 국립창극단의 〈변강쇠 점찍고 옹녀〉에
서처럼 관객들의 폭넓은 호응을 얻고 오래 기억되는 작품은 창
작극이다. 창작극 개발을 위한 제작과정상의 방법론 모색은 앞
으로 국공립 제작극장의 큰 화두이자 과제이다.

번역극

반면에 2015년 국립극단 공연에서 가장 의욕적으로 시도된 것
은 해외번역극 공연이다. 젊은 연출가전·차세대 연극인 스튜디
오·어린이청소년극연구소의 별도 기획 작품들을 제외하고 해외
번역극 공연은 〈리어왕〉, 〈THE POWER〉, 〈스플렌디즈〉, 〈아버
지와 아들〉, 〈키 큰 세 여자〉, 〈조씨고아, 복수의 씨앗〉, 〈시련〉,
〈겨울이야기〉의 8편이다. 이중에서 김윤철 예술감독 선정에 의
한 작품은 〈THE POWER〉니스 몸 스토크만 작, 알렉시스 부흐 연출, 〈키 큰
세 여자〉에드워드 올비 작, 이병훈 연출, 〈시련〉아서 밀러 작, 박정희 연출, 〈겨울이
야기〉셰익스피어 작, 로버트 알폴디 연출의 4편이다.

명동예술극장 라인업은 셰익스피어 4대 비극 〈리어왕〉셰익스피
어 작, 윤광진 연출, 투르게네프 소설원작을 한국연극에 익숙한 체호
프적 감각으로 재창작한 〈아버지와 아들〉브라이언 프리엘 작, 이성열 연
출, 2006년 극단 미추 흥행작으로 이미 작품성이 검증된 〈조씨
고아, 복수의 씨앗〉기군상 작, 고선웅 연출 등 익숙한 고전 명작을 화려

한 무대 미장센과 스타 시스템으로 제작하는 방향이다. 반면에 김윤철 예술감독 선정작들은 장 주네·에드워드 올비·아서 밀러 등 현대극의 문제작들이다. 그리고 〈겨울이야기〉에서처럼 셰익스피어 작품 중에서도 그동안 잘 알려지지 않았던 후기극을 선택하고 있다. 〈THE POWER〉는 동시대 독일 작가에게 작품을 의뢰한 공연이다.

김윤철 예술감독 선정작들은 기존의 번역극 공연의 관행이었던 방식처럼 단순히 고전 명작의 명성에 기댄 공연들이 아니라 연극적 관점이 뚜렷한 작품들이다. 특히 미국 현대극의 고전과 동시대 유럽 연극의 흐름을 적극 반영하고 있다. 국제적인 연극 평론가인 김윤철 예술감독의 안목과 전문성이 반영된 결과이다. 관객들의 반응도 뜨거웠다. 〈스플렌디즈〉는 장 주네가 생전에 직접 만든 흑백 무성영화 상영과 함께 공연된 작품으로 극도로 제한된 느린 움직임으로 이루어진 난해한 공연이었지만 젊은 관객들의 집중도가 높았다. 〈시련〉의 경우는 공연 15일 전에 완전 매진될 정도로 관객들의 비상한 관심 속에 공연되었다.

다만 실제 공연의 편차는 고르지 못했다. 〈키 큰 세 여자〉의 경우 에드워드 올비의 자전적인 작품으로 관심을 모았으나 노골적인 성적 대사들이 삭제되거나 순화되고 결국 밋밋한 공연이 되었다. 〈리어왕〉 공연에서 직접 번역을 맡았던 윤광진 연출이 셰익스피어 원전 대본을 복원하고 원작 그대로의 잔혹함을 살리기 위해 대사에 공을 들였던 엄격한 노력과는 대조적이다. 〈리어왕〉에서 엄청난 양의 물을 쏟아 붓는 폭우 장면의 무대 미장센과 화려한 스펙터클이 제작규모와 자본력을 갖춘 국공립 제작극장의 일종의 공식처럼 굳어진 매너리즘을 보여준 반면, 윤광진 연출의 생생한 공연 대본과 압축적인 공연 미학은 한국연극 제작과정의 질적 수준을 한 단계 올려놓는 성과를 이루었다.

〈시련〉 또한 공연 전 전석매진의 열기와 달리 막상 공연에 대한 반응은 무덤덤했다. 〈시련〉의 번역자인 김윤철 예술감독은 이 작품을 집단 히스테리와 정신분석학적 문제로 접근하는 한편 미국의 1950년대 매카시즘의 광풍을 배경으로 한 원작의 정치적 해석은 관객의 몫으로 돌리고 있다. 임인자 인터뷰, 「국립극단 예술감독 김윤철」, 『한국연극』, 2016.2 실제 공연 또한 마녀재판의 사회적 부조리 대신 주인공 개인의 비극과 시련을 강조하고 있다. 작품 원작에 대한 찬사는 높았지만 정작 공연의 성과에 대해서는 의견이 분분했다.

해외 연출가 초청 공연인 〈THE POWER〉는 외국 작가에게 의뢰된 신작 공연이었다. 〈겨울이야기〉는 국내에 생소한 작품으로 한국 배우들은 물론 관객과의 소통도 원활하지 않았다. 〈겨울이야기〉의 경우 셰익스피어 후기극으로, 비극적 갈등 대신 화해를 강조하는 대중극적 요소가 강한 작품이지만 비극과 희극을 넘나드는 원작의 이중성을 표현하기에는 배우들의 연기가 경직

되어 있었다. 셰익스피어극의 새로운 레퍼토리 개발의 의의는 충분히 환영할 만하지만 지금 이 공연을 왜 해야 하는가의 설득력을 보여주는 데에는 미흡했다.

이에 비해 〈조씨고아, 복수의 씨앗〉이 2015년 국립극단 최고의 작품이자 최대 화제작이라는 점은 여러 가지로 시사적이다. 이 공연의 성공은 무엇보다 원작의 힘과 고선웅과 배우들의 합이 절묘했기에 가능했다. 〈조씨고아, 복수의 씨앗〉은 '동양의 햄릿'이라는 홍보용 이름표를 달고 있지만 햄릿에 해당하는 조씨고아보다는 희생자 정영하성광 분의 삶에 초점을 맞춘 과감한 각색을 통해 동양적 '의義'의 세계를 설득력 있게 보여주었다. 무대 위에 선 모든 배우들의 존재감이 강하게 부각되면서 보편성과 대중성, 동시대성의 강렬함을 동시에 획득한 작품이 되었다.

오태석과 이윤택 이후 스타 연출가가 오랫동안 부재한 상황에서 고선웅은 대중과 평단 모두에서 인정받고 사랑받는 스타 연출가로 탄생했다. 고선웅 연출은 남산예술센터의 〈푸르른 날에〉 5년 연속 재공연을 통한 레퍼토리화를 계기로 지속적으로 진화했고, 국립창극단의 〈변강쇠 점찍고 옹녀〉에 이어 〈조씨고아, 복수의 씨앗〉에서 화룡정점을 찍었다. 고선웅 연출의 성과는 국공립 제작극장 체제의 최대 결실이기도 하다. 이제 남은 과제는 이러한 성과를 바탕으로 한국연극의 창작극뿐만 아니라 창작자의 역량을 어떻게 끌어올리고 한국연극의 성장과 미래를 위한 지속적인 투자의 방법은 어떤 것일지 진지한 모색이 필요하다. 새로운 감각의 스타 연출가가 필요한 이유는 시대에 따라 관객들의 감각도 달라지기 때문이다.

창작극

해외번역극 공연의 숨 가쁜 질주에 비해서, 2015년 국립극단 창작극 공연은 일단 숨고르기의 양상을 보인다. 우선 동시대 창작극보다는 근대극 발굴 공연에 집중했다. 근현대 희곡 재발견 시리즈의 일환으로 전년도의 〈살아있는 이중생 각하〉오영진 작, 김광보 연출에 이어 〈이영녀〉김우진 작, 박정희 연출와 〈토막〉유치진 작, 김철리 연출이 공연되었다. 〈이영녀〉는 김우진의 미발표 유고작의 국내 초연으로 학계에 큰 관심을 모았다. 〈토막〉 또한 유치진의 처녀작이자 대표작으로 관련 학술 심포지엄 등 학술적 가치가 큰 공연이었다. 근대극 발굴 공연은 한국연극의 고전을 만드는 작업으로 중요하다. 동시에 현재적 관점에서 끊임없이 '다시-쓰는' 공연이 되어야 한다. 책 속의 작품이 아니라 극장의 공연은 관객과 만났을 때 비로소 완성되기 때문이다.

우선 〈이영녀〉와 〈토막〉의 주제적 측면은 관객들에게 큰 공감을 얻었다. 〈이영녀〉에서 식민지 항구도시 목포의 도시빈민이자 밀매음으로 생계를 유지하는 이영녀가 비록 그녀의 육체는 영양실조와 성적 학대로 무너질지라도 어린 아들 관구에게 "이 세상에 천사 따윈 없다"고 가르치며 끝까지 학교 교육을 고집하면서 스스로 무너지지 않는 생의 마지막 자존심을 보여준다. 그리고 〈토막〉에서 식민지 도시빈민의 극빈의 삶은 지금 현재 회자되는 '헬조선'의 문제의식을 환기하며 동시대적 의미가 충분하다는 반응을 얻었다. 반면에 〈이영녀〉가 양식성이 강한 연출 방식으로 관객들의 호불호가 크게 갈리고, 〈토막〉이 원작에 없는 장면을 추가한 장면에서 의도한 계급 격차의 이분법적 도식성은 문제로 지적되었다.

또한 두 작품 모두에서 시즌단원들의 힘이 크게 느껴진 것도 인상적이었다. 국립극단 시즌단원제는 '배우 중심의 연극'을 위해 2015년 처음 도입되었다. 실제로 봄 시즌 공연이었던 〈이영녀〉를 거쳐 하반기의 〈토막〉 공연에 이르러 시즌단원들의 더욱 단단해진 팀워크와 앙상블을 확인할 수 있었다. 다른 한편으로는 한국 근대극 공연이 우리 배우들에게 익숙한 연기법이기도 하다는 점에서 시즌단원들에게 다양한 레퍼토리에 투입되는 기회 제공 못지않게 다양한 연기법 개발과 확장을 위한 교육 기회의 보완 또한 과제로 남겨두고 있다.

마지막으로 신인 작가의 창작극으로 젊은 연출가전의 〈소년B가 사는 집〉이보람 작, 김수희 연출의 성과도 중요하다. 이 작품은 마찬가지로 젊은 연출가전 작품이었던 〈알리바이 연대기〉를 잇는 새로운 성과로 기억할 만하다. 젊은 연출가전의 작품들은 소규모 제작의 소박한 공연이지만 동시대적 주제의식과 새로운 연극 문법을 보여주는 공연들로 한국연극의 미래를 점쳐볼 수 있는 소중한 장이 되고 있다. 2015년 국립극단 공연이 주로 고전과 근대극 발굴과 번역극에 집중하면서 동시대 창작극의 비중이 대폭 축소되고, 결과적으로 국립극단 공연에 과거와 미래는 있지만 현재는 없다는 사실은 다시 한번 반추해볼 필요가 있다.

2017 공연예술계를 돌아보다
—국공립극단의 역할은?

탄핵과 블랙리스트 사태를 지나면서

2017년은 세상이 뒤집어진 해였다. 매일매일 연극보다 더 연극 같은 일들이 일어났던 한 해였다. 촛불광장, 헌법재판소, 대통령 탄핵, 앞당겨 치러진 대선과 그 이후의 일들. 블랙리스트 재판에서는 그동안 의심되었던 많은 일들이 사실로 밝혀졌다. 연극계는 블랙리스로 가장 많은 피해를 입은 분야이다. 그리고 거짓말처럼 세월호가 돌아왔다. 역사 속에서 돌아오지 못한 것들이 봉인해제되고 비로소 이야기되는 한 해였다.

배삼식은 〈1945〉류주연 연출, 명동예술극장에서 '해방'을 다루고 있다. 해방이 되고 뿔뿔이 흩어졌던 사람들이 조국으로 돌아오는 이야기다. 그러나 만주지역 조선인·일본인 위안부는 조국으로 돌아오는 귀환 열차에 끝내 타지 못했다. 해방된 조국에 돌아온 어른들, 조선어를 못해 학교에도 가지 못하고 서울 한복판에서 여전히 낯선 이방인으로 방황하는 아이들 등 해방 이후 모습을 단순한 '해방'이 아니라 문제적인 시각으로 보여주었다. 〈1945〉의 '해방 이후'는 '탄핵 이후' 사회적 갈등이 여전한 우리의 모습에 대한 묵직한 주제를 던져주었다.

두산아트센터에 올라간 김재엽의 〈생각은 자유〉는 김재엽의 1년간 베를린 체류기를 다루고 있지만 광화문 광장의 시위와 백남기 농민이 물대포를 맞아 쓰러진 일들이 독일과 한국이 실시간으로 연결되어 보여진다. 후속작 〈병동소녀는 집으로, 돌아가지 않는다〉예술의전당 자유소극장는 김재엽이 베를린에서 만났던 '파독' 간호사들의 이야기를 다큐멘터리적으로 재구성했다. '산업역군'의 이름으로 독일로 보내진 '파독' 간호사들의 '다른' 역사를 이야기하고 있다. 배삼식의 〈1945〉와 마찬가지로 역사 속에서 제대로 기록되지 못한 자들의 이야기를 그리고 있지만, '귀환의 서사'가 아니라 '세계 시민'의 관점에서 현재성을 획득하고 있다.

국립극단 '한민족 디아스포라전' 또한 이주와 정체성의 문제를 다룬다. 영미권에서 활동하는 한국계 작가 5명의 작품이 시리즈로 올라갔다. 영진 리 〈용비어천가〉오동식 연출, 인숙 차펠 〈이건 로맨스가 아니야〉부새롬 연출, 줄리아 조 〈가지〉정승현 연출, 미아 정 〈널 위한 날 위한 너〉박해성 연출, 인스 최 〈김씨네 편의점〉오세혁 연출은 이민, 인종차별, 입양, 탈북 등 다양한 이슈를 다루고 있다. 이외에도 국립극단은 '근현대 희곡의 재발견' 시리즈로 이용찬 〈가족〉구태환 연출, 채만식 〈제향날〉최용훈 연출을 올려 올해의 기획전을 마무리했다. 그러나 국립극단은 2013년 〈개구리〉 이후 블랙리스트 검열정국이 작동된 문제적인 공간으로 블랙리스트 재판이 진행되는 현재 여전히 뜨거운 감자로 남아있다.

한태숙 연출의 〈1984〉는 감시와 통제의 빅브라더의 디스토피아적 상황을 우리의 현재 모습에 겹쳐놓고 있다. 그러나 영국과 브로드웨이 최신작 각색본을 토대로 한 공연은 탄핵정국을 거친 이후 한국관객의 정치적·사회적 감수성을 따라잡을 만큼 예민하진 않았다. 국립극단 해외연출가 공연 〈메디아〉로버트 알폴디 연출, 명동예술극장와 함께 해외연출가·작가 공연을 연속해서 올리는 국립극단 공연들에 대한 우려가 높다. 서울국제공연제의 해외작 〈줄리어스 시저〉, 〈수브니르〉, 〈애니웨어〉 등도 예전만큼 관객의 열기가 뜨겁지 않았다.

반면에 창작산실 검열작 〈모든 군인은 불쌍하다〉박근형 연출를 2016 시즌 개막작으로 올리며 검열연극·연극인들의 해방구를 마련해주었던 남산예술센터는 올해 〈이반검열〉이연주 연출, 〈가해자 탐구〉구자혜 연출, 〈국부〉전인철 연출, 〈창조경제 공공극장편〉전윤환 연출, 〈파란 나라〉김수정 연출 등을 올리며 젊은 연극인들의 새롭고 도전적인 이슈를 적극적으로 껴안고 있다. 탄핵과 검열정국을 거치면서 우리 내부에 많은 변화들이 잇따르고 있다.

국립극단 프로그램 분석과 정체성

2011~2017

———————————— ◉ ————————————

국립극단은 1950년 4월 창단되었다_부민관, 현 서울시의회 의사당_. 국립극단은 출범 직후 한국전쟁으로 혼란을 겪었다. 1957년 서울시공관현 명동예술극장 시절을 거쳐 1973년 장충동 국립극장 신축개관으로, 국립창극단, 국립무용단, 국립오페라단, 국립발레단, 국립합창단 등 산하단체와 함께 활동하였다. 2010년 7월 재단법인 국립극단으로 독립했다. 2010년 12월 서계동 백성희장민호극장_개관작 〈3월의 눈〉, 소극장 판_개관작 '우리 단막극 연작' 〈전하〉·〈파수꾼〉·〈흰둥이의 방문〉이 개관했으며, 2015년 4월 국립극단과 명동예술극장이 통합되면서 명동예술극장_558석, 백성희장민호극장_190석, 소극장 판_80석의 연극전용극장 3개를 보유한 국내 최대 연극단체가 되었다. 국립극단 독립 이후 현재 국립극장은 국립창극단, 국립무용단, 국립국악관현악단을 산하단체로 운영하고 있다.[1]

———————————————————

1 국립극단 홈페이지(www.ntck.or.kr)와 국립극장 홈페이지(www.ntok.go.kr)의 연혁 참고.

현재 국립극단에 대한 논의는 2010년 재단법인화 이후를 말하는 것이다. 국립극단 재단법인화의 배경에는 예술의 독립성과 자율성의 명분 못지않게 공공단체의 재정자립도 확충이라는 시장의 논리가 중요하게 작용하고 있다. 공공기관의 개방과 민영화의 흐름은 IMF 이후 우리 사회의 중요한 변수 중 하나이다. 실제로 지난 7년간 국립극단의 행보는 마케팅과 기획 중심의 프로듀서 시스템의 가시적 성과를 확인하는 과정이었다. 전속단원 제도를 폐지하고 조직을 '슬림하게' 운영하면서 기획 제작능력을 높이는 일이 중시되었다. 국립극단은 기존 극장장 체제와는 다른 예술감독제를 도입하고 있다. 그만큼 공연제작과 레퍼토리 선정의 전문성이 요구된다. 동시에 예술감독은 기존 극장장 체제의 조직·예산운영 결정권도 동시에 가지고 있다. 실질적으로는 극장장 체제에 예술감독 기능이 더해진 형태로 운영되고 있다. 국립극단 초대 예술감독은 손진책2010~2013, 제2대 예술감독은 김윤철2014~2016이다.

이 글은 지난 7년간 국립극단 프로그램의 경향을 분석하고자 한다. 국립극단 프로그램은 곧 국립극단의 정체성을 말해준다. 국립극단 공연은 크게 자체제작 공연과 초청 공연이 있다. 이 글에서는 국립극단 공연의 성격을 분석하기 위해 자체제작 공연만을 대상으로 한다. 자체제작 공연은 창작극신작/근대극, 번역극신작/고전, 차세대 발굴 공연젊은 연출가전/젊은 극작가전/차세대 연극인 스튜디오, 레퍼토리재공연 공연으로 구분할 수 있다. 이중에서 국립극단 공연의 성격을 가장 잘 알 수 있는 것은 한 시즌 3개월 동안 한 주제로 대략 5편의 공연을 올리는 기획전 시리즈다. 삼국유사 프로젝트2012, 아리스토파네스 희극 삼부작2013, 삼국유사 연극만발 2014, 근현대 희곡의 재발견2014~2017, 한민족 디아스포라전2017 시리즈 가 그 예이다. 따라서 이하에서는 시리즈 기획전 작품들, 레퍼토리 작품들, 번역극과 해외연출가 공연, 차세대 프로그램을 중심으로 살펴보도록 하겠다.

시리즈 기획전, 국립극단의 정체성의 드라마

삼국유사 프로젝트2012, 아리스토파네스 희극 삼부작2013, 삼국유사 연극만발2014, 근현대 희곡의 재발견2014~2017, 한민족 디아스포라전2017의 작품 목록은 다음과 같다.

〈표 1〉 삼국유사 프로젝트(2012)

공연명	작가	연출가	공연장	일시
꿈	김명화	최용훈	백성희장민호극장	2012.9
꽃이다	홍원기	박정희	백성희장민호극장	2012.9
나의처용은밤이면양들을사러……	최치언	이성열	백성희장민호극장	2012.10
멸	김태형	박상현	백성희장민호극장	2012.11
로맨티스트 죽이기	차근호	양정웅	백성희장민호극장	2012.11

삼국유사 프로젝트는 손진책 초대 예술감독의 의욕적인 기획의 첫 출발점이다. 『삼국유사』를 동시대 작가들이 새롭게 다시 썼다. 『삼국유사』의 화두는 1970 · 80년대 '전통의 현대화' 흐름의 한 축이었던 극단 민예대표 허규와 미추대표 손진책와의 연속선상, 그리고 '전통'을 중심에 놓는 국립극단의 정체성 만들기와 관련해서 이해되는 기획이다. 그러나 『삼국유사』에 대한 신구세대 작가들 간의 이해의 편차가 존재했고, 1990년대 포스트모더니즘을 거쳐 '일상의 해체' 주제가 자리잡은 연극계 내에서 전통 담론이 새롭게 동시대의 이슈로 자리매김하는 데에는 역부족이었다. 평단의 평가조차 부정적이어서 '삼국유사 프로젝트 2'로 이어지지 못하고, 급하게 마련된 아리스토파네스 희극 삼부작으로 대체되었다. 그럼에도 손진책 예술감독 임기 내의 대표적 기획으로 평가받았으며, 그렇기 때문에 다음 예술감독 임기에서 순조롭게 이어지지 못한 제도적 한계를 드러냈다.

〈표 2〉 아리스토파네스 희극 삼부작(2013)

공연명	원작	극본	연출가	공연장	일시
개구리	아리스토파네스	박근형	박근형	백성희장민호극장	2013.9
구름	아리스토파네스	남인우, 김민승	남인우	백성희장민호극장	2013.9
새	아리스토파네스	윤조병	윤시중	백성희장민호극장	2013.10

손진책 예술감독 임기 2년차의 의욕에 찬 기획이었던 삼국유사 프로젝트가 관객과 평단의 제대로 된 평가를 얻지 못하고, 3

년차의 기획은 규모가 축소된 3편이 아리스토파네스 희극 삼부작으로 급하게 대체되었다. 그동안 공연사적 맥락에서 그리스 비극과 셰익스피어 비극 등이 주목받았던 데에 비해 희극 공연들은 제대로 다루어지지 않았기에 고전 희극 공연의 의의는 충분했다. 아리스토파네스의 그리스 희극뿐만 아니라 셰익스피어·몰리에르 희극 등도 고전 희극 공연 레퍼토리로 적극적으로 발굴될 필요성에 공감하게 된다. 우리의 전통 탈춤과 송영, 오영진, 이근삼, 오태석 등의 계보로 이어지는 한국연극사의 희극 레퍼토리의 적극적인 재조명과 관심 또한 필요하다. 그러나 삼부작의 첫 번째 작품 〈개구리〉뿐만 아니라 〈구름〉과 〈새〉 모두 급한 일정에 쫓겨 졸속 제작되면서 여러 부작용을 노출했다.

특히 삼부작의 첫 번째 작품 〈개구리〉가 노무현 전 대통령 미화와 박정희 전 대통령 비하라는 정치논란에 휩싸이면서 문제작이 되었다.[2] 아리스토파네스 원작 자체가 정치풍자적인 성격이 강하고, 우리의 현실에 대입한 박근형 각색의 〈개구리〉 공연은 연극계의 자연스러운 정서를 반영하는 것이기도 했다. 그러나 〈개구리〉의 정치논란 이후 2015년 서울연극제 개막작 〈만주전선〉, 2015년 창작산실 희곡공모 당선작 〈모든 군인은 불쌍하다〉

---

2 최민우, 「박정희·박근혜 풍자냐 비하냐, 국립극단 연극 논란」, 『중앙일보』, 2013.9.12;「국립극단, 노무현·박정희 이분법적 묘사 연극 논란」, 『조선일보』, 2013.9.12; 손택균, 「흔들리는 국립극단」, 『동아일보』, 2013.9.26 외.

등 박근형 작품이 지속적으로 검열의 대상이 되면서 이른바 '블랙리스트' 정국이 진행되었다. 그리고 다음 예술감독 임기 내에 동시대 작가들의 창작극을 보기 힘들어지고, 과거 작가들인 근현대극 중심의 레퍼토리가 중심 기획으로 자리잡은 것에 많은 연극인들은 우려의 시선을 보냈다. 국립극단 초대 예술감독의 임기가 검열논란과 함께 마감된 것은 이후 연극계의 험난한 과정을 예고하는 일이었으며, 국공립 제작극장의 공공성에 대한 본격적인 문제제기에 이르게 되었다.

〈표 3〉 삼국유사 연극만발(2014)

공연명	작가	연출가	공연장	일시
만파식적 도난사건의 전말	김민정	박혜선	백성희장민호극장	2014.9
남산에서 길을 잃다	백하룡	김한내	소극장 판	2014.9
무극의 삶	김태형	김낙형	백성희장민호극장	2014.9
유사유감	박춘근	박해성	소극장 판	2014.10
너는 똥을 누고 나는 물고기를 누었다	배요섭	배요섭	소극장 판	2014.10

삼국유사 연극만발은 '삼국유사 프로젝트 2'에 해당한다. 2014년 새롭게 부임한 제2대 김윤철 예술감독이 새로운 기획을 준비할 시간이 부족했고, 실제로 첫 번째 삼국유사 프로젝트 진행 때보다 짧은 제작기간 내에 작품을 쓰고 연출해야 하는 부담이 컸다. 삼국유사 프로젝트가 중견급 작가와 연출가의 공연이었다면, 삼국유사 연극만발은 젊은 작가와 연출가의 공연이었다. 극장 또한 백성희장민호극장과 소극장 판으로 확대되었다. 극장 규모에

얽매이지 않는 사유로운 작품이 가능하게 한 점은 긍정적이다. 그러나『삼국유사』에 대한 깊은 이해나 확장된 시각 대신 여전히 소재주의적 접근이 아쉬웠다. 작가들에게 충분한 사전제작 기간 이 주어지지 못했고 제작과정 중 중간점검이 없었다는 점에서 졸 속 제작의 한계와 함께 국립극단의 제작능력에 대해서 의구심을 불러일으켰다.[3] 『삼국유사』를 비롯해 고대 신화와 설화에 대한 자유로운 상상력과 새로운 연극적 가능성이 기대되었지만 역부 족이었다.

⟨표 4⟩ 근현대 희곡의 재발견(2014~2017)

공연명	작가	연출가	공연장	일시
살아있는 이중생 각하	오영진	김광보	국립극장 달오름	2014.9
이영녀	김우진	박정희	백성희장민호극장	2015.5
토막	유치진	김철리	국립극장 달오름	2015.10
국물 있사옵니다	이근삼	서충식	백성희장민호극장	2016.4
혈맥	김영수	윤광진	명동예술극장	2016.4
산허구리	함세덕	고선웅	백성희장민호극장	2016.10
가족	이용찬	구태환	명동예술극장	2017.4
제향날	채만식	최용훈	백성희장민호극장	2017.10

근현대 희곡의 재발견 시리즈 공연은 2014년 1편, 2015년 2편, 2016년 3편, 2017년 2편이 제작되었다. 한 해 올라가고 마는 것이 아니라 4년 이상 이어지고 있는 시리즈 공연이다. 이중에서 오영

---

3   배선애,「두 번의 기획, 두 번의 실패-국립극단의 2012 삼국유사 프로젝트 와 2014 삼국유사 연극만발에 대해」,『한국희곡』, 2014.겨울, 106~107쪽.

진 〈살아있는 이중생 각하〉5회, 이해랑 연출, 1957; 80회, 이승규 연출, 1977, 공

연명 〈인생차압〉, 이용찬 〈가족〉9회, 이원경 연출, 시공관, 1958, 김영수 〈혈

맥〉178회, 임영웅 연출, 1998은 국립극장 시기 국립극단이하 국립극장 작품

이다.[4] 이외에도 오영진,[5] 유치진,[6] 이용찬,[7] 이근삼,[8] 채만식,[9] 함

세덕도[10] 국립극장 공연의 대표적인 작가들이다. 곧 이 작품들은

한국연극공연사의 '주류' 레퍼토리들이다.

더 가깝게, 이 작품들은 연우무대 대표작들이다. 오영진 〈살

아있는 이중생 각하〉윤광진 연출, 1993, 이근삼 〈국물 있사옵니다〉박

원근 연출, 1993는 연우소극장 히트작들이다.[11] 연우무대는 1989년

검열 폐지와 함께 월북 작가 작품이 해금되자 1991년 '한국현대

연극의 재발견1912~1945 단막극 모음' 시리즈를 기획하여 단체 자격

으로 1991 연극영화의 해 '올해의 연극인상'을 수상했다. 기획

---

4   국립극장, 「국립극단 공연연보」, 『국립극단 50년사』, 연극과인간, 2000.
5   오영진 〈맹진사댁 경사〉(150회, 김상열 연출, 1992; 165회, 김상열 연출,
    1995, 정동극장 개관작; 159회, 김상열 연출, 1994; 175회, 김상열 연출,
    1997, 공연명 〈시집가는 날〉)
6   유치진 〈원술랑〉(1회, 허석 연출, 부민관, 1950; 57회, 이해랑 연출, 1970),
    유치진 〈소〉(146회, 장민호 연출, 1991)
7   이용찬 〈젊음의 찬가〉(26회, 박진 연출, 1962), 이용찬 〈푸른 명맥〉(32회,
    박진 연출, 1963)
8   이근삼 〈욕망〉(35회, 최현민 연출, 1964), 이근삼 〈내일 그리고 또 내일〉(117
    회, 허규 연출, 1985), 이근삼 〈이성계의 부동산〉(158회, 김도훈 연출, 1994)
9   채만식 〈태평천하〉(137회, 허규 연출, 1989)
10 함세덕 〈무의도 기행〉(183회, 김석만 연출, 1996)
11 극단 연우무대 공연연보는 연우무대, 『연우30년 – 창작극 개발의 여정』, 한울,
    2008 참고.

분야로는 처음으로 수상이 이루어진 사례이다. 1991년 연우무대 '한국현대연극의 재발견' 시리즈 공연작들은 유진오 〈박첨지〉김석만 연출, 조중환 〈병자삼인〉김석만 연출, 송영 〈황혼〉오종우 연출, 함세덕 〈동승〉박원근 연출의 4편이다. 작품 자문은 한국극예술학회 회장 양승국와 협력관계로 전문성을 높였다.[12]

이상 국립극단 근현대 희곡의 재발견 시리즈는 기존 국립극장과 연우무대 레퍼토리를 계승하고 있다. 그런 맥락에서 지금 현재 국립극단 근현대극 작품 중 새로운 '발굴'의 의의가 높은 것은 김우진 〈이영녀〉 1편이다. 김우진 〈이영녀〉 공연은 국내 초연의 의의가 높다. 공연에 대한 평가는 김우진 희곡의 동시대성을 확인할 수 있는 현대적인 연출로 각광을 받는 한편, 근대 고전을 충실히 옮기지 못하고 양식성이 강한 공연이었다는 찬반 논란이 있었다. 이러한 찬반 논란은 근대극 공연에 대해서 아예 무관심한 것보다 관객들의 관심을 환기시키고 있다는 점에서 부정적인 것만은 아니다. 근현대극 시리즈 공연에서 기존 레퍼토리의 안전한 반복보다는 파격적인 연출과 새로운 해석으로 논쟁을 불러일으키는 작품들이 더 필요하다고 생각한다.

국립극단 근현대극 시리즈 공연은 김윤철 예술감독 임기 내의 의욕적인 사업은 아니었지만, 국립극단의 역사성과 정체성을 확

---

12 김석만, 「도약과 분화, 1984-1992」, 『연우30년 – 창작극 개발의 여정』, 한울, 2008, 147~150쪽.

인시켜 주는 기획으로 꾸준히 이어져오고 있다. 특히 번역극과 해외 연출가 공연에서 많이 놓치고 갈 수밖에 없는 우리말의 감각과 정서를 국립극단 무대에서 다시 되찾게 해주었다는 점에서 관객들의 호의적인 반응을 얻었다. 근현대극의 사실주의 극작법의 무대는 시즌단원들의 연기력이 안정적이고 충분히 발휘되는 무대로도 의의가 높다. 〈이영녀〉의 경우에서처럼, 근현대연극사에서 국내 초연작을 적극적으로 발굴하고 고전적이고 현대적인 양식의 공연이 지속적으로 이루어진다면 국립극단의 안정적인 레퍼토리로 자리잡을 가능성이 큰 시리즈이기도 하다. 우리의 근현대연극사에서 '주류' 연극계를 벗어난 많은 작품들이 발굴과 새로운 해석의 기회를 기다리고 있다.

근현대극 공연은 자연스럽게 한국근현대연극사의 정전화 과정을 이룰 수밖에 없다.[13] 따라서 그에 따른 균형감과 적극적인 발굴 의지가 중요하다. 비극에 치중된 연극사에서 벗어난 희극에 대한 재조명도 더 필요하다. 신극, 리얼리즘 연극, 친일극의 혐의에서 자유롭지 못한 주류 연극사에서 벗어나 경계 밖의 다양하고 이질적인 한국연극의 여러 양상들을 적극적으로 끌어안고 재조명하기 위한 작업도 시급하다. 극단 그린피그의 진우촌의 1945년작 〈두뇌수술〉2012의 파격적인 공연은 근현대극 재조

---

13   이진아, 「한국 근현대 희곡의 시의성, 현대성은 무엇인가 – '근현대 희곡의 재발견'을 돌아보며」, 『연극평론』, 2017.봄, 109쪽.

명의 신선한 한 예이다. 2016년 상화문 촛불집회와 검열정국을 거친 젊은 세대 연극인과 관객들의 의식 변화 또한 민감하게 살피고 반영되어야 한다. 유치진의 친일극 논란에 대해서 더 민감한 것도 젊은 관객층이다. 더 젊고 파격적인 국립극단의 미래를 위해서 앞으로 더 새롭고 다양한 목소리가 필요하다.

〈표 5〉 한민족 디아스포라전(2017)

공연명	작가	연출가	공연장	일시
용비어천가	영진 리	오동식	백성희장민호극장	2017.6
이건 로맨스가 아니야	인숙 차펠	부새롬	소극장 판	2017.6
가지	줄리아 조	정승현	백성희장민호극장	2017.6
널 위한 날 위한 너	미아 정	박해성	소극장 판	2017.6
김씨네 편의점	인스 최	오세혁	백성희장민호극장	2017.7

한민족 디아스포라전은, 2014 삼국유사 연극만발 시리즈 기획전이 실패하고 난 후 시즌제 공연이 흐지부지되던 상태에서 다시 올라간 시리즈 기획전이다. 미국, 프랑스, 영국, 캐나다 등 주로 영미권에서 활동하는 한국계 작가들의 작품 5편을 한자리에 모았다. 미국 내에서 인종차별·성차별에 맞서 도전적인 작품활동을 이어온 영진 리, 최근 부상하고 있는 작가 줄리아 조, 캐나다에서 시트콤으로 방영되면서 대중적으로도 성공한 인스 최의 작품을 한자리에서 모아볼 수 있는 기회였다. 그러나 영미권에 치중된 작품선정이 아쉬웠고, 디아스포라에 대한 지금 현

재 확장된 담론을 제시하지 못한 것은 한계로 지적되었다. "국립극단의 레퍼토리가 셰익스피어나 영미극에 지나치게 편중되어 있다는 비판을 이번 한민족 디아스포라전에서도 피할 수 없다"[14]는 평가이다. 지금 현재 유럽난민 문제를 비롯해서 우리 내부의 탈북자 문제, 이주 노동자 문제, 무엇보다도 중국과 일본의 오랜 역사의 디아스포라 등 다양한 관점을 한데 아우르기에는 소극적인 기획으로 머물렀다.

2016년 광화문 촛불집회 천만 시민이 독일 에버트 인권상을 받는 등 한국의 경험에 대한 세계적 관심이 높다. 촛불집회를 직접 취재하고 픽품을 쓴 미국 극작가 윌리엄 미주리 다운스의 신작 〈리얼게임〉박혜선 연출, 2017 세계 초연이 한국에서 공연되고 있기도 하다. 한국연극의 자신감은 점점 더 해외로 시선을 돌리고 있는데, 국립극단은 보수적인 관점을 고수하고 있다. 국립극단 기획에서 필요한 것은 웰메이드의 안전한 작품제작뿐만 아니라 좀더 도전적이고 이슈를 선도하는 과감한 모습이다. 검열정국 이후 안정적이고 보수적인 흐름은 재단법인 국립극단의 독립성에 대한 심각한 회의를 불러일으킨다.

이상 국립극단 시리즈 기획전은, 근현대극과 디아스포라전을

---

14 김미희, 「민족주의와 문화식민주의 사이에 갇힌 한민족 디아스포라전」, 『연극평론』, 2017.가을, 80쪽.

제외하고, 신작 창자극 중심이나. 아리스토파네스 희극 삼부작의 경우, 원작의 각색 공연으로 넓은 의미의 신작 창작극으로 분류할 수 있다. 기획전 공연 참여 작가는 김명화, 김민승, 김민정, 김태형2회, 남인우, 박근형, 박춘근, 배요섭, 백하룡, 윤조병, 차근호, 최치언, 홍원기의 13명, 참여 연출가는 고선웅, 구태환, 김광보, 김낙형, 김철리, 김한내, 남인우, 박근형, 박상현, 박정희2회, 박해성2회, 박혜선, 배요섭, 부새롬, 서충식, 양정웅, 오동식, 오세혁, 윤광진, 윤시중, 이성열, 정승현, 최용훈2회의 23명이다. 대표적인 중견·신진 작가와 연출가들이 참여하고 있다. 해마다 대표적인 작가와 연출가의 신작을 국립극단 무대에서 볼 수 있다는 점은 기존의 창작극 생산 거점으로서 서울연극제의 역할을 대신하는 것으로, 화제의 중심이 될 수밖에 없다.

한 시즌 공연의 중심 주제를 중심으로 3~5편의 공연을 '패키지'로 제시하는 시즌제의 정착은 지난 7년간 국공립 및 민간 제작극장 시대의 가장 큰 성과 중의 하나이다. 참고로, 두산아트센터는 2009년 과학연극 시리즈부터 시즌제 공연을 지속적으로 이어오고 있다. 2009년 과학연극 시리즈〈과학하는 마음 3〉, 〈산소〉, 〈코펜하겐〉, 〈하얀 앵두〉, 2010년 인인인 시리즈〈코뿔소의 사랑〉, 〈잠 못드는 밤은 없다〉, 〈인어도시〉, 2011~2012년 경계인 시리즈2011년 〈디 오써〉, 〈백년, 바람의 동료들〉/2012년 〈목란언니〉, 〈카메라를 봐주시겠습니까?〉, 2013년 빅 히스토리〈현위치〉, 〈우리는 죽게 될 거야〉, 〈나는 나의 아내다〉, 2014년 불신시대〈베키

쇼〉,〈엔론〉,〈배수의 고도〉, 2015년 예외〈구름을 타고〉,〈차이메리카〉,〈히키코모리 밖으로 나왔어〉, 2016년 모험〈게임〉,〈인터넷 이즈 씨리어스 비즈니스〉, 2017년 갈등〈목란언니〉,〈죽음과 소녀〉,〈생각은 자유〉의 공연들이 그것이다.[15] 두산 아트센터 시즌제 공연은 '두산인문극장'이라는 이름으로 전개되고 있으며, 출판사 문학과지성사와 협력관계를 맺어 '두산인문극장' 프로그램을 마련하고 있다. 두산아트센터와 출판사 문학과지성사의 협력관계는 드라마투르그적 기능의 외주 제작 형태라고 할 수 있다.[16]

국립극장 또한 안호상 극장장 취임 이후 시즌제와 레퍼토리제를 중심 진략으로 삼고 있다. 국립극장은 국립창극단 김성녀 예술감독과 함께〈장화홍련〉2012; 2014,〈단테의 신곡〉2013; 2014,〈메디아〉2013; 2014,〈배비장전〉2013; 2016,〈변강쇠 점 찍고 옹녀〉2014; 2015; 2016,〈안드레이 서반의 다른 춘향〉2014,〈코카서스의 백묵원〉2015,〈적벽가〉2015,〈트로이의 여인들〉2016; 2017,〈산불〉2017 등에 이르기까지 파격적이고 도전적인 창극의 흐름을 이어가고 있다. 안호상 극장장의 시즌제와 레퍼토리화에 대한 의지는 강력하다. 기존에 검증받은 작품의 재공연을 통해 작품의 완성도를 높이고 제작비용을 절감하며 고정관객을 창출하는 시즌제와 레

---

15 두산아트센터 홈페이지(www.doosanartcenter.com), 공연 → 프로그램 →
    두산인문극장 참고
16 김옥란, 『한국연극과 드라마투르기』, 연극과인간, 2016, 361쪽.

퍼토리화는 제작극장에게 일 니 닙스의 효과를 가진다.[17]

두산아트센터 시즌 프로그램은 해외 신작 번역극 중심이고, 국립극장은 창극 중심의 레퍼토리다. 국립극단의 신작 창작극 중심의 시즌제 운영은 다른 어떤 국공립·민간 제작극장도 쉽게 시도하기 힘든 '리스크'가 많은 공연이다. 그렇기 때문에 역으로 국립극단 신작 창작극 시즌제 공연에 관심이 집중될 수밖에 없다. 게다가 〈개구리〉2013 이후 지난 3년간 검열정국에서 창작극의 '정치적 리스크'에 대해서 국공립 제작극장들이 어떤 태도를 보이는가 또한 중요한 쟁점이었다. 남산예술센터의 우연 극장장은 2016년 시즌 개막작으로 창작산실 검열작 〈모든 군인은 불쌍하다〉를 올리며 "외롭거나 리스크가 있거나 논쟁적일 수 있는, 이런 작품들도 수용될 수 있는 공공극장도 있어야 한다"[18]는 선도적 입장을 표명했다. 그리고 지난 2017년 11월 9일 정치적 성향을 이유로 문화예술인들에 대한 차별을 금지하는 문화기본법 개정안, 이른바 '연예인 블랙리스트 방지법'이 국회 본회의를 통과했다.[19] 국공립 제작극장의 공공성의 화두는 지금도 현재진행형의 문제이다.

---

17 위의 책, 268쪽.
18 이재훈, 「우연 남산예술센터 극장장, 민간극단들 품다」, 『뉴시스』, 2016.2.5.
19 김한솔, 「'연예인 블랙리스트 방지법' 통과, '정치적 견해' 차별금지 추가」, 『경향신문』, 2017.11.9.

레퍼토리 시스템, 동시대의 정전 만들기

제작극장의 프로듀서 시스템을 염두에 두었을 때 극장의 장기적인 발전을 위해서 시급한 것은 극장의 성격을 대표하는 레퍼토리 작품을 확보하는 일이다. 특정 극장이 자신의 색깔을 대표하는 작품을 언제든 볼 수 있는 레퍼토리 작품을 다수 확보하고 있는 것은 그 극장의 가장 큰 자산이 된다. 레퍼토리 시스템은 '동시대의 정전 만들기'의 측면에서도 중요하다. 지금 현재 제작극장의 모델이 되는 유럽 공연장의 경우, 그 극장을 대표하는 레퍼토리 공연들이 장기공연을 이어가는 경우가 많다. 제작비를 절감하고 극장의 브랜드화에 도움이 되는 장기공연이 가능한 웰메이드 작품들은 기획자들이 환영하는 형태이기도 하다. 레퍼토리화는 웰메이드의 작품성과 대중성을 가진 작품의 재공연 작품들로부터 그 가능성을 타진해볼 수 있다. 국립극단 재공연작 목록은 다음과 같다.

〈표 6〉 국립극단 재공연작 목록(총 6편)

공연명	작가	연출가	공연장	일시
3월의 눈	배삼식	손진책	백성희장민호극장	2011.3
	배삼식	손진책	백성희장민호극장	2011.4
	배삼식	손진책	백성희장민호극장	2012.3
	배삼식	손진책	백성희장민호극장	2013.3
	배삼식	손진책	국립극장 달오름	2015.3

공연명	작가	연출기	통(?)연상	일시
오이디푸스	소포클레스	한태숙	명동예술극장	2011.1
	소포클레스	한태숙	명동예술극장	2012.3
주인이 오셨다	고연옥	김광보	백성희장민호극장	2011.4
	고연옥	김광보	백성희장민호극장	2011.9
혜경궁 홍씨	이윤택	이윤택	백성희장민호극장	2013.12
	이윤택	이윤택	백성희장민호극장	2014.12
더 파워	니스 몸-스토크만	알렉시스 부흐	명동예술극장	2015.6
	니스 몸-스토크만	알렉시스 부흐	명동예술극장	2016.10
조씨고아, 복수의 씨앗	기군상	고선웅	명동예술극장	2015.12
	기군상	고선웅	명동예술극장	2017.1

재공연 횟수는 다음과 같다. 〈3월의 눈〉5회, 〈오이디푸스〉2회, 〈주인이 오셨다〉2회, 〈혜경궁 홍씨〉2회, 〈더 파워〉2회, 〈조씨고아, 복수의 씨앗〉2회. 제목 그대로 매년 3월 〈3월의 눈〉이 국립극단 의 대표적 레퍼토리로 자리잡았다. 원로 명배우 열전으로서 의 의도 컸다. 그러나 손진책 예술감독의 임기가 마감되고 레퍼토 리화의 동력을 잃고 더 이상 공연이 이어지고 있지 않다. 애써 개발한 우수 작품이 외면되고 있다. 〈3월의 눈〉과 〈주인이 오셨 다〉가 한 해에 2번 연속 공연을 시도하고 있는 것처럼 재공연을 통해 완성도를 높여가고 레퍼토리화의 강한 의지를 보여주고 있 는 것도 손진책 예술감독 시기였다. 김윤철 예술감독 시기에 재 공연 추진 의지를 보인 작품은 중견 작가·연출가인 이윤택의

〈혜경궁 홍씨〉, 독일 작가와 연출가의 〈더 파워〉, 그리고 2015년 동아연극상, 대한민국연극대상, 한국연극평론가협회 올해의 연극, 한국연극 베스트 등 그 해의 모든 상을 휩쓴 〈조씨고아, 복수의 씨앗〉의 3편이다. 〈혜경궁 홍씨〉 재공연은 "창작희곡 레퍼토리"의 이름으로 공연되었다. 〈혜경궁 홍씨〉와 〈조씨고아, 복수의 씨앗〉은 관객과 평단 모두에서 호평을 얻었다.

지금까지 국립극단 수상작은 3편이다. 〈알리바이 연대기〉2013 동아연극상 작품상·희곡상·연기상, 대한민국연극대상 연기상·무대예술상, 한국연극평론가협회 올해의 연극 베스트3, 월간 한국연극 공연베스트7, 〈조씨고아, 복수의 씨앗〉2015 동아연극상 대상·연출상·연기상·시청각디자인상, 대한민국연극대상 대상·연출상·연기상, 한국연극평론가협회 올해의 연극 베스트3, 월간 한국연극 공연베스트7, 〈국물 있사옵니다〉2016 동아연극상 연기상. 〈알리바이 연대기〉 초연은 '젊은 연출가전' 공연으로 극단 드림플레이와 공동제작이었고, 수상 기념으로 그 다음해 재공연되었지만 '초청' 공연으로 자체제작 공연은 아니었다. 〈국물 있사옵니다〉 또한 관객 호응이 높았으나 재공연되지 않았다. 대신 〈더 파워〉 재공연에서처럼 재공연과 레퍼토리화에는 결국 예술감독의 의지가 가장 중요함을 알 수 있다.

삼국유사 프로젝트부터 한민족 디아스포라전까지 5차례나 의욕적으로 기획한 시리즈 공연작품 편수는 총 26편이다. 그런데 이중에서 단 한 편의 작품도 재공연되지 않았다. 시리즈 공연들 모두가 실패한 공연들인 것일까? 새로운 가능성을 기대하고 더 발전시킬 작품들은 과연 없었을까? 국립극단은 작품을 생산하기에만 바쁘고, 레퍼토리화의 의지도 없을 뿐만 아니라 자신들의 극장의 역사를 축적할 줄도 모르는 것일까? 의문이다. 국립극단은 프로듀서 시스템의 '프로듀싱 씨어터'로부터 한국연극의 새로운 이슈와 담론을 생산하는 '레퍼토리 씨어터', 곧 '작가의 극장'으로의 새로운 미션을 설정할 필요가 있지 않을까? 지난 3년간 검열정국 내에서 자국의 작가들이 국립극단 공연의 파트너로 제대로 인정받지 못한 일은 너무도 참담하다. '프로듀싱 씨어터', 곧 전문 제작극장으로서 국립극단의 안정적인 제작환경과 웰메이드 작품을 통한 새로운 관객 개발과 대중성 확보는 중요한 성과로 인정할 만하다. 그렇다면 이제 국립극단은 그 다음 단계의 도전과제를 적극적으로 생각해봐야 하지 않을까?

예술감독 개인의 의지에 전적으로 의존하는 대신 제도적 보완도 필요하다. 신작 제작과정 자체에서 재공연과 레퍼토리 시스템을 염두에 둔 개발과 동기부여 과정이 필요하다. 기존 재공연과 레퍼토리 작품들 중에서도 장기적인 레퍼토리 작품을 확보하는 것도 필요하다. 남산예술센터의 〈푸르른 날에〉 5년 연속 재공연의 레퍼토리화는 연출가 고선웅 개인의 성장뿐만 아니라 제작극장의 레퍼토리화의 성공적인 한 예를 보여준다. 관객과 비평계의 피드백 시스템 또한 필요하다. 레퍼토리화의 과정은 동시대의 정전 만들기 과제의 첫 출발점이다.

번역극과 해외연출가 공연,
동시대 세계연극사에서 한국연극의 위치는 어디인가?

2011~2017년 국립극단 총 제작편수는 102편이다초청공연 제외.
1년 평균 14~15편을 제작했다. 이중에서 창작극은 56편, 번역극
은 46편국내 연출가 31편+해외 연출가 15편이다. 손진책 초대 예술감독 임
기가 2011~2013년, 김윤철 예술감독 임기가 2014년 2월~2016
년 2월이지만 2017년 11월까지 예술감독직 공석으로 김윤철 예
술감독이 감독직을 유지하고 있었다. 2013년 〈개구리〉 논란 이후
갑작스럽게 예술감독직을 맡게 된 사정을 감안했을 때, 김윤철 예
술감독의 색깔이 분명해진 것은 2015년 이후이다. 이를 반영해
작품 경향의 변화를 ① 2011~2014년, ② 2015년~2017년 두 시
기로 나누어 살펴볼 수 있다. ② 시기는 〈개구리〉 이후의 시간이
며, 2014년 세월호 정국과 맞물려 본격적으로 연극검열이 시작된
시기이다. ① 시기 제작편수는 총 58편이고, 창작극 : 번역극 비율
은 38편 : 20편66% : 34%, ② 시기 제작편수는 총 44편이고, 창작
극 : 번역극 비율은 18편 : 26편41% : 59%이다. ① 시기에는 창작
극 비율이 2배 높았다면, ② 시기에는 번역극 비율이 1.5배 더 높
다. ② 시기에 국립극단 공연에서 창작극 비중은 줄고 번역극 비
중이 늘었다. 구체적인 작품 목록은 다음과 같다.

〈표 7〉 국립극단 번역극 목록(총 31편)

공연명	작가	연출가	공연장	일시
오이디푸스	소포클레스	한태숙	명동예술극장	2011.1
오이디푸스(재)	소포클레스	한태숙	명동예술극장	2011.11
안티고네	소포클레스	한태숙	예술의전당 토월극장	2013.4
사천의 착한 영혼	브레히트	이병훈	소극장 판	2013.6
개구리	아리스토파네스	박근형	백성희장민호극장	2013.9
구름	아리스토파네스	남인우	백성희장민호극장	2013.9
새	아리스토파네스	윤시중	백성희장민호극장	2013.10
천국으로 가는 길	후안 마요르가	김동현	소극장 판	2013.11
맥베스	셰익스피어	이병훈	명동예술극장	2014.3
템페스트	셰익스피어	김동현	국립극장 달오름	2014.5
플라토노프	체호프	이병훈	백성희장민호극장	2014.6
우리는 영원한 챔피언	제이슨 밀러	채승훈	명동예술극장	2014.11
리어왕	셰익스피어	윤광진	명동예술극장	2015.4
허물	츠쿠다 노리히코	류주연	소극장 판	2015.6
어느 계단 이야기	안토니오 부에로 바예호	강량원	소극장 판	2015.6
아버지와 아들	브라이언 프리엘	이성열	명동예술극장	2015.9
키 큰 세 여자	에드워드 올비	이병훈	명동예술극장	2015.10
시련	아서 밀러	박정희	명동예술극장	2015.12
가까스로 우리	손톤 와일더	박지혜	소극장 판	2016.6
아버지	플로리앙 젤레르	박정희	명동예술극장	2016.7
어머니	플로리앙 젤레르	이병훈	명동예술극장	2016.7
실수연발	셰익스피어	서충식 / 남긍호	명동예술극장	2016.12
조씨고아, 복수의 씨앗	기군상	고선웅	명동예술극장	2017.1
용비어천가	영진 리	오동식	백성희장민호극장	2017.6

공연명	작가	연출가	공연장	일시
이건 로맨스가 아니야	인숙 차펠	부새롬	소극장 판	2017.6
가지	줄리아 조	정승현	백성희장민호극장	2017.6
널 위한 날 위한 너	미아 정	박해성	소극장 판	2017.6
김씨네 편의점	인스 최	오세혁	백성희장민호극장	2017.7
1984	조지 오웰 / 아이크 · 맥밀란	한태숙	명동예술극장	2017.10
나는 살인자입니다	호시 신이치	전인철	소극장 판	2017.11
준대로 받은대로	셰익스피어	오경택	명동예술극장	2017.12

국내 연출가 번역극 작품들 중에서 그리스 비극·희극 6편, 미국 6편, 셰익스피어 5편이고, 독일·스페인·프랑스·일본 작품이 1~2편씩이다. 한국연극 공연사에서 압도적 비중을 차지해왔던 그리스극과 셰익스피어극이 중심임을 확인할 수 있다. 특이한 것은 에드워드 올비, 아서 밀러, 제이슨 밀러, 손톤 와일더, 영진 리, 줄리아 조의 미국 작품 6편이 많은 비중으로 선택되고 있는 점이다. 미국 작품 공연은 특히 2014년 이후에 집중되어 있다. 영미문학 전공자인 김윤철 예술감독의 감식안을 엿볼 수 있는 작품들이다. 미국 작품은 에드워드 올비, 아서 밀러에서부터 한국계 작가 영진 리, 줄리아 조의 작품까지 고전과 동시대 현대극까지 골고루 선택되고 있고, 그동안 쉽게 볼 수 없었던 작품들도 과감하게 선택하고 있다. 에드워드 올비의 자전적인 내용으로 동성애와 성적 묘사, 노년의 문제를 다룬 〈키 큰 세 여자〉, 미국의

1950년대 매카시즘의 광풍을 힌기시기는 아서 밀러 〈시련〉도 화제작이었다. 전세계적인 이슈로 떠오르고 있는 고령화와 노년 문제를 다루고 있는 젊은 작가 플로리앙 젤레르의 〈아버지〉와 〈어머니〉도 동시대의 화두로 관객들의 폭넓은 호응을 얻었다. 김윤철 예술감독 체제에서 동시대 현대 번역극이 과감하게 선택 되고 있는 것은 긍정점이다. 김윤철 예술감독 체제의 미덕은 기 존의 고전 위주 낡고 무거운 번역극 일변도에서 현대극의 새로운 감수성을 보탠 점이다.

그러나 영미권 중심의 공연 레파토리 편중 문제는 여전히 문제 점으로 남아있다. 중국 고전 원작 〈조씨고아, 복수의 씨앗〉의 폭발 적인 반응에서와 같이, 우리의 고전과 함께 동북아시아의 고전에 대한 새로운 관심도 필요하다. 류주연 연출작 〈허물〉, 전인철 연출 작 〈나는 살인자입니다〉 등 젊은 연출가전 작품에서 젊은 세대 연 출들에게 일본 작품이 선호되고 있는 것도 흥미로운 현상이다. 지 금까지 한국연극사에서 번역극 공연은 영미권, 유럽연극이 중심 을 이루어왔다. 국립극단의 새로운 도전과제를 생각해봤을 때 유 럽 중심성을 극복하고 동시대 아시아 연극에 대한 과감한 탐구와 연구 또한 필요하다고 생각한다. 최근 '한류'와 함께 부상하고 있 는 일본·중국 열풍과 함께 생각해봤을 때, 우리는 우리가 속해 있 는 사회와 역사에 대해서 왜 무관심한가? 질문을 던져볼 필요가 있다. 2017 한민족 디아스포라전의 문제의식을 확장해 우리의 존

공연명	작가	연출가	공연장	일시
핫페퍼, 에어컨, 그리고, 고별사	오카다 토시키	오카다 토시키	백성희장민호극장	2011.3
보이체크	뷔히너	타데우스 브라데츠카	명동예술극장	2011.8
밤으로의 긴 여로	유진 오닐	쿠리야마 타미야	명동예술극장	2012.10
로미오와 줄리엣	셰익스피어	티엔친신	국립극장 해오름	2012.12
푸른배 이야기	정의신	정의신	소극장 판	2013.3
노래하는 샤일록	셰익스피어	정의신	국립극장 달오름	2014.4
리차드 2세	셰익스피어	펠릭스 알렉사	국립극장 달오름	2014.12
더 파워	니스 몸-스토크만	알렉시스 부흐	명동예술극장	2015.6
겨울 이야기	셰익스피어	로버트 알폴디	국립극장 달오름	2016.1
빛의 제국	김영하	아르튀르 노지시엘	명동예술극장	2016.3
갈매기	체호프	펠릭스 알렉사	명동예술극장	2016.6
로베르토 쥬코	베르나르-마리 콜테스	장 랑베르 빌드 / 로랑조 말라게라	명동예술극장	2016.10
더 파워(재)	니스 몸-스토크만	알렉시스 부흐	명동예술극장	2016.6
미스 줄리	스트린드베리	펠릭스 알렉사	백성희장민호극장	2016.11
메디아	에우리피데스	로버트 알폴디	명동예술극장	2017.2

재를 한반도, 아시아, 유럽, 세계사적 존재로 확장해서 다시 생각해 볼 필요가 있다.

국립극단 해외연출가 공연은, 초기에는 1년에 1~2편 정도 제작되었으나, 2016년 한 해에만 6편이 제작되었다. 이는 지난 3년간 검열정국과 관련해서 가장 논란이 많은 부분이다. 국립극단 해외연출가 공연은 국내 차자가른 이면이고 배외연출사의 '안전한 시각'을 수입한다는 혐의를 받고 있다. 2014년 이전 해외연출가는 오카다 토시키, 쿠리야마 타미야, 티엔친신 등 주로 아시아권 연출가들인 데에 비해 이후에는 알렉시스 부흐, 펠릭스 알렉사, 로버트 알폴디 등 유럽 연출가들인 것도 대조적이다. 김윤철 예술감독의 폭넓은 해외 네트워크가 발휘된 측면이다. 그러나 2014~2017년 시기에 펠릭스 알렉사3편, 로버트 알폴디2편 작품이 연속 제작되어 더더욱 논란이 되었다. 국내 창작자인 작가·연출가가 국립극단 공연에서 외면되고 있다는 비판이 잇따랐다. 이는 "'블랙리스트'로 인해 실제로 초청 가능한 국내 연출가 풀이 극도로 제한"[20]되어 있는 결과라는 비판이다. 그러나 해외연출가 공연에서 셰익스피어 작품 선정에서 기존 4대 비극 치중에서 벗어나 〈리처드 2세〉, 〈겨울 이야기〉 등 레퍼토리의 폭을 넓힌 것은 긍정적이다. 김영하 소설 원작 〈빛의 제국〉의 프랑스 국립극장 공동제작과 프랑스 순회공연2017 또한 국내 제작 공연의 해외진출이라는 면에서 긍정적이다.

---

20 허순자, 「번역극 공연의 회고와 문제점」, 『연극평론』, 2017.봄, 117쪽.

차세대 프로그램, 미래의 작가 · 연출가 · 배우의 극장을 위하여

차세대 프로그램은 미래의 작가 · 연출가 · 배우의 발굴과 개발을 위한 프로그램이다. 국립극단 프로그램으로 젊은 연출가전, 젊은 극작가전, 차세대 연극인 스튜디오가 있다.

〈표 9〉 젊은 연출가전

공연명	작가	연출가	공연장	일시
다정도 병인 양하여	성기웅	성기웅	소극장 판	2012.6
본다	최진아	최진아	소극장 판	2012.6
알리바이 연대기	김재엽	김재엽	소극장 판	2013.9
밤의 연극	김낙형	김낙형	소극장 판	2013.9
천국으로 가는 길	후안 마요르가	김동현	소극장 판	2013.11
안데르센	이윤택	이윤주	소극장 판	2014.6
엘렉트라 파티	동이향	동이향	소극장 판	2014.12
소년B가 사는 집	이보람	김수희	백성희장민호극장	2015.4
허물	츠쿠다 노리히코	류주연	소극장 판	2015.6
가까스로 우리	손톤 와일더	박지혜	소극장 판	2016.6
나는 살인자입니다	호시 신이치	전인철	소극장 판	2017.11

젊은 연출가전은 매년 2~3편씩 꾸준히 제작되고 있다. 제도적으로 안정적으로 정착된 모습이다. 차세대 연출가의 등장에 대한 연극계와 관객들의 관심도 높다. 〈알리바이 연대기〉가 동아연극상, 대한민국연극대상, 한국평론가협회 올해의 연극, 한국연극 공연베스트 등을 수상하며 젊은 극작가전의 위상 또한

공연명	작가	연출가	공연장	일시
광주리를 이고 나가시네요, 또	윤미현	최용훈	소극장 판	2017.4

높다. 젊은 연출가들의 공연은 기성 연극의 침체와 답보에 대한 새로운 가능성과 돌파구의 역할을 해줄 것으로 기대되고 있다. 〈알리바이 연대기〉 공연은, 검열작 〈개구리〉와 함께 국립극단 마당을 사이에 두고 백성희장민호극장과 소극장 판에서 나란히 올라갔다. 〈개구리〉가 좌초에 부딪친 곳에서 〈알리바이 연대기〉는 새로운 연극문법을 만들어냈고, 2017년 1월 광화문 광장의 '블랙텐트'에 이르기까지 젊은 연극인들의 연대를 통한 저항이라는 새로운 흐름을 이끌어냈다.

젊은 연출가전이 안정적으로 안착한 반면 '젊은 극작가전'이 마련되기까지는 '작가의 방' 사태 등 많은 진통을 겪었다.[21] 차세대 연출가 육성과 발전은 제도권 내에 이미 안정적으로 기반을 마련하고 있지만, 작가의 영역은 공공극장 내에서 의사소통 구조가 부족함을 드러냈다. '작가의 방' 참여 작가 작품 중 정소정 〈드림타임〉, 윤성호 〈누수공사〉가 2017 차세대 연극인 스튜디오 쇼케이스 낭독극이 진행되었고, 윤미현 〈광주리를 이고 나

---

[21] 고연옥, 「국립극단 '작가의 방', 왜 극작가를 교육, 교정하려 하는가?」, 『연극 평론』, 2017.봄; 김나볏, 「토론회 : 젊은 극작가들의 창작환경과 공공극장의 역할−국립극단 '작가의 방' 사태를 넘어서」, 『연극평론』, 2017.여름.

가시네요, 또〉가 첫 번째 '젊은 극작가전' 작품으로 공연되었다. 젊은 극작가전이 앞으로 안정적인 기획으로 자리잡을 수 있도록 사전제작과정, 의사소통 구조 등 여러 보완이 필요하다.

〈표 11〉 차세대 연극인 스튜디오

공연명	작가	연출가	공연장	일시
손님	황석영 원작	이병훈	소극장 판	2012.10
사천의 착한 영혼	브레히트	이병훈	소극장 판	2013.6
플라토노프	체호프	이병훈	백성희장민호극장	2014.6
어느 계단 이야기	안토니오 부에로 바예호	강량원	소극장 판	2015.6
발표회	공동창작	김우옥	백성희장민호극장	2016.7

차세대 연극인 스튜디오는 국립극단의 배우 재교육 프로그램이다. 차세대 연극인 스튜디오는 "연기, 무용, 화술, 교양강좌 등 다양한 커리큘럼으로 구성된 프로무대 경력 2~3년차 젊은 연극인을 위한 맞춤형 재교육 프로그램"[22]으로 소개되었다. 그러나 대학교 학제 내에 연극영화과 과정이 없고, 대신 기성 극단이 배우 훈련과 연수과정을 책임지고 있는 일본 연극의 경우와 달리, 우리의 경우 현재 전국대학 80개 이상 연극 관련 학과가 개설되어 있고 한 해 평균 1,700명 이상의 연극전공자들이 배출되고 있다. 한국연극은, 대학 연극교육만 해도 '과잉공급', '한계공급'이 우려되고 있다.[23] 차세대 연극인 스튜디오가 뚜렷한 교육목

22　국립극단 홈페이지, 연극강좌 → 연극인대상 참고.
23　이성곤, 「현대 연극공연의 국제적 비전과 교육」, 『제24회 베세토 국제학술대회 발표집』, 2017.11.7, 105쪽.

적과 동기가 부여되지 않는다면, 대학교 연극학과 실습교육과 차별성도 없고, 별다른 동력도 매력도 없는 영역으로 느껴질 수 있다. 그리고 차세대 연극인 배우 재교육의 취지에 맞춰 젊은 배우들과 중견 연출가의 참여를 유도하고 있지만, 중견 연출가를 차세대 연극인 스튜디오에 참여하게 하는 동력도 부족하다. 실제로 초기에 〈손님〉이 반짝 관심을 끌었지만, 2016년엔 별다른 작품발표 성과도 없이 조용히 지나가고, 2017년엔 공연 프로그램이 없다. 차세대 배우 발굴과 개발을 위한 좀더 현실적인 대안 마련이 필요하다. 위로부터의 학습과 훈련이 아니라 배우 스스로 프로젝트를 진행하는 등 다양한 프로그램 개발도 필요하다.

이상 재단법인화 이후 국립극단 프로그램들을 살펴보았다. 이 시기는 크게는 국립극단의 정체성 정립과 새로운 실험 과제를 모색하는 시간이었다. 새로운 실험과 시도의 활기와 흥분이 있었다. 검열정국의 불행한 시간도 통과해왔다. 이제는 다음 단계의 과제를 모색할 시간이다.

한국연극과 페미니즘,
'미투'와 새로운 감각의 확장

다시 페미니즘! 한국연극과 젠더 이슈

다시 페미니즘이 화두다. 2016년 5월 강남역 살인사건, 2016년 9월 문단 성폭력 문제제기, 그리고 2017년 10월 미국 영화계의 '미투Me Too운동', 2018년 1월 검찰 성폭력 문제제기로 한국에서도 본격적으로 '미투운동'이 확산되고 있다. 2018년 2월 다시 문단 성폭력 사건이 폭로되는 등 미투운동이 사회적으로 크게 이슈가 되고 있다. 각 정당 대표들도 입장을 내놓을 정도로 정치권도 중요하게 반응하고 있다. 언론들도 특집 기획을 잇따라 내놓고 있다.[1]

---

1 문화뉴스는 '강남역 살인사건 1주년' 특집기사로 연극계를 시작으로 뮤지컬, 영화, 음악, 미술계의 젠더 이슈를 정리하고 있다.(장기영, 「강남역 살인사건 1주기 – 연극계 젠더 이슈, 어떤 변화 있었나?」, 『문화뉴스』, 2017.5.17 외) 경향신문은 '침묵에서 미투로' 꼭지의 기획연재를 진행하고 있다.(남지원 기자, 「['침묵'에서 '미투'로] 차별·배제 남성 중심 조직문화 바꿔야」, 『경향신문』, 2018.2.6; 김향미·유정인 기자, 「여성 예술인들 "정부, 예술인 성폭력 실태조사 더 미뤄선 안돼"」, 『경향신문』, 2018.2.8 외)

젠더 감수성과 젠더 현실

2018년 2월 8일 정의당 이정미 대표는 당내 성폭력 사건을 공개하고 반성문을 제출했다. "페미니스트 당대표가 되겠다"고 출사표를 던지며 활동을 시작한 이정미 대표의 반성문은 뼈아프다. 성폭력 문제해결을 위한 잘 정돈된 당규와 제도는 있었지만, 제도가 성폭력을 막지는 못했다고 자인한다. 무엇보다 조직의 의지와 리더십이 부족했다는 자기반성이다.[2] 원로시인의 성추행을 고발한 최영미 시인의 풍자시 〈괴물〉을 게재한 『황해문화』2017년 겨울호 전성원 편집장은 지금 "현재 우리 사회의 가장 중요한 이슈는 바로 페미니즘이다"라고 선언한다. 분단모순과 계급모순의 거대담론에 가려있었던 일상의 비민주주의, 권위주의와 싸우는 것이 페미니즘이라는 설명이다. 1987년 이후 절차적 민주화에 만족하는 사이 김대중·노무현 신자유주의 정부를 거쳐 이명박·박근혜 정부의 퇴보를 경험하게 되었다는 뼈아픈 진단과 함께이다.[3] 페미니즘이 '일상의 민주화'라는 보다 분명한 방향을 가리키기 시작했다. 페미니즘 운동의 시계가 다시 돌아가기 시작했다.

실제로 2016년을 기점으로, 공연에 대한 관객들의 반응도 달

---

2 유성애 기자, 「눈시울 붉어진 이정미 "당대표로서 부끄럽고 죄송하다"–'정치권 #미투', 기자회견 뒤 눈물 "정의당의 반성문"」, 『오마이뉴스』, 2018.2.8.
3 김유진 기자, 「최영미 〈괴물〉 게재 '황해문화' 전성원 "만장일치로 결정… 한국사회 가장 필요한 이슈는 페미니즘"」, 『경향신문』, 2018.2.8.

라졌다. 페미니즘 의식을 가진 창작자들의 활동도 많아졌다. 2017년 재공연된 박근형의 대표작 〈청춘예찬〉1999년 초연은 "젠더 감수성이 없고 폭력적"인 작품, "시대착오적"인 작품으로 비판의 대상이 되었다. 조광화의 대표작 〈남자충동〉1997년 초연 또한 20주년 재공연을 준비하면서 관객들의 이러한 반응을 적극 반영하여 작품을 대폭 수정했다고 한다. 조광화는 "최근 한국사회 여혐 문제의 심각성을 인식하고 연극 속 젠더 감수성에 대해 고민"하게 되었다고 말한다.[4] 실제로 한국연극 관객층은 20, 30대 여성 관객층이 두껍고, 연극 속 젠더 감수성은 점점 더 중요한 이슈가 되고 있다 2017년 국립극단 한민족 디아스포라전 작품 〈김씨네 편의점〉에서 흑인 분장을 한 배우의 회화화된 장면에 대하여 인종적 감수성 문제가 제기된 것도 이들 관객층에서였다.

최근의 젠더 감수성, 페미니즘 의식과 관련하여 또 하나의 주목되는 현상은 연극제작 현장에 작가, 연출가, 스태프의 여성 인력 비중이 증가한 점을 들 수 있다. 일례로 2017년 서울연극제의 경우, "연극제 사상 여성 연출가 비중이 이번이 처음으로 50%"였다고 한다.[5] 연극제작 현장은 집단적이고 도제적인 작업방식,

---

4 장지영 기자, 「이젠 비판받는 신세 된 연극 〈청춘예찬〉 왜? - 남성 폭력에 수동적인 여성 캐릭터 시대에 뒤떨어졌다는 비판 봇물」, 『국민일보』, 2017.2.8; 장지영 기자, 「한국 연극계, 페미니즘에 눈뜨다 - 연극 〈남자충동〉은 여성혐오 대사, 장면 수정」, 『국민일보』, 2017.3.14.
5 양진하 기자, 「여주인공이 세상 바꾸는 연극 아직도 없어요 - 여성 연출가들이 본 연극계」, 『한국일보』, 2017.6.26.

현장작업의 강도 높은 작업량과 대처능력이 요구되는 것으로, 여성 작가·연출가의 진입이 상대적으로 어려운 분야였다. 최근 관객들로부터 먼저 문제제기된 '젠더 감수성'의 요구는 사회 각 분야에 진입하여 제 목소리를 내고 있는 여성들의 자연스러운 반응이자 요구이다.

개인 미디어 SNS의 역할도 크다. 최근 '미투운동'이 해시태그 형태로 SNS를 통해 빠른 속도로 공개·확산되는 현상은 이전과는 분명히 다른 지점이다. 그리고 언론의 여성 기자들의 활동도 미투운동의 중요한 지지기반이 되고 있다. 이는 여성문제에 대해 소극적이거나 자극적인 보도, 일시적인 관심만을 보였던 기존 언론의 태도와도 다른 것이다.[6] 여전히 직장 내 성희롱과 성폭력이 근절되지 않고 있는 상황은 비판받아야 한다. 그리고 여성들이 자기 목소리를 내고 공식 사과, 재발 방지, 제도 보완의 정당한 요구로 이어지고 있는 것은 페미니즘이 훨씬 더 건강하게 '일상의 정치'로 자리잡고 있음을 말해준다. 미투운동은 단순

---

6 연극계 젠더 이슈의 경우, 〈청춘예찬〉의 젠더 감수성 문제와 관객반응을 제일 먼저 보도하고 문제제기한 국민일보 장지영 기자를 비롯해(앞의 기사 참고), 문화뉴스 장기영 기자(「강남역 살인사건 1주기-연극계 젠더 이슈, 어떤 변화 있었나?」, 『문화뉴스』, 2017.5.17), 이데일리 김미경 기자(「한국 연극계 페미니즘 어디까지 왔나」, 『이데일리』, 2017.5.18), 한국일보 양진하 기자(「여주인공이 세상 바꾸는 연극 아직도 없어요-여성 연출가들이 본 연극계」, 『한국일보』, 2017.6.26) 등이 있다. 그 외 뉴스1의 박정환 기자 또한 연극계 미투를 신속하게 보도하고 있다.(「'미투' 연극계도 '속앓이'… 성폭력 의혹 유명 연출가 '쉬쉬'」, 『뉴스1』, 2018.2.12)

한 페미니즘 운동에 그치는 것이 아니라 기존의 억압적 권위주의를 해체하고 공정한 사회를 요구하는 공적 기능을 수행하고 있다. 이에 따라 이 글에서는 한국연극과 젠더의 관점에서, 달라진 연극제작 환경과 함께, 그동안 여성 창작자들의 활동과 역사를 되짚어보고 앞으로의 방향을 모색해보고자 한다.

여성 극작가—여성의 역사, 여성의 서사를 증언하고 기억한다

여성 극작가의 본격적인 등장은 1980년대에 가능했다. 1910, 20년대 나혜석과 김명순은 시와 소설을 겸해서 문학작품의 하나로 희곡을 쓰는 '문인' 작가의 성격이 강했다. 1950, 60년대 김자림과 박현숙에 이르러서야 희곡 창작을 전문으로 하는 여성 극작가가 등장했다. 그러나 이들은 연극계의 소수로 '여류'라는 폄하된 명칭으로 분류되는 한편 극작에 대한 지속적인 동기부여와 피드백의 기회를 얻지 못하고 방송극 작가 등으로 자리를 옮겨갔다.[7] 본격적인 극작 활동이 가능했던 것은 1980, 90년대 정복근과 엄인희에 이르러서이다. 정복근은 '산울림 여성연극'의 기폭제가 된 〈위기의 여자〉 각색, 서울연극제 수상작 〈실비명〉1989과 〈이런 노래〉1994, 극단 미추 〈지킴이〉손진책 연출, 1987, 극단 전망 〈표

---

7   김옥란, 『한국여성극작가론』, 연극과인간, 2004 참고.

류하는 너를 위하여〉심재찬 연출, 1990 극단 무천 (시오 몸)깨끼기 연출,
1993, 극단 물리 〈나운규〉한태숙 연출, 1993 등 연극계에서 존재감을 확
보하고 활동한 전업 작가였다. 그리고 여성 연출가 한태숙과 콤비
로 〈덕혜옹주〉1995, 〈나, 김수임〉1997, 〈짐〉2007 등 역사 속 여성
인물 중심의 문제작들을 지속적으로 올렸다.[8]

엄인희는 1980, 90년대 민중운동, 노동운동의 자장 안에서 활
동했던 작가이다. 극단 민예 〈그 여자의 소설〉원제 〈작은 할머니〉, 강영걸
연출, 1995은 서울연극제 수상작이다. 극단 이다 〈생과부 위자료
청구소송〉1997, 〈비밀을 말해줄까〉1998 등에서 작가·연출가로 활
동했다. 1990년대 중반 이후 시나리오 〈결혼이야기 2〉, 〈무소의
뿔처럼 혼자서 가라〉, 〈생과부 위자료 청구소송〉, 〈백한 번째 프
로포즈〉 등으로 대중적 인지도도 높은 작가였다. 엄인희는 한국여
성단체연합, 민족문학작가회의, 민족극운동협의회 활동과 함께
운동으로서의 연극의 영역을 지켜온 작가이다. 같은 시기 스타시
스템 여배우 중심의 산울림 '여성연극'과는 대조되는 위치에서
'페미니즘 연극'의 역사를 이어온 작가이다. 엄인희는 2001년 47
살의 젊은 나이에 암으로 세상을 떠났다.[9]

최근 공동창작 공연과 관련하여, 1980년대에 공동창작 방식

---

8 김옥란, 「정복근―역사와 여성을 바라보는 또렷한 시선」, 『우리 시대의 극작
가』, 객석아카이브, 2010; 김윤미, 「정복근 극작가와의 만남」, 『공연과이론』
42, 2016 참고.
9 구희서, 「엄인희의 작품 세계」, 『엄인희 대표희곡선』, 북스토리, 2002 참고.

으로 여성문제에 대해 집단적 목소리를 낸 민족극 단체의 활동 또한 상기할 필요가 있다. 대학극 〈닷찌풀이〉이대 사범대 연극회, 1984, 〈딸〉이대 총연극회, 1986〉, 여성평우회 〈여성문화 큰잔치 연희마당〉동숭동 흥사단강당, 1984, 여성노동자회 〈껍데기를 벗고서〉예술극장 한마당, 1988 등이 그 예이다. 대학극 〈닷찌풀이〉는 1970년대에 문제되었던 기생관광이 새마을운동의 일환으로 "정식 관광요원"이자 "외화획득"을 목표로 국제관광공사라는 행정기관의 체계적인 관리·감독 아래 매춘관광이 시행된 실태를 고발하고 있다. 1970년대 기생관광, 일본인 자본가의 현지처 문제는 일제말기 '정신대' 문제로 억시떠 기원을 거슬러 올라가고, 극중 매춘관광의 결말은 살인사건으로 끝난다. 그리고 언론은 이를 '자살'로 은폐한다.[10]

대학극 〈딸〉은 저학력·저임금 노동자인 섬유공장 여직공, 곧 '여공'의 문제를 다루고 있다. 작업장에 만연한 성희롱과 성폭력, 노동조합 결성 과정의 노조탄압 과정을 다루고 있다. 극중 여성의 현실은 한국전쟁 당시 미군에 의한 전시강간 문제와 오버랩되며, 역사적인 맥락으로까지 인식을 확장시킨다.[11] 성폭력 피해자의 문제를 피해자 개인의 문제로 축소시키지 않고 역사적 맥락에서 성찰할 것을 요구하고 있다.

여성노동자회 〈껍데기를 벗고서〉 또한 미싱사 여공들의 문제

---

10 민족극연구회 편, 〈닷찌풀이〉, 『민족극 대본선2 – 대학극 편』, 풀빛, 1988.
11 민족극연구회 편, 〈딸〉, 『민족극 대본선2 – 대학극 편』, 풀빛, 1988.

를 다루는 노동극이다. 마찬가지로 작업장에 민감한 상세적 신체폭력인 성추행과 성폭력, 구사대의 노조탄압 과정을 고발하고 노동자 의식의 각성을 중요한 전망으로 제시하고 있다.[12] 여성평우회 〈여성문화 큰잔치 연희마당〉은 "새로운 여성문화의 장"을 위한 다양한 여성문제 사례극을 마당극 형식으로 다루고 있다. 농촌여성 거리, 근로여성 거리, 매춘여성 거리, 기생점고 거리, 중산층여성 거리, 외도남편 거리, 폭력남편 거리, 취업여성 거리, 여교사 임신퇴직 마당, 버스안내양 자살 마당 등 사회 각계각층의 여성문제를 다루고 있고, 살풀이·병신춤·작두놀이의 통과의례 결말로 "하나된 우리", 곧 각성된 여성 의식과 연대의 주제로 결말을 맺는다.[13]

이상 여성 지식인여대생, 여성 노동자여공, 여성 운동가의 연극에서 성폭력 문제는 일본군 위안부, 매춘관광, 전시강간, 미군부대 양공주, 가부장적 직장문화 등 국가 폭력, 가부장적 사회구조적 폭력의 문제로 중요하게 인식되고 있다. 최근 젠더 담론에서 성폭력 피해자의 문제를 '피해자'의 이름이 아니라 '생존자'로 명명해야 한다는 제안도 성폭력 피해의 문제를 개인적 피해의 차원이 아니라 사회적 재난의 공공의 문제로 인식하고 있음을 보여준

---

12 민족극연구회 편, 〈껍데기를 벗고서〉, 『민족극 대본선3 – 노동연극 편』, 풀빛, 1991.
13 민족극연구회 편, 〈여성문화 큰잔치 연희마당〉, 『민족극 대본선1 – 전문연행집단 편』, 풀빛, 1988.

다. 강남역 살인사건의 예에서처럼, 지금 현재도 여성차별과 여성혐오의 극단적인 결말은 살인사건이다. 그리고 그보다 더 끔찍한 결말은 은폐와 반복이다. 일상에 만연된 성폭력 문제가 해결되지 않는 한 한국여성의 젠더 현실은 여전히 문제적이다.

여성 연출가
— 여배우의 무대, 여성의 현실에 대한 도발적이고 감각적인 무대들

여성 연출가의 등장도 해방 이후에야 가능했다. 해방 이후 제1세대 여성 연출가로 극단 여인소극장1948년 창단 박노경, 극단 여인극장1966년 창단 강유정이 활동했다. 그러나 여성 연출가의 활동이 본격화된 것은 1990년대에 와서다. 극단 무천1993년 창단 김아라, 극단 물리1999년 창단 한태숙, 극단 풍경2002년 창단 박정희 등이 그들이다. 그리고 지금 현재 젊은 여성 연출가들의 활동은 활발하다. 극단 사개탐사 박혜선, 극단 산수유 류주연, 극단 미인 김수희, 극단 달나라동백꽃 부새롬, 극단 파수꾼 이은준, 극단 무브먼트 당당 김민정, 극단 신세계 김수정, 양손프로젝트 박지혜, 극단 여기는당연히,극장 구자혜, 극단 전화벨이울린다 이연주, 극단 LAS 이기쁨 등 연극계에서 자기만의 색깔을 분명히 가지고 활동하고 있는 여성 연출가들이 많다.

여성 작가·연출가의 작품은 창작자 스스로 페미니스트임을

자임하지는 않더라도, 위안부·저시퓨랴 ㅣ 싱고분·성폭력의 주체, 여성인물 중심의 서사, 여성 의식·연대의 주제를 공통적으로 다루고 있다. 정복근은 〈실비명〉1989에서 1980년대 학생운동·노동운동을 배경으로 여성 주인공의 성고문, 성폭력 문제를 다루고 있다. 정복근의 〈표류하는 너를 위하여〉1990는 성폭력 문제를 역사 속 위안부 문제의 연장선상에서 다루고 있다. 이 작품들은 말하기를 멈추지 않는, 끈질기게, 끝까지 말을 이어가는 긴 독백체의 여성 주인공들의 이야기를 담고 있다. 정복근 작가와 한태숙 연출의 〈짐〉2007, 김민정 작가와 한태숙 연출의 〈하나코〉는 위안부 문제를 다루고 있다. 한태숙 연출은 정복근, 김민정〈오이디푸스〉, 〈안티고네〉, 〈하나코〉, 고연옥〈단테의 신곡〉, 〈엘렉트라〉 등 여성 극작가와 지속적인 파트너십을 가지고 활동하고 있다. 이 또한 여성 연대의 한 예를 보여준다.

이보람 작가의 낭독극 〈여자는 울지 않는다〉2015는 과거 성폭력 사건의 기억에서 벗어나지 못하는 여성 주인공의 고통의 언어를 구약성서 욥의 언어로 말하고 있다. 부새롬 연출가는 이 장면을 여성 주인공 개인의 사적 목소리가 아니라 객석에 서있는 배우들의 집단적 목소리로 함께 외치게 하면서 무대에서 시끄럽게 울리는 노래방 기계소리와 마지막까지 싸우게 한다. 이 작품의 주제의식은, 성폭력 살인사건 이후 남겨진 가족들의 고통을 그리고 있는 권여선 소설원작을 무대화한 〈당신이 알지 못하나이다〉2017에서 "망루가 불타고, 배가 침몰해도" 신은 외면하고 있는 상황에 대한 분노의 주제와도 연결된다. 〈당신이 알지 못하나이다〉는, 광주 5·18에 대한 시적 분노를 담고 있는 이창동 감독의 여성 주인공 시리즈 〈밀양〉2007과 〈시〉와 연결될 수 있는 작품으로, 2014년 세월호에 대한 우리 시대의 시를 보여주고 있다. 〈당신이 알지 못하나이다〉는 남성 연출가 박해성에 의해 무대화된 작품이지만, 소설 원작의 여성 화자의 목소리를 그대로 살려낸 무대를 보여주었다.

선배 작가이자 연출가인 정복근, 한태숙, 박정희는 역사 속 여성 인물의 복원, 여성 인물 서사, 여성 작가의 도발적인 언어의 세계를 무대화하는 데에 강점을 보이고 있다. 정복근 작가와 한태숙 연출 콤비의 일련의 역사 속 여성인물 시리즈 공연 〈덕혜옹주〉1995와 〈나, 김수임〉1997, 그리고 박정희 연출의 근대극 〈이영녀〉2015, 스탈린 치하 탄압받는 여성 시인의 일대기를 그린 〈마리나 츠베타예바의 초상〉2015 등이 그 예이다. 특히 박정희 연출은 장 주네 〈하녀들〉2001, 영국 여성 극작가 사라 케인의 도발적인 문제작 〈새벽 4시48분〉 등 난해한 무대를 과감한 이미지로 표현하여 강렬한 인상을 남겼다. 연출가로서 한태숙과 박정희는 시적·상징적 무대 이미지에 강하고, 날이 서고 예민한 언어감각의 무대로 여성 관객들로부터도 높은 호응을 얻고 있다. 윤석화 〈나, 김수임〉, 서주희〈레이디 맥베스〉, 서이숙〈고양이늪〉, 〈오이디푸스〉, 〈마리나 츠베

타예바의 초상〉, 문경희〈하녀들〉, 김효정〈새벽 I 「4년〉 능 존재감 강한 여배우, 여성 인물 중심의 공연은 여성 관객들이 이들 공연에 충성심을 보이는 이유 중의 하나이다.

후배 세대인 무브먼트 당당 김민정 연출은 1920년대 마르크스주의자 박헌영과 그의 사상적 동지이자 아내 주세죽의 이야기인 〈인생〉2013, 프랑스 마르크스주의 철학자 루이 알튀세르와 그의 아내 엘렌느의 이야기인 〈루이의 아내〉2012, 프랑스 인권선언문, 공산당 선언, 신채호의 조선혁명선언, 4·19혁명 선언문 등 역사 속 선언서들을 100명의 배우들을 무대 위로 올려 집단 군무로 무대화한 〈소외〉2013 등 마르크스주의적 관점에서 여성 혁명가, 비정규직 여성 노동자 문제 등 일관된 주제의식을 보여주었다. 김민정 연출은 현대무용 안무가 출신 연출가로, 대극장 무대를 장악하는 역동적이고 집중력 강한 연출력을 보여주고 있다.

마찬가지로 안무가 출신 연출가인 극단 신세계 김수정 연출 또한 〈그리므로 포르노〉2015, 〈멋진 신세계〉2016, 〈보지체크〉2016, 〈사랑하는 대한민국〉2016 등 작업에서 도발적인 성적·정치적 문제제기를 통해 관객들 사이에서 논쟁의 대상이 되었다. 극단 신세계 김수정 연출과 남산예술센터 공동제작 작품 〈파란 나라〉2017에서는 관객 100명을 무대에 오르게 하여 전체주의에 관한 파격적인 실험을 시도했다.

이상 여성 연출가들의 작업은 각자 자기 세계가 뚜렷하고 당당하고 다양하다. 이들의 공연은 기존의 공연과 달리 여성이 주인공인 경우가 많고, 여성인물에 대한 접근태도도 다르다. 여성인물은 작품의 중심서사에서 중요하게 기능하고 있다. 여성인물을 중심으로 하는 서사구조에서 여배우의 존재감이 크게 드러나는 것은 결과적으로 당연한 일이다. 이들이 만드는 작품에는 여성 창작자로서 본인들 스스로가 가지고 있는 '젠더 감수성'이 반영되어 있다. 이들의 공연에 여성 관객들이 높은 충성심을 보이는 것도 단순한 우연의 일치는 아니다. 이들의 '젠더 감수성'은 기존의 폄하된 의미인 '여성적 감수성'과는 다른, 이미 다음 단계로 나간 지점의 전망을 보유하고 있다. 지금 현재 젊은 작가·연출가들은 선배 여성 연극인들이 일종의 낙인처럼 느끼고 범주화되기를 꺼려했던 '페미니스트'라는 명명에 대해서도 당당하고 자유로운 모습을 보인다.

여성 기획자—페미니즘 연극 기획, 젠더 이슈의 공론장 만들기

최근 젠더 이슈와 관련하여 '페미니즘 연극'으로 주목받고 있는 작품은 다음과 같다. 남산예술센터 아고라 연극 〈페미그라운드〉진동젤리, 2016.12, 김진아 작·연출 〈아주 친절한 (페미니즘) 연극〉극장 봄, 2017.2, 창작집단 사막별의오로라 〈페미수제연극—메이크업 투 웨이크업〉혜화동1번지 소극장, 2017.3, 극단 여기는당연히, 극

장 구자혜 작·연출, 〈가해자탐구 1곡 . 사과문작성가이드〉남
산예술센터. 2017.4, 게릴라 연극 김슬기 작·연출 〈페미리볼버〉서계동
국립극단 마당. 2017.5 등.[14] 그리고 연극계 젠더 이슈와 관련하여"가
장 진보적인 움직임"을 보여주는 곳으로 남산예술센터가 꼽힌
다.[15] 남산예술센터는 아고라 연극 〈페미니그라운드〉, 예술계
성폭력 문제를 다룬 〈가해자탐구〉 기획 제작뿐만 아니라 공동제
작 극단과 제작진을 대상으로 한 성폭력 관련 교육 내용을 협약
서에 포함시키고 교육을 진행하고 있다. 이 중심에 극장장 우연
이 있다. 남산예술센터 우연 극장장은 문화예술계에서 오랫동안
활동해온 여성 기획자이다.

페미니즘 연극과 관련하여 또 하나 주목되는 움직임은 올해 6
월 예정된 제1회 페미니즘 연극제의 기획이다. 연극기획자 나희
경, 드라마투르그 장지영, 그래픽디자이너 황가림으로 구성된
공연기획팀 '페미씨어터'는 2017년 한 해 동안 페미니즘을 주제
로 하는, 혹은 페미니즘적 시각을 바탕으로 한 작품들과 함께 하
며 더 확장된 질문을 던지기 위해서 "대학로 한가운데에서 페미
니즘을 외치는" 판을 벌이고 있다.[16] 이들이 꼽고 있는 2017년

---

14 장기영 기자, 「연극계 젠더 이슈, 어떤 변화 있었나?」, 『문화뉴스』, 2017.5.17;
   남지현, 「동시대 한국 페미니즘 연극의 양상 연구」, 『연극포럼』, 2017.12 참고.
15 장지영 기자, 「한국 연극계, 페미니즘에 눈뜨다」, 『국민일보』, 2017.3.14.
16 제1회 페미니즘 연극제 텀블벅 사이트.
   https://www.tumblbug.com/femitheatre

페미니즘 연극 목록은 다음과 같다. 〈예수 고추 실종 사건〉, 〈아주 친절한 (페미니즘) 연극〉, 〈페미수제연극-메이크업 투 웨이크업〉, 〈2017 이반검열〉, 〈가해자탐구〉, 〈옆방에서 혹은 바이브레이터 플레이〉, 〈페미리볼버〉, 〈헤라, 아프로디테, 아르테미스〉, 〈개인의 책임〉, 〈좋아하고 있어〉, 〈아담스 미스〉, 〈페미니즘 청소년극〉, 〈[.] A Period 생리에 관하여〉, 〈우리는 적당히 가까워〉, 〈썬.시연.보엠.〉, 〈클라우드 나인〉.

제1회 페미니즘 연극제 참여 연출가들 목록은 다음과 같다. 강예슬, 구자혜, 김승언, 김지수, 김희영, 신문영, 이수림, 이오진. '페미니즘 언극'이 범주에 남녀 성별 구분을 떠나서 자유롭게 참가하고, 페미니즘 주제에 관한 다양한 관점과 이슈를 아우르고 있다. 기존 페미니즘 운동에서 여성 주체를 우선 대상으로 삼을 수밖에 없었던 우선순위에서 벗어나 더 폭넓은 공론장을 마련하고 있다. 연극제 기획에서 기획자·드라마투르그·디자이너의 파트너십 또한 주목할 만하다. 특히 드라마투르그 입장에서, 개별 공연의 협력자가 아니라 연극제 프로그래머와 기획·제작 역할을 통해 드라마투르그 영역을 확장하고 있는 점도 주목된다.

1990년대 이래 연극제작 전문인력의 하나로 드라마투르그 또한 빠른 성장을 이루어왔지만, 연극제작 현장의 드라마투르그들이 주로 여성 인력이고 눈에 보이지 않는 많은 장벽들로 성장의 한계 또한 많았다. 기존 연극제작 현장에서 수로 남성 연출가 대 여성 드라마투르그의 구도는 드라마투르그의 역할을 수동적이고 보조적인 역할로만 한정하는 암묵적인 분위기로 작용했다. 페미니즘 연극 기획은 페미니즘 주제의 공연뿐만 아니라 연극제작 현장의 전문 여성인력들이 보다 적극적으로 자신의 미래를 기획하고 역할을 찾아나가는 데에 중요한 계기가 될 것이라 기대하게 한다.

이상 최근 젠더 이슈는 단지 인식의 변화뿐만 아니라 제작구조상의 변화를 가져오는 중요한 계기가 되고 있다. 이에 대한 이론적 검토, 연극사적 정리, 새로운 지평을 마련하는 일은 앞으로 남겨진 과제이다. 페이스북, 트위터, 리트윗, 해시태그, 미러링 등 SNS 언어들(문자)은 기존의 구술, 증언의 언어(말)와도 다르다. 새로운 세대의 언어, 연극문법에 대한 정리와 성찰도 시급하다. 충실한 연구사 검토와 함께 페미니즘 연극 방법론에 대한 탐구 또한 앞으로의 과제이다. 과거 역사 경험의 축적, 수평적 연대와 네트워크의 힘은 여성 주체들에게 여전히 중요하다.

미투혁명 선언, 공연예술계 변화의 시작

———————————— ◈ ————————————

'미투운동#Me Too'이 전 세계적인 운동으로 확산되고 있다. 미투운동은 2017년 10월 미국 헐리우드 영화제작자 하비 와인스타인의 성폭력이 폭로되면서 본격화되었다. 국내에서도 2018년 1월 29일 서지현 검사의 검찰 내부 성폭력 폭로를 시작으로 본격화되었다. 이어서 2월 11일 배우 이명행 성추행 의혹에 따른 공연 하차와 2월 14일 연희단거리패 예술감독 이윤택 연출가 성폭행 폭로, 2월 20일 극단 목화 대표 오태석 연출가 성추행 폭로가 이어지면서 한국연극계는 큰 충격에 빠졌다.

사건과 변화, 오래 기다려온 혁명 '미투운동'

2018년 2월 19일 이윤택 연출가는 30스튜디오에서 성추행 의혹 인정 및 사과 기자회견을 열었다. 같은 시각 연희단거리패 대표 김소희 배우는 극단 해체를 선언했다. 30스튜디오는 연희단거리패 30주년을 기념하기 위해 2016년 10월 개관한 극장이 나.[1] 32년 역사의 극단이 해체되기까지 경과한 시간은 폭로 이후 단 5일간이다. 연이어 배우 오달수·조민기·조재현·한명구 등 미투 폭로에 따른 작품 하차 및 제작 중단이 결정되었다. 연출가 김석만은 성추행 폭로로 국립극장장 후보에서 탈락했으며, 연출가 윤호진은 뮤지컬 〈명성황후〉 공연을 취소했다. 세종대 교수였던 배우 김태훈은 제자에 대한 성폭력 가해자로 학교측에 사직서를 제출했다. 미투 폭로 이후 잠적한 연출가 오태석의 극단 목화 또한 국내 공연이 취소되었으나, 예정되어 있었던 루마니아와 대만 해외 공연을 강행하다가 대만 현지 공연 프로듀서의 성명서가 공론화된 후 공연이 취소되었다.[2]

미투 폭로는 연극 현장을 넘어 학교와 해외 투어 공연에 이르기까지 적극적으로 공론화되면서 성폭력 반대 연대의 움직임이 강화되고 있다. 2월 25일에는 대학로 마로니에 공원에서 문화예술계 미투운동을 지지하는 일반 관객들의 위드유#With You 집회가 열렸다.[3] 제도적인 대책 마련 또한 발 빠르게 이루어지고 있다. 성희롱·성폭력에 관대했던 이전과는 확연히 달라진 사회 분위기

---

1   임지영 기자, 「이윤택이라는 괴물은 어떻게 탄생했나」, 『시사인』, 2018.3.6.
2   유연석 기자, 「대만 측 "오태석 공연 취소 결정… 극장 내 성폭력 안돼"」, 『노컷뉴스』, 2018.5.4; 장병호 기자, 「오태석 '미투' 여파 해외로… 대만 공연 전격 취소」, 『이데일리』, 2016.5.4.
3   임재우 기자, 「연극·뮤지컬 관객 '#위드유' "추악한 성범죄자 무대서 물러나라"」, 『한겨레』, 2018.2.25.

다. 현재 국가인권위원회와 문화체육관광부는 "문화예술계 성희롱·성폭력 피해자 지원, 사건 조사, 제도 개선 등을 위한 '특별신고상담센터'와 '특별조사단'을 100일간 한시적으로 운영2018.3.2~6.19하고 있으며 실태조사 중이다. 국립극단은 성폭력 예방 행동지침을 계약서에 반영하고 있으며, 프로덕션 참가자 전원을 대상으로 성폭력예방교육을 실시하고 있다.

개강과 함께 미투 폭로가 본격화된 학교 현장 또한 학기초 대부분의 시간을 실태조사와 대책마련으로 고심을 거듭하고 있다. 한국예술종합학교 연극원 황지우·김태웅 교수가 과거 성희롱 언행 등으로 수업에서 배제되고 재조사에 들어갔다. '스쿨미투'는 전국 중·고·대학교·대학원에 빠른 속도로 써지고 있다. 성희롱·성폭력 가해자 교수 연구실에 포스트잇을 붙이며 항의를 표현하는 방식은 2016년 강남역 살인사건에서 추모의 의미로 붙이기 시작한 포스트잇과 동일한 방식으로 새로운 시위문화로 자리 잡고 있다.

봇물이 터지고 해일이 밀어닥치고 있는 형국이다. 미투운동을 단순한 폭로 사건이 아니라 우리 사회의 거대한 '혁명'으로 보는 시각이 조용히 힘을 얻고 있다.[4] 여성학자 조한혜정 또한 이번

---

4 "미투는 혁명이다"는 경향신문 기획연재 슬로건이기도 하다. 김지혜·남지원 기자, 「미투의 혁명, 혁명의 미투(4) 성추행 고발서 남과 여 일상화된 모순 흔드는 바람으로」, 『경향신문』, 2018.4.25 외.

미투운동을 '퍼펙트 스톰'이 불기 시작했다고 진단하고 있다. "강남역에 '너는 나다' 포스트잇을 붙이러 나온 행렬"이 영화계, 문단, 미술계, 연극계, 영화계 해시태그 운동으로 번지고 "시대의 증언자 최영미 시인과 권인숙 교수" 등을 만나고 돌풍을 일으키고 있다는 것이다.[5] 연극의 경우, 이윤택 성폭력 사실을 폭로한 극단 미인 대표 김수희 연출가의 역할 또한 중요하게 꼽을 수있다. 이윤택의 성폭력 사실 폭로가 더 충격적이었던 것은, 이윤택 연출가와 연희단거리패가 지난 정권 시기 블랙리스트 피해의 대표적 존재로 언급되면서 정치적으로 진보적인 집단으로 인식되어 왔기 때문이다. 마찬가지로 지난 대선 대권 주자이자 전 충남도지사 안희정으로 상징되는 진보 진영 인사들에 대한 미투 폭로는 충격을 넘어 경악을 안겨 주었다. 미투혁명을 지지하는 입장이든, 불편함을 호소하는 입장이든, 근본적인 변화가 시작되고 있다는 점에는 동의하고 있다.

지난 4개월 간 이어온 미투운동은 민주화 운동 기간 동안 '민주화'의 시대적 요구와 거대 담론에 밀려 오랫동안 '분파'의 언어로 억압당해야 했던 페미니즘 논의들이 일상의 공간에서 일상의 혁명의 모습으로 귀환하고 있는 모습을 보여주고 있다. 때마침 남북 관계에도 "봄이 오고 있다". 한반도 평화 혁명과 함께

---

5   조한혜정, 「이번에는 '퍼펙트 스톰'이 일기를!」, 『한겨레』, 2018.2.20.

일상의 혁명으로서 미투운동이 나란히 진행되고 있다. 미투 혁명이 평화 혁명과 함께 조우하는 장면은 오랜 시간을 들여 역사가 만들어낸 완벽한 스펙터클이다.

반면에 거센 폭풍 속에서 여전히 기존 권력 관계가 건재함을 과시(?)하고 있는 곳도 있다. 국내 미투운동의 기폭제가 되었던 안태근 전 검사장 성추행 사건에 대한 검찰 '성추행 사건 진상규명 및 피해회복 조사단'단장 조희진 동부지검장은 서지현 검사의 JTBC 방송 출연 직후 구성되어 1월 31일 출범하여 안태근 전 검사장을 불구속 상태로 재판에 넘기면서 수사결과를 발표하고 4월 28일 사실상 활동을 종료했다. 서지현 검사의 "수사의지, 능력, 공정성이 결여된 3무無 조사단"이라는 비판의 말처럼, 검찰의 수사의지를 의심할 수밖에 없는 결과이다.[6] "미투를 불붙인 검찰 성추행 사건"이라기엔 씁쓸한 결과이다.[7] 정치권 최대 미투 이슈였던 안희정 성폭력 사건 또한 3월 7일 수사 시작 이후 3월 28일, 4월 5일 두 번에 걸친 구속영장 기각으로 불구속 기소 처리되었다. 앞으로 긴 재판의 시간이 남아 있다.

미투운동 초기, 이구동성으로 했던 말들이 있다. "이 싸움은 오랜 싸움이 될 것이다"는 것이 그것이다. 사실 이 싸움은 오래

---

6 안희·방현덕 기자, 「서지현 검사측 "의지·능력·공정성 없는 '3무 수사"」, 『연합뉴스』, 2018.4.26.
7 사설, 「미투 불붙인 검 성추행 사건, 그 수사의 씁쓸한 결말」, 『동아일보』, 2018.4.27.

기다려온 싸움이기도 하다. 오래 참아온 숨비 소리들이 터져 나오고 있다. 20, 30년 전 기억이 말을 걸기 시작한 것이다. 기록되지 않았으나 잊지 않고 기억하고 있었고, 말할 수 없었으나 이제는 말하기 시작했고, 빨리 끝날 싸움이 아니라는 것을 모두 잘 알고 있다. 역사 속에서 배웠던 두 번의 거대한 페미니즘 운동의 실패와 '반격'에서 페미니즘 운동은 이미 많은 것을 배워왔다.

이론과 쟁점, 일상의 페미니즘 그리고 페미니즘 내부의 변화

조남주의 소설 『82년생 김지영』민음사, 2016, 록산 게이의 『나쁜 페미니스트』사이행성, 2016, 벨 훅스의 『모두를 위한 페미니즘』문학동네, 2017, 수전 팔루디의 『백래시』아르테, 2017 등 — 최근 페미니즘 관련 베스트셀러들이다. 『82년생 김지영』은 걸그룹 레드벨벳의 아이린이 읽었다는 발언 때문에 페미니즘 논쟁일명 '메갈' 논란이 벌어진 책이다. 『나쁜 페미니스트』는 아나운서 오상진이 추천한 책, 『모두를 위한 페미니즘』는 헐리우드 스타 배우 엠마 왓슨이 추천한 책으로 유명세를 탔다. 일명 '일베일간베스트 저장소' 대 '메갈메르스 갤러리' 논쟁에서 이슈가 되었던 '미러링' 전략을 따온 것으로 알려진 노르웨이 소설 게르드 브란텐베르그의 『이갈리아의 딸들』황금가지, 1996은 2016년 특별판으로 재출간되었다. 페미니즘 소설과 이론서들이 친숙한 대중서로 읽히고 있다.

일본군 성노예 '위안부' 문제를 지속적으로 문제 삼아온 우에노 치즈코의 『여성 혐오를 혐오한다』은행나무, 2012 또한 근래에 다시 읽히는 페미니즘 서적이다. 2016년 강남역 살인사건 이후 표면화된 '여혐여성혐오' 논쟁 이후 일상의 성차별적 상황에 대한 실전 대응 매뉴얼 형식으로 집필된 이민경의 『우리에겐 언어가 필요하다』봄아람, 2016도 쉬운 대중서이자 여성학 책으로 인기를 얻고 있다. 흑인 여성 페미니스트 록산 게이의 책 『나쁜 페미니스트』는 페미니스트가 되기 위해서는 페미니즘 이론에 정통하지도, 정치적으로 올바르지 않아도 된다, 비록 스스로 부족하다고 느끼는 '나쁜 페미니스트'여도 좋다, 하나의 규범의 이론에 따르지 않아도 되는 다양한 페미니즘이 필요하다고 역설하고 있다. 『백래시』는 1980년대 레이건 정부 시기 신보수주의 아래 페미니즘 운동의 좌절을 가져왔던 언론, 대중매체, 정치, 직장 내 성차별, 여성의 몸과 심리에 끼친 '백래시'의 사례들을 실제적인 통계를 활용해 저널리즘의 언어로 분석해낸 책이다. 이 책은, 1991년 미국 출간 이후 2017년 국내에 번역 출판됨으로써 국내에서도 단시간 내에 페미니즘의 문제작이자 고전으로 자리 잡았다.

기존 백인 중산층 지식인 여성 중심의 페미니즘 이론이 일상의 평범한 여성들의 일상의 언어와 담론으로 진화하고 있다. 1970, 80년대 정신분석학적 페미니즘, 곧 엘렌 식수의 '여성적 글쓰기', 뤼스 이리가레이의 '액체로서의 여성성', 줄리아 크리스테바의

'기호계적·시적 언어의 혁명성' 이론은 지식인 여성 페미니스트의 '글쓰기'와 '언어'의 전복적 힘에 대한 열광을 반영하고 있다. 그러나 지금 현재의 페미니즘은 '일상의 페미니즘', '모두의 페미니즘'의 성격이 강하다. 강남역 살인사건의 '화장실'이라는 일상의 공간, 초·중·고등학교 시절 성폭력의 기억이 자리 잡고 있는 여성들 개인의 일상의 경험이 페미니즘의 중요한 화두가 되었다.

글쓰기와 언어의 전복성 이전에 '말하기', 곧 '여성의 경험을 말하기'가 절실한 실천방법으로 제시되고 있다. 강남역 살인사건 현장과 성폭력 가해자의 공간에 나붙은 포스트잇의 언어는 문장의 문법을 지키고 체계적인 문단을 이루는 글쓰기의 언어가 아니라 말하기의 언어이다. 강남역 포스트잇은 말한다. "예쁜 옷 입어도 돼요. 밤늦게 돌아다녀도 돼요. 싫으면 싫다고 얘기해도 돼요. 그 무엇도 당신 잘못이 아니예요." 교수 성폭력 사건에 대한 이화여자대학교 포스트잇은 말한다. "방 빼", "사죄하십시오" 단순하고 선명한 말들이다. 『82년생 김지영』의 조용한 돌풍에도 시사 교양 프로그램 방송작가로 일한 작가의 경력이 반영된 사실적이고 쉬운 글쓰기가 크게 한몫하고 있다.

페미니즘 이론 내부에서도 변화의 바람은 거세다. 1960년대 페미니즘의 고전 『여성의 신비』 베티 프리단의 '뉴라이트'로의 변절이 비판되고,[8] 『젠더 트러블』 주디스 버틀러의 포스트모던

---

8 수전 팔루디, 황성원 역, 손희정 해제, 『백래시』, 아르테, 2017, 485~490쪽.

퀴어분석에서 '젠더 위반'의 해방성과 정치성이 '젠더'를 절대선으로 간주할 뿐 젠더 규범에 도전하지도, 젠더를 폐지하는 페미니즘 운동의 역할을 충분히 수행하고 있지 못하다는 비판도 만만치 않다. 1990년대 진보정치 실천으로 여겨졌던 포스트모던 퀴어 이론의 권위가 도전받고 있다. '섹스·젠더·트랜스젠더리즘'의 용어 투쟁은 아직도 진행 중이다.[9]

지난 4개월간 미투운동에서 가장 적극적인 목소리를 내고 연대의 힘을 보여준 것은 공연계, 연극 분야이다. 관객들의 사랑을 전제로 활동힐 수밖에 없는 공연예술계의 특성상 법적 처벌 이전에 사회적·상징적 처벌의 효과가 가장 큰 곳도 공연예술계이다. 미투운동을 촉발시킨 안태근 전 검사장, 지방선거를 앞두고 정치권을 뒤흔들었던 안희정 전 충남도지사에 대한 구속영장은 기각되고 재판을 앞두고 있다. 노벨문학상 후보로 거론되었던 문단의 거목 고은 시인은 국내 언론에 대해서는 침묵을 지키다가 외국 언론을 상대로 떳떳함을 주장하기도 했다. 조직문화가 강한 군대, 경찰, 종교계는 여전히 미투의 사각지대로 남아 있다. 미투에 대한 부작용으로 여성과는 회식도 하지 않겠다는 일명 '펜스 룰'이 제기되기도 하고, 여성 제자의 논문을 지도하지

---

[9] 쉴라 제프리스, 김예나·남혜리·박혜정·이윤미·이지원 역, 『래디컬 페미니즘』, 열다, 2018, 158~183쪽.

않겠다는 퇴행적 현상도 존재한다.

연극계는 세월호와 블랙리스트 정국을 거쳐 젊은 연극인들을 중심으로 세대교체가 이루어졌으며, 연극계의 관행과 악습에 단호하게 대처하고 연대의 움직임을 보여주고 있는 것도 이들이다. 기존 연극사에서 소수이자 약자였던 여성에 의한 '여성연극', 곧 생물학적 성sex 구분에 의한 '여성연극'이 아닌 '여성주의 연극', 곧 페미니즘 연극으로의 방향을 새로운 연극의 방향으로 제시하고 있는 것도 젊은 여성 연극인이자 기획자들이다. 올해 처음으로 '페미니즘 연극제'를 기획하고 있는 나희경 PD는 기존의 한정된 여성 캐릭터, 남성 중심 서사를 비판하는 한편 페미니즘 연극을 통해 여성의 이야기만이 아니라 퀴어, 노인, 이주민, 장애인 등 다양한 이야기를 껴안아야 한다고 말한다. "지금은 '많은 페미니즘'이 필요한 때"라는 것이다.[10] 동감이다. 페미니즘은 성별 억압의 부당한 차별과 권력행사를 거부하는 '모두의 페미니즘'으로 진화해야 한다.

---

10 이정은 기자, 「미투, 아름다운 투쟁3 – 페미니즘 리부트 시대의 공연예술」, 『객석』, 2018.4, 109쪽.

중국연극과 여성인물

지난 5월 한중연극교류협회의 제1회 중국희곡 낭독공연이 올라갔다. 1990년대 이후 중국 현대 공연 4편이 낭독극으로 공연되었다. 궈스싱過士行의 〈물고기인간〉, 장귀웨이鄭國偉의 〈최후만찬〉홍콩, 멍징후이孟京輝의 〈워 아이 차차차〉, 라오서老舍의 〈낙타상자〉4편의 공연이 그것이다. 한중연극교류협회는 "범중국어 문화권 연극"을 소개하고자 올해 새롭게 출범한 단체이다. 2002년 발족한 한일연극교류협회의 활동이 한일연극 교류의 실질적이고 안정적인 플랫폼 역할을 해왔던 것처럼, 한중연극교류협회 또한 앞으로의 활동이 기대된다. 중국희곡 낭독공연 부대행사로 열렸던 심포지엄에 참여한 중국사회과학원 타오칭메이陶慶梅의 발표에서처럼, 시장개혁 이후 "중국 사회 전체의 발전 속도가 빨라"지고 있고, 특히 2012년 제18차 중국공산당 당대회 이래로 "연극계에 투입되는 자본력도 점차 강화"되고 있으며, "정부 지원을 받는 여러 연극제를 통해 유럽의 콘템포러리 작품들이 대거 소개"[1]되는 등 중국연극은 정부 지원금에 의한 지원금 체제로 재편되는 한편, 난징, 청두, 쿤밍, 우한 등 이선도시들에서 소극장 공연이 활성화 되고 있다고 한다.

필자는 베세토연극제 한국위원으로 2014년 샤먼과 2017년 항저우를 방문했었다.[2] 단 3년간의 시간 차이지만 중국연극의 변화의 속도는 매우 빨랐다. 관 중심 구조로 움직일 수밖에 없는 중국 베세토위원회의 성격상, 중국 베세토연극제는 현대극보다 는 전통극 레퍼토리가 중심이다. 그러나 이미 몇몇 지역 소극장 프로듀서들을 중심으로 실험적 현대극이 공연되고 있고 관객층 또한 두텁게 형성되고 있음도 목격하였다. 2017년 항저우 베세 토 연극제에서 공연된 김정 연출작 〈손님들〉이 올라갔던 공연장 과 관객들이 바로 그들이다.[3] 중국의 국가 주도 지원금 체제의 연극들, 그리고 이선도시들의 소극장 연극이 어느 방향으로 발 전해나갈 것인지는 앞으로 좀더 시간을 가지고 지켜보아야 할

1 타오칭메이(陶慶梅), 「정부, 시장, 예술 세 가지 시선 속 컨템포러리 중국 연극」, 한중연극교류협회 제1회 심포지엄 발표집, 한양레퍼토리씨어터, 2018.5.26.
2 베세토연극제는 1994년 김의경, 쉬샤오중, 스즈키 타다시의 한중일 삼국 연극인들의 의기투합에 따라 매년 베이징과 서울과 도쿄의 삼국의 도시를 번갈아가며 연극제를 개최하고 있는 대표적인 민간 연극제이다. 베세토연극제는 삼국의 국제위원회 체제로 운영되고 있으며, 최근에는 삼국 지역거점 도시들을 중심으로 '동시대 아시아 연극의 플랫폼'과 '아티스트들의 네트워크' 구축에 힘을 쏟고 있다. 2016년 일본 돗토리현, 2017년 중국 항저우에 이어 2018년은 한국 광주에서 연극제가 열렸다.
3 김정은 기자, 「김정 "중국관객 적극적 반응에 놀라… 언어 달라도 통했죠"」, 『동아일보』, 2018.6.26.

것이다. 이번에 새롭게 출범하는 한중연극교류협회의 중국희곡 낭독공연은 중국의 국가주도 연극과는 다른 방향에서, 그리고 중국, 홍콩, 대만, 싱가포르 등 범중국어 연극들을 망라하면서 그동안 쉽게 소개되지 않았던혹은 소개될 수 없었던 중국 현대희곡을 낭독극으로나마 먼저 소개하고 교류하고자 하는 기획의도를 가지고 있다. 이 또한 앞으로 시간을 축적해가면서 차분히 지켜볼 필요가 있다.

중국의 경제적 자신감, 문화적 자신감

미국과 중국을 일컫는 G2, 혹은 '차이메리카Chimerica'라는 새로운 용어처럼 2000년대 이후 경제 대국으로 부상한 중국에 대한 관심이 높아지고 있다. 이른바 국민 포털인 네이버 뉴스판에도 '중국'이 관심주제로 배치되어 있어 중국의 실리콘밸리 소식에서부터 중국 기업의 회식 문화에 이르기까지 자세한 정보들이 매일매일 소개되고 있다. 중국 또한 자신들의 경제적 자신감을 문화적 자신감으로 적극적으로 표현하고 있다. 중국 전통극 또한 단순한 전통극으로 머물러 있지 않다. 예컨대 경극으로 재해석한 〈리처드 3세〉왕샤오잉 연출, 명동예술극장, 2016, 휘극으로 재해석한 〈맥베스〉인 〈경혼기〉안후이성 휘극·경극원, 국립아시아문화전당, 2018 베세토연극제 공연 등 셰익스피어를 중심으로 한 중국 전통극의 실험, 곧 셰익스피어라는 '세계연극언어'를 자국이고 번역하고 세계연극 시장에 신술하고자 하는 의지를 강하게 보여주고 있다. 중국 국가 주도이든, 중국에 대한 국내의 높은 관심이든, 중국 연극을 접할 수 있는 통로는 이전보다 훨씬 다양해지고 있다.

이번 제1회 중국희곡 낭독공연을 지켜보는 감회 또한 남달랐다. 양식성 강한 공연으로서가 아니라 희곡 대본으로 중국연극을 접하는 새로움이 컸다. 우선 전통적으로 시문詩文이 발달한 중국문학 특유의 압축적이고 상징적인 언어의 힘이 크게 다가왔다. 그리고 전통극이나 현대극 모두에서 인상 깊었던 점이 하나 있었다. 여성인물의 선명함이 그것이다. 올해는 전세계는 물론 국내에서도 '미투' 논의가 한창이다. 여성인물의 형상화나 페미니즘적 관점에서 기존 공연이 비판적으로 성찰되는 계기를 맞고 있다. 그런 맥락에서라도 중국희곡에서 발견하게 된 여성인물의 뚜렷하고 생생한 모습은 신선한 충격이었다.

중국희곡의 새로움, 여성인물의 선명함

필자 개인적인 경험상, 중국 전통극 공연에서 처음 중국희곡의 저력을 느낀 것은 2016년 세종문화회관 세종M씨어터에서 공연된 강소성 소주 곤극원의 곤극 〈모란정〉에서였다. 곤극은 중국 5대 전통극곤극, 휘극, 경극, 천극, 월극 중의 하나로, 2001년 세계 최초로 유네스코 인류 구전 무형문화유산으로 등재되었다고 한다. 2016년 한국공연에서는 중국 국가1급 배우 왕팡이 직접 출연하여 더욱 화제가 되었다. 이 공연은 '탕현조·셰익스피어 서거 400주년 기념'으로 공연되었다. '중국의 셰익스피어 탕현조'를 강조하며 '탕현조·셰익스피어 서거 400주년 기념'으로 명명하는 중국 문화기획의 기민함도 놀랍지만, 한국공연에서 누릴 수 있는 혜택인 한글 자막 덕분에 중국공연의 양식적 미학뿐만 아니라 희곡의 내용과 대사를 비로소 자세히 들여다볼 수 있었다.

내용은 단순했다. 사랑하는 남녀가 귀신이 되어서도 다시 만나 사랑을 이룬다는 이야기다. 공연과 함께 마련된 강연회에서, 탕현조는 명나라 양명학 사상을 바탕으로 작품을 써왔으며, 양명학은 윤리나 명분보다 인간의 감정을 중요하게 생각했으며, 명나라 자체가 엄청난 부를 이루고 자본주의적 발전을 이룬 시대였다는 설명이 뒤따랐다. 규방에 갇혀 지내던 태수의 딸 두여랑은 우연히 정원을 산책한 후 꿈속에서 만난 아름다운 청년과 사랑에 빠지고 잠에서 깨어나 상사병에 걸려 죽음에 이르고, 자신의 초상화를 그려놓은 그림을 버드나무 아래 묻어두었다. 그런데 나중에 꿈속에서 만났던 청년 유몽매가 그 그림을 발견하고 사랑에 빠져 영혼을 불러내어 다시 살려내서 사랑을 이루었다는 다소 황당한 이야기다. 그러나 명나라의 양명학이 감정을 최고로 중시했다는 사상을 깔고 보면 무시무시할 정도로 엄청난 정신적 힘이 느껴기는 이야기였다. 이루어져야 할 사랑은 귀신이 되어서라도 끝까지 이루고야 만다는 일종의 정신적 자신감이 두려울 정도였다.

실재하는 존재와 사랑에 빠진 것도 아니고, 꿈속의 남자와 만나 사랑에 빠진 두여랑, 곧 없는 존재인데도 사랑에 빠져 상사병에 걸려 죽어버리는 두여랑의 캐릭터가 매우 현대적으로 다가왔다. 이야기를 이끌어가는 중심축은 두여랑이고, 두여랑은 비록 없는 존재이더라도 사랑하다 내가 죽어버릴 수도 있는, 곧 자기 감정에 충실한 존재이다. 사랑과 개인의 주제에서 이토록 주체적인 여성인물을 본 적이 또 있었던가 싶을 정도로 잠시 어리둥절할 정도였다.

그리고 이 작품을 2017년 항저우 베세토연극제 개막작으로 다시 보게 되었다. 항저우는 곤극의 실제 배경인 도시이다. 항저우는 무역으로 대대로 부가 발달한 도시이다. 비로소 이 공연이 무사武士가 아니라 서생書生이 등장하는 극이고, 지식인들에게 익숙한 시와 노래가 공연의 중심이고, 시를 제대로 음미할 수 있도록 동작과 장면이 절제되어 있는 매우 우아한 공연이라는 점도 확연히 느껴졌다. 곤극은 서생의 연극, 지식인 연극이었던 것이다. 항저우 베세토연극제 〈모란정〉 공연은 저장예술직업학교 학생들 공연으로, 탁자 하나와 의자 둘의 단순한 공연이 아니라 매 장면 시각적인 미장센에 치중한 현대화한 공연으로 중국 전통극의 현대화의 한 흐름을 보여주었다. 그러나 한글 자막은 제공되지 않았고, 실제 중국에서 다시 본 〈모란정〉의 감상은 서울 공연보다 훨씬 못 미쳤다. 서생의 연극, 지식인 연극 특유의 시와 대사를 충분히 음미하지 못하니 동일한 〈모란정〉 공연이라 하더라도 감흥이 떨어졌던 것이다.

대신 항저우 베세토연극제에서 흥미롭게 접했던 작품은 복건성 문화청 출품작 민극 〈쌍접선〉이다. 곤극이 주로 시를 읊는 우아한 문인극이라면, 민극은 동작도 많고 희극적 장면도 많은 스토리 중심의 대중적인 극이었다. '쌍접선雙摺扇, 한 쌍의 부채'은 한 쌍부채의 나비 그림처럼 천생연분인 남녀 두 사람이 시련을 겪고 이별하는 이야기이다. 중국 약자로 제공되는 자막을 간단하 한자 해독력으로 간신히 내용을 따라가는 정도였지만, 스토리 중심의 장면 전개로 내용을 따라가기는 어렵지 않았다.

이야기는 이렇다. 시를 주고받으며 사랑의 쌍접선 노래를 부르며 사랑을 나누는 청춘 남녀의 아름다운 한때. 그런데 여자를 좋아하는 부잣집 도령이 가짜로 여자를 속여서 첫날밤을 치른다. 여자가 좋아하는 선비는 무고로 감옥에 갇혔고, 아침이 되어 신랑이 바뀐 것을 알고 경악하는 여자, 새신랑은 여자에게 돈을 주어 감옥에 갇힌 남자의 보석신청을 하게 한다. 거의 납치나 다름없는 도둑결혼 이야기는 경악을 금치 못할 이야기였지만, 감옥으로 찾아가 자초지종을 설명하고 남자를 감옥에서 풀어내

고 이별하는 장면에서 여사가 "이제 나는 죽어버리겠다" 말하니
님사가 말한다. "살아있으라! 우리의 쌍접선 인연은 언젠가는
이루어지리라!" 정절을 지키지 못했지만, 그대는 소중한 사람이
다, 살아 있으라, 말하는 남자. 전반부는 막장이라면, 후반부에
서는 이런 의연한 인물들의 면모 덕분에 공연에 깊이 몰입하게
되었다.

　세월이 흘러 남자는 과거시험을 보고 고급관료가 되어 다시
고향으로 돌아오고, 다시 여자를 찾겠다고 여자의 집을 찾아갔
는데, 때는 난리통이었다. 여자의 남편은 여자의 옛 연인을 보고
말없이 짐을 꾸려 홀어머니와 아이와 함께 피난을 떠나고 여자
를 남겨둔다. 그런데 여자는 남편을 다시 데려오며, 두 남자 사
이에 앉아 마지막 대사를 이어간다. "나는 두 남자를 다 사랑했
다. 두 사람으로 인해 '나'가 완성되었다." 옛 연인을 예를 다해
다시 떠나보내고, 남편과 아이 곁에 남으면서 성숙한 자아로 홀
로 서는 여자의 결말이다. 옛 연인도, 남편도 잃지 않으면서 서
로의 행복을 진정 기원하면서, 끝내 자신도 지켜내는 여성의 이
야기다. 마지막 장면은 하늘에 뜬 보름달 아래 각성한 주체로 여
자 홀로 서있는 모습이었다. 아름다웠다. 이런 이야기를 만들어
낸 중국에 놀랄 뿐이었다.

중국연극의 여성인물과 한국 연출가의 해석

여성인물의 독립적이고 주체적인 모습은 이번 중국희곡 낭독 공연 희곡들에서도 찾아볼 수 있었다. 4편의 작품 중 여성인물과 관련하여 가장 인상 깊었던 작품은 라오서의 〈낙타상자〉와 궈스싱의 〈물고기인간〉 2편이었다. 〈낙타상자〉1937는 중국 근대 문학의 대표작가 라오서의 소설원작을 중원눙이 현대 경극으로 각색한 작품1998이다. 1920년대 군벌들이 할거하던 시대를 배경으로, 가진 것이라고는 오로지 몸 하나뿐인 젊은 인력거꾼 상즈_{한자 표현으로 '祥子'}가 전쟁과 사회 혼란기 가난 속에서 오로지 맨몸 하나로 버티지만 인력거도, 연인도, 아내도, 아이도 모두 잃고 오로지 죽음만이 진짜라는 각성을 이루는 이야기이다. "다 가짜야, 인력거만이 진짜야!" "다 가짜야, 돈만이 진짜야!" 외치던 상즈가 마지막에 모든 것을 다 빼앗기고 "다 가짜야, 결국 죽음만이 진짜야" 말하게 되는 구조이다. 시적이며 압축적인 구조와 인물들의 묘사가 뛰어난 작품이다.

여성인물과 관련해서 특히 눈에 띄는 인물은 일종의 악역이라고 할 수 있는 인력거회사 사장 딸 노처녀 호호이다. 호랑이처럼 무서운 여자라고 해서 이름도 호호이다. 호호는 이재에도 밝아 아버지의 인력거회사 일을 도맡아 돕고 있으면서, 상즈에게 반해 술을 먹이고 가짜로 동침해서 아이를 가졌다고 거짓말을 하고 상즈와 결혼에 성공한다. 인력거꾼 상즈를 결혼 상대자로 인정하지 않는 아버지를 설득하기 위해 기지를 발휘할 정도로 영리한 캐릭터이기도 하다. 그러나 호호는 끝내 아버지의 인정을 받지 못하고, 상즈와 함께 길거리로 쫓겨난다. 호호의 계략에 따른 결혼으로 인해 상즈는 다른 인력거꾼 딸인 복희와의 사랑도 이루지 못한다. 복희는 결국 아버지 노름빚에 팔려가 자살하고, 호호 또한 아이를 낳다가 의사 부를 돈이 없어 죽는다. 상즈와 복희와 호호의 이야기는 전형적인 멜로드라마의 삼각관계이다.

그런데 아버지의 반대에도 자신의 사랑을 지키기 위해 끝까지 노력하는 호호의 모습은 천편일률적인 악녀의 모습과는 다르다. 호랑이 같은 인력거 사장 딸 호호, 불쌍하고 가련한 노름꾼 딸 복자, 두 인물 모두 사랑 앞에 평등하고 진실하다. 특히 이 공연은 〈조씨고아, 복수의 씨앗〉에서 중국 고전극에 강한 면모를 보여준 고선웅이 연출을 맡았다. 고선웅은 사장 딸이자 노처녀, 힘도 세고 고집도 센 희화화된 악녀 캐릭터인 호호를 키 크고 목소리도 큰 여배우에게 맡겨 당당하고 거침없는 연기를 펼치게 하면서, 독특하고 매력적인 캐릭터를 만들어냈다.

궈스싱의 〈물고기인간〉은 1989년 집필되고, 1997년 초연된 현대극이다. 공연 배경이 현대라는 점, 특히 집필시기가 천안문 사건이 있었던 1989년이라는 점은 여러 가지 정치적 상상력을 작동하게 한다는 점에서 흥미로운 작품이었다. 작품 집필 시간을 고려했을 때, 이 작품이 직접적으로 천안문 사건을 시대적 배경으로 하고 있다고 말할 수는 없다. 천안문 사건보다는 문화대혁명 이후 지방으로 하방을 내려간 지식인들이 마치 고인 물처럼 남아있는 상황을, 상류로부터 내려오는 물길이 막힌 대청호라는 큰 호수의 상징을 통해서 말하고 있는 작품이다. 이 작품의 여주인공인 류샤오엔은 전체 10명이 넘는 등장인물 중 유일한 여배우이다.

대청호 낚시터 양어장 주인 위씨영감의 수양딸 류샤오엔은 대학생 출신 지식청년으로 이 호수지역에 하방활동으로 내려왔다가 도시로 돌아가지 않고 계속 남아있는 인물이다. 류샤오엔의 존재는 대청호의 큰 물고기가 계곡의 산사태 이후 물길이 막혀 이곳 호수에 갇혀있다는 설정과 함께 문화대혁명 이후 하방을 내려간 지식 청년 세대의 정치적·현실적 무력감을 읽게 한다.

그런데 마지막 장면에서 류샤오엔이 부르는 노래와 함께 태양신의 어린 딸 정위가 태양을 향해 헤엄쳐가다가 죽고, 이후에 작은 새가 되어 다시 태양을 향해 날아가면서 작은 돌을 빠트려 바다를 메웠다는 신화가 겹쳐지는 순간 공연은 신화적·역사적 맥락으로 확장된다. 류샤오엔은 이 극에서 유일한 여성인물이자 밖으로부터 들어온 외부인이다. 류샤오엔과 신화 속 태양신의 어린 딸 정위가 연결되면서 정치적 전복의 상상력을 발동시킨다. 낚시꾼 완장군의 부인 "전진 또 전진" 여사가 중국내전과 한국전쟁에 군 문예대로 참전한 구이이억디 는 김노 흥미롭게 읽히는 여성인물의 이야기다.

이 공연은 한국 연출가 김광보에 의해 연출되었다. 김광보는 신화적인 이야기를 강력하게 풀어내는 데에 강점을 지닌 연출가이다. 관객과의 대화 시간에, 이 공연의 집필시기가 1989년이라는 점에서 정치적 상상력을 발동시킬 수도 있다는 아이디어를 처음 제공한 것도 김광보 연출이었다. 김광보 연출은 극단 청우 배우들과 함께, 낚시터에 몰려든 낚시꾼들의 일상적이고 익살스러운 디테일을 유쾌하게 잡아내면서 관객들에게 큰 호응을 얻었다.

한 가지 아쉬운 점은, 극중 유일한 여성인물이었던 류샤오엔의 상징성을 아직은 충분히 읽어내지 못한 채 마지막 장면을 마무리하고 있다는 점이다. 류샤오엔은 아버지 위씨영감과 낚시의 신, 연인 산얼 모두 호수에 잃자, 정위의 노래를 부르며 배를 저어 호수로 나간다. 중국희곡 여성인물의 새로움과 강력함은 아직 한국공연에서 충분히 발견되고 있지 못하다. 여성인물의 적극적인 해석과 관련하여 한국 공연 연출가들의 인심은 아직 인색하다.

제2부

광장의 어머니
헤카베에서
공옥진까지

—

블랙리스트 거열과 이후,
박근형과 김재엽, 그리고
〈위 아이 차차차〉까지

—

세월호에 대한 시적 분노,
〈헤카베〉 광장의 어머니에서
〈미스 줄리〉까지

—

미투 이후 새로운 활력의
공연들, 〈운명〉 메리에서
〈주름이 많은 소녀〉
공옥진까지

—

블랙리스트 검열과 이후,
박근형과 김재엽,
그리고 <워 아이 차차차>까지

리어와 햄릿, 현재 시제의 기국서와 박근형

〈리어의 역〉·〈죽이 되든 밥이 되든〉

〈리어의 역〉

일시 2016년 4월 20일~5월 8일 장소 선돌극장 제작 극단76 작·
연출 기국서 조연출 문선주 무대 최영환 조명 이현직 음악 나영범 의
상 김정향 소품 허태경 분장 신나나 기획 조혜랑 홍보 이시은 시진
강선준 출연 홍원기, 김왕근, 밝남희, 고수민, 김태라, 황보란

〈죽이 되든 밥이 되든〉

일시 2016년 5월 18일~5월 29일 장소 게릴라극장 제작 극단 골
목길 작·연출 박근형 조연출 이은준 무대감독 나영범 무대 이현직
조명 성노진 음악 박민수 소품·의상 최찬엽 사진 임영환 디자인 이
보희 출연 강지은, 김정호, 오순태, 김은우, 심재현

극단 76의 40주년 기념공연이 올라갔다. 기국서의 〈리어의
역〉, 박근형의 〈죽이 되든, 밥이 되든〉, 김낙형의 〈붉은 매미〉가

그것이다. 모두 신작 창작극이다. 혜화동1번지 동인들이 연출
동인이라면 극단 76 연출들은 사실 작가 동인이었던 셈이다. 시
간이 40년쯤 흐르고 나서야 비로소 어떤 집단의 색깔이 제대로
보인다.

40주년 기념공연 합동 프로그램북에서 김낙형은 우연한 기회
에 "매년 셋이서 쓰고 연출하는 76 극작가전"을 갖자는 아이디
어로 이번 기념전이 비롯되었다고 말한다. "근형 형님은 기 선생
님의 글을 필사하며" 문학적 수업을 쌓아왔고 자신 또한 "두 분
의 글을 필사하며" 정신적 세례를 받았다고 말한다. 대본이 "솔
직히 조금 많이 늦게 나오는" 것도 세 사람이 닮았다면 닮았다는
계면쩍은 이야기도 털어놓는다. 아니나 다를까. 가장 먼저 올라
간 기국서의 〈리어의 역〉이 비교적 완성된 대본으로 공연이 올
라갔다면 두 번째 작품인 박근형의 〈죽이 되든, 밥이 되든〉은 역
시나 쪽대본으로 공연이 올라갔다.

기국서의 〈리어의 역〉, "광대는 가짜라도 인간은 진짜였다"

〈리어의 역〉은 평생 리어를 연기한 노배우 이야기이다. 극장
에서 40년 동안 배우로 살아온 주인공은 곧 기국서 자신인 듯하
다. 배경 또한 극장이다. 평생 리어를 연기하고 살아왔고 이제야
제대로 리어를 연기할 수 있는 나이가 되었으나 치매 증상으로

무대에 설 수 없는 배우 이야기다. 황야의 늙고 병든 미친 리어가 아니라 평생 극장을 떠나지 못하고 극장의 무덤 속 같은 지하 공간에 자신을 유폐시키고 있는 리어의 이야기이다. 아이러니한 설정이다.

매일매일 〈리어〉가 공연되는 무대에서는 막내딸이 코딜리어 역할로 공연을 하고 있고 무대 아래쪽에서는 무대에 설 수 없는 리어가 공연 중 리어의 대사가 들려올 때마다 같이 대사를 읊으며 자기만의 세계로 빠져든다. 무대 암전 때마다 극장 전체가 함께 블랙아웃의 암전상태가 반복되는 설정은 가끔 정신이 깜박깜박하는 리어의 상황(狀況)에 대한 비유다. 공연은 블랙아웃의 암전에 따라 장면이 바뀐다. 첫 번째 장면에서 리어의 독백장면이, 두 번째 장면에서 리어와 광대 장면이, 세 번째 장면에서 첫째딸과 둘째딸이 등장하고, 네 번째 장면에서 막내딸과 사위가 등장한다. 대략 30분 단위로 새로운 인물들이 등장하면서 리어의 모노드라마에서 두 사람, 네 사람, 점점 등장인물들이 불어나면서 〈리어〉의 장면들을 패러디한다. 블랙아웃의 암전에 따라 장면이 바뀌듯이 인생의 장면들이 선이 굵게 한 장 한 장 넘어간다. 1981년 〈기국서의 햄릿〉에 이은 〈기국서의 리어〉다.

"들리지? 바람 부는 소리, 천둥치는 소리." 공연의 첫 장면이다. 〈리어의 역〉은 셰익스피어의 〈리어〉 3막4장부터 시작된다. 암전 속에서 들려오는 바람소리와 천둥소리가 마치 총소리처럼 들린다. 더더욱 이 작품을 〈기국서의 햄릿〉의 연장선상에서 바라보게 한다. 〈기국서의 햄릿〉은 5·18 죽음의 벌판 한가운데에서 일어난 햄릿이 "여기는 어디인가?" 물으며 시작된다. 이제는 한 세월을 건너 햄릿에서 리어로 돌아온 기국서의 현재 시점의 이야기가 어떤 것일지 궁금해졌다.

이 공연에서 무엇보다 '신의 한 수'는 리어 역할을 맡은 홍원기와 광대 역할을 맡은 김왕근이다. 연극 인생 40년을 돌아보며 "이제는 앞과 뒤로 통찰도 해". 무심히 내뱉는 리어의 모든 대사들에 인생의 무게가 실린다. 무대 위에서 힘은 좋으나 소리만 지를 뿐 제대로 된 말이 들리지 않는 최근의 화려한 번역극 무대들에 비해 오디오 상황이 열악한 선돌극장에서 홍원기의 말은 숨소리 하나까지 다 느껴진다.

"광대는 가짜라도 인간은 진짜였다. 그래서 그땐 관객이 연극을 좋아했지." 광대의 말이다. 광대 김왕근은 빨간 모자를 쓰고 노란 자켓에 파란 양말을 신고 찰리 채플린처럼 콧수염도 달았다. 등장 장면부터 리어의 광대 역할을 현재에도 살아있는 한 인물로 믿고 바라보게 한다. 셰익스피어 원작에도 있는 "단 광대와 쓴 광대" 이야기는 지금 현재 종로 3가 파고다 공원의 이야기로 밀착도 높게 전달된다. 오랜 시간 연극 속에서 살아오고, 사람들 속에서 살아오고, 무대 위에서 살아있는 말을 하고 있는 기국서가 있는 그대로 온전히 느껴진다. 기국서의 리어는 홍원기와 김왕근, 두 배우를 만나 편안하면서 여유롭게 관객들도 함께 숨을 쉬면서 기대서 갈 수 있는 장면들을 보여준다.

그런가하면 "세상에 대한 눈 하나만은 부릅뜬 청년들"프로그램북 박근형의 연출의 글 중에서인 극단 76다운 풍자도 여전하다. 공연 중반 암전 상태에서 배우들의 심드렁한 목소리가 들려온다. "지금 대통령은 누구야?" "이건 완전히 공포영화야!" "박정희 큰딸." 목소리 힘 잔뜩 준 풍자가 아니라 힘 확 빼고, 불도 확 꺼버린 상태에서 이루어지는 허를 찌르는 풍자다. 그제야 큰 딸 희선이가 올림머리를 하고 큼직한 브로치 하나를 달고 있었던 것이 이해된다. 〈리어의 역〉 포스터 사진은 김수영의 사진을 오마주한 것이라고 한다. 극중에서 언급되는 무대와 객석의 제4의 벽에 걸려 있다고 설정되어 있는 그 누군가의 사진도 김수영의 사진이라고 한다. 김수영의 시 〈풀〉과 신동엽의 시 〈껍데기는 가라〉는 4·19의 시들이다. 황야의 리어로 돌아온 기국서는 여전히 "껍데기는 가라!" 외치는 젊은 햄릿이다.

〈리어의 역〉의 현실 속 리어 또한 결말에서 죽음을 준비한다. 40년 동안 무대에서 살아왔지만 더 이상 무대에 서지 못하고, 극장 또한 운영난으로 곧 팔릴 위기이다. 고령화 시대에 리어는 갈 곳이 없다. 리어는 목을 맬 밧줄의 올가미를 준비한다. 그런데 올가미를 손에 들고 있는 리어에게 광대는 지나친 낙관도 비관도 아닌 웃음 한 마디로 응대한다. "뭐야 씨팔 쪽팔리게." 리

어는 밧줄을 들고 말한다, "좀 상투적이시! 나가자." 착한 사람
노 지독한 악당도 모두 죽는 셰익스피어의 염세주의적 결말이
상투적으로 느껴질 만큼 상투적이지 않은 가뿐한 결말이다. 삭
가 기국서의 헌새가 읽힌다.

박근형의 <죽이 되든, 밥이 되든>, "생각이 없으면 진짜 유령 된다"

박근형 신작 〈죽이 되든, 밥이 되든〉. 제목이 재미있다. "어 밀
리언 피플 인 샌프란시스코, 헤이 헤이 샌프란시스코 베이……"
경쾌한 하모니카 간주곡의 리 오스카의 〈샌프란시스코 베이〉와
함께 공연은 시작된다. 군대 행군 차림인 듯 짐을 잔뜩 짊어진 수
행원의 인도에 따라 올망졸망한 한 가족이 일렬종대로 극장에 입
장한다. 수행원 역의 김은우와 아버지 김정호, 큰딸 강지은, 둘째
딸 심재현, 막내아들 오순태. 5명의 배우가 등장한다. 이 공연 또
한 극장이 배경이다. 낡은 피아노, 쓰러진 병풍, 의자가 나뒹굴고
있는 이곳은 폐허가 된 극장이다. 아버지를 항상 "으르신"이라고
부르며 깍듯하게 모시는 수행원, 수행원을 "삼촌"이라고 부르는
자식들은 아버지의 파란만장한 인생역정의 정신을 이어받기 위
해 수행의 방랑길을 나선 참이다. 오늘의 현장학습 체험의 장소
가 극장이라는 설정이다.

〈리어의 역〉도 그렇고 극단 76 40주년 기념의 의의를 생각하

다 보니 극장의 의미를 다시 생각하게 된 것일까? 공연은 〈개구리〉와 〈만주전선〉과 〈백조의 호수〉의 박근형표 풍자를 익숙하게 이어간다. 아버지는 만주벌판에서 일본 놈들에게 이지메를 당하면서도 불굴의 의지로 살아남으신 전설적인 분이시다. 배경이 극장이다 보니 극중극의 연극 장면도 보여준다. 대사 외우기에 천부적인 소질을 보이는 막내아들이 선왕의 망령으로 등장하는 〈햄릿〉의 한 장면과, 큰딸의 제안에 따라 아버지가 직접 출연하고 큰딸이 연출하는 SF 역사극이 그것이다. 햄릿 선왕의 망령으로 등장하는 막내아들은 밀짚모자를 쓰고 〈햄릿〉의 대사를 말한다. "나는 살해당했다. 나를 살해한 자들이 왕이 되었다." 선왕의 망령은 자신이 절벽에서 떨어져 죽었다고 말한다. 신왕의 망령 역할을 했던 막내아들은 아버지에게 막걸리 두 잔 얻어먹고 인사불성이 되었다가 호되게 곤욕을 치르기도 한다. "바보들이 세상을 만드는 거래." 대사와 막걸리와 밀짚모자를 쓴 선왕, 노무현의 패러디이다.

그런가하면 박근형 버전으로 다시 쓰여지는 〈햄릿〉의 메타드라마도 흥미롭다. 큰딸은 햄릿 선왕의 죽음이 바위에서 떨어져 죽은 것은 원작과 다르고 누가 썼는지 이 대사를 쓴 작가의 의도가 불순하다고 맹비난이다. "막내야, 생각이 없으면 진짜 유령 된다." 경고한다. 〈개구리〉로 한바탕 논란을 치른 박근형 자신의 상황에 대한 패러디다. 스스로를 풍자할 만큼 거리감이 확보되고 있다. "지금이라도 작가에게 ~~수 요 길 말았으니~~ 제대로 다 ~~시 른~~ 역사극을 공연을 하자"는 큰딸의 제안에 따라 SF 역사극이 다시 공연된다. 때는 9791년 광활한 우주의 한 끝 베다른 혹성 서라벌 왕국의 이야기라고 한다. 배경 음악으로 미소라 히바리의 엔카 〈흐르는 강물처럼〉가 흐르고 단음절의 외계어로 대사는 알아들을 수가 없지만 마임으로 10·26의 그날이 재현된다. 수행원의 총에 죽어가는 아버지에게 큰딸은 외친다. "아버지는 국왕이예요. 국왕은 절대 죽지 않아요." 그러면 아버지는 다시 살아나고, 다시 총에 맞고, 다시 살아난다. 〈기국서의 햄릿〉 마지막 장면의 패러디이다. 〈기국서의 햄릿〉에서 호레이쇼에게 저격당한 왕은 "군부독재의 망령은 언제나 살아나지, 파쇼는 죽지 않는다"라며 반복해서 죽고 다시 살아난다. 그렇게 왕은 반란군을 처단하고 왕위를 딸에게 물려주고 편안한 여생을 행복하게 살았다는 해피엔딩이다.

이 공연에서 이루어지는 두 편의 극중극은 살해당한 두 왕의 죽음에 관한 이야기다. 마지막 장면에서 아버지는 "예술은 종양이다" 선언하고 극장을 불태우고 다시 가족을 이끌고 이곳을 떠난다. 마지막까지 무대에 남아있던 큰딸은 잘못 쓰여진 〈햄릿〉 대본을 불타는 극장에 던져넣고 퇴장한다. "텅 빈 가슴속에······ 우리 정처 없이 떠나가고 있네······ 끝없이 시작된 방랑 속에서 어제도 오늘도 나는 울었네······" 공연은 조용필의 〈어제 오늘 그리고〉 방랑의 노래와 함께 끝난다. 리 오스카의 하모니카 연주와 미소라 히바리의 노래소리와 조용필의 방랑의 노래와 함께 박근형이 '경숙아버지'처럼 장구채 두드리며 노래 부르는 소리가 들리는 듯하다.

박근형의 일상의 그로테스크한 웃음은 여전하고 "사소한 사실 하나가 역사가 된다"며 역사에 핏대 올리는 목소리도 여전하다. 박근형의 배우들도 가벼운 패러디와 일상 속의 평범한 악행들을 뻔뻔하게 풍자한다. "죽이 되든, 밥이 되든" 공연을 한다. "극장은 내 운명이다." 극장 현장체험과 〈햄릿〉과 SF 역사극의 디소 억지 상황들의 나열이긴 하지만 박근형의 목소리 하나는 분명하게 들린다. 박근형이 말하고 있듯이 "세상에 대한 눈 하나만은 부릅뜬 청년들", "76단 청년들"의 연극은 스스로가 역사의 한 장면으로 남고 있다.

그가 내민 여러 개의 손

〈김정욱들〉

〈김정욱들〉

일시 2016년 9월 23일~10월 23일 **장소** 아트원씨어터3관 **제작**
극단 차이무 **원작** 이재훈, 김정욱 **대본·연출** 민복기 **무대** 김용현 **조**
명 이현규 **의상** 박정원 **음악** 박소연 **움직임** 장은정 **일러스트** 전용성
그래픽 변연경 **사진** 유희정 **조연출** 강영덕, 장혜민 **제작피디** 이혜은
홍보마케팅 이지예, 고주연 **출연** 오용, 송재룡, 이중옥, 공상아, 추
민기, 류성훈, 송정현, 김명선

〈김정욱들〉은 극단 차이무 신작이다. 이 공연은, 2009년 법
정관리에 들어간 쌍용자동차 정리해고자로 2015년 89일간 굴
뚝농성을 이어간 김정욱과 그를 인터뷰한 한겨레 이재훈 기자의
기사를 바탕으로 만들어졌다. 프로그램북의 글에서 연출가 민복
기는 "'우리' 밖으로 밀려난 이 시대의 김정욱들"의 이야기를 만
들고자 했다고 한다. 연극을 만든 과정 자체가 감동으로 다가온

다. 실제로 공연 또한 그동안 보아오던 차이무 연극과도 달랐고, 지금 현재 대학로 연극과도 달랐다. 어찌 보면 1980년대 〈칠수와 만수〉와 〈한씨연대기〉의 극단 연우무대 공연을 다시 보는 듯한 감회마저 들었다.

무대는 단순했다. 70m 위 굴뚝농성 현장을 상징하는 철근 구조물이 무대 가운데 높이 설치되어 있다. 천정 조명기 가까이까지 이르는 위태로운 높이다. 무대 앞쪽에는 극중 인터뷰 장소를 나타내는 벤치 하나가 놓여있다. 반사광 처리를 한 무대바닥에는 마치 깊은 바다처럼 물결무늬 빛이 일렁거렸다. 굴뚝에서 내려오는 시다리는 깊은 물속에 잠겼다가 다시 벤치의 기둥으로 이어지는 것처럼 착시현상을 이끌어내고 있었다. 하늘로부터 내려온 사다리는 사람과 사람이 만나는 광장 한가운데 벤치의 기둥이 되었다. 세월호 이후의 수많은 영상과 기억들이 그 물결과 함께 일렁거렸고, 어느날 갑자기 사회 안전망 밖으로 밀려난 사람들의 이야기에 대한 공연의 핵심 메시지가 분명히 전달되었다.

공연이 시작되면 두 명의 배우가 굴뚝 위로 올라가 공연이 끝날 때까지 무대 아래로 내려오지 않는다. 두 명의 배우는 89일과 101일 동안 평택 쌍용자동차 굴뚝농성을 이어간 금속노조 쌍용차지부 사무국장 김정욱과 정책기획실장 이창근이다. 공연은 김정욱을 인터뷰하는 장소인 덕수궁 연못 옆 벤치, 정동 서울시청별관 앞 벤치, 잔치국수집, 서소문로 커피숍 등으로 옮겨가며 에피소드 형식으로 진행된다. 각 에피소드에서 8명의 배우들 모두 김정욱을 연기한다. 김정욱을 상징하는 작업조끼를 입으면 남녀불문하고 모든 배우들이 김정욱이 된다. 8명의 배우들이 김정욱이라는 하나의 인물을 연기하고 있다는 단단한 연결고리가 공연의 미학적 통일감을 이루게 한다. 8명의 김정욱들은 정리해고 이후 6년 동안 김정욱의 삶을 덤덤한 시선으로 그려냈다.

김정욱들을 통해 2009년 정리해고 이후 2015년 굴뚝농성 해제에 이르는 6년 동안의 파업과정과 쌍용차 사태로 기억되는 단편적인 사실들이 하나로 꿰어지며 우리 사회에 대한 하나의 통찰에 이르게 한다. IMF가 왔고, 회사가 쓰러졌고, 노동자들이 해고당했고, 가정과 지역사회가 해체되었다. 이는 IMF 체제 이후 우리 사회의 긴 그림자이자 우리의 실제 삶이기도 했다. 극단 차이무와 함께 대학로 연극의 오랜 저력이 느껴지는 순간이었다. 배우들이 객석에서 함께 연극을 진행하며 현장성을 만들어내고, 감상의 순간을 비껴가는 희극적 활력을 이끌어내는 극단 차이무의 그동안의 내공도 한몫 단단히 한다.

또한 극작술의 측면에서 이 공연에서 가장 인상적인 것은 투쟁을 하기 위해 굴뚝 위로 올라간 행위만을 부각시키는 것이 아니라 어떻게 아래로 내려왔는가의 이야기를 하고 있는 점이다. 김정욱 개인으로는 아무 것도 이룬 것이 없는 좌절과 무기력함의 순간이지만 공연을 따라가면서 목격하게 되는 것은 굴뚝 위에서 오랜 시간을 거쳐 변화된 한 인간으로, 비극적 인간으로 성장하고 땅으로 내려온 한 인간의 몰락의 이야기, 바로 그 부분이었다. 굴뚝 위의 이창근송재룡 분은 굴뚝을 내려가는 김정욱류성훈 분에게 말한다. "나는 너다." 굴뚝 위로 올라간 사람들은 위대한 영웅이 아니라 우리와 똑같은 평범한 사람들이다. 공연의 마지막 장면은 신문기자 재훈오용 분 또한 작업조끼를 입으며 김정욱이 되고 등장인물 모두와 관객들에게 손을 내미는 장면이다.

두 개의 국민, 두 개의 언어, 두 개의 광상

〈검열언어의 정치학 – 두 개의 국민〉

〈검열언어의 정치학 – 두 개의 국민〉

일시 2017년 1월 31일~2월 3일 **장소** 광화문 블랙텐트 **제작** 드림

플레이 테제21 **작 · 연출** 김재엽 **기획** 이시은 **조연출** 박효진, 오태진

무대 서지영 **조명** 최보윤 **음악** 한재권 **영상** 윤민철 **의상** 오수현 **분장**

이지연 **사진** 김명집 **그래픽디자인** 박효진 **출연** 백운철, 손진호, 권

민영, 서정식, 정유미, 김우성, 김진성, 박아름, 유종연, 한상완, 김

원정, 김세환

2017년 2월 현재, 블랙리스트 특검수사가 진행 중이다. 전 · 현

직 문체부 장관이 구속되었다. 헌법재판소에서는 대통령 탄핵심

판이 진행 중이다. 광화문 광장에선 매주 주말 촛불집회가 열리

고 있다. 2016년 10월 29일 시작된 광화문 촛불집회는 4개월째

계속되고 있다. 광화문에서 2016년 마지막 밤을 보내고, 2017년

새해를 맞았다. 블랙리스트의 뇌관은 연극 검열에 대한 저항에서

부터 터지기 시작했다. 특정 정치 성향의 연극인들에 대한 리스트가 작성되었고, 지원에서 배제되었으며, 극장이 폐쇄되었다. 세월호 이후에는 무대에 올라가는 물 한 방울까지도 검열의 대상이 되었던 시간들이었다. 한국연극의 메카인 대학로 연극은 고사 직전까지 몰렸다. 연극인들의 시국선언이 잇따랐다. 2015년 국정감사 당시 국회방문도 이루어졌다. 그러나 달라지는 것은 없었다. 연극인들은 거리로, 광장으로 나갔다. 검열에 저항하는 젊은 연극인들의 릴레이 공연인 '권리장전 2016 검열각하'가 5개월에 걸쳐 21개 극단이 참여하는 대장정의 연극 프로젝트를 진행하였다.

김재엽 연출의 〈검열언어의 정치학 - 두 개의 국민〉은 '권리장전 2016 검열각하'의 개막작으로 올랐던 작품이다. 2016년 기록적인 폭염이 한창이던 때였다. 이 공연이 다시 겨울 광장 무대에 올라갔다. 2017년 1월 16일 '권리장전 2016 검열각하' 공연팀의 두 번째 프로젝트인 '광장극장 블랙텐트'가 개막되었다. 광화문 중앙광장에 임시 텐트극장이 세워졌고, 블랙리스트에 저항하는 연극인들의 공연이 또다시 릴레이 공연을 이어갔다. "박근혜 정부가 퇴진할 때까지 공연은 계속됩니다." 블랙텐트팀은 무기한 공연을 선언했다. 광화문 광장은 연일 한파다. 그럼에도 블랙텐트에는 매번 사람들이 모여들었다. 블랙텐트에 화려한 등불을 매달지는 않았다. 대신 광화문 광장에는 대형 촛불 모양의 풍선 구조물이 등대처럼 빛을 밝히고 있다. 블랙텐트는 검은 바다

위의 배처럼 등대 아래 자리 잡았다

공연은 초연이었던 2016년 6월 시점에서 연극 검열과 관련한 일련의 사실들을 '팩트 체크'와 논평의 방식으로 다루고 있다. JTBC 뉴스의 '팩트 체크'가 많은 사람들에게 회자되고 있는 요즘이다. 공연은 "JTBC 뉴스를 즐겨보는" 극단답게 2명의 사회자에 의해 진행된다. 검열의 신호탄이 되었던 2013년 박근형 연출의 〈개구리〉 논란을 불러온 신문기사들, 2015년 국정감사 현장의 여당 의원과 문화부 장관과 한국문화예술위원회 위원장과 직원들의 발언, 그리고 2016년 창작산실 심사과정의 검열 상황을 배우들이 대역으로 재연한다. 공연은 팩트에 기반한, 그러나 검열 반대의 논평의 관점을 분명히 하는 풍자의 방식이다. 공연 도중 장면을 멈추고 자신들은 "대본보다 신문을 더 많이 읽는" 극단이라고 거듭 능청을 떤다. 자신들이 맡은 역할의 모순적인 발언에선 이 인물의 캐릭터 분석은 정말 힘들다며 연기의 어려움을 호소한다. 부정적 인물에 대한 묘사를 날선 칼날의 비판이 아니라 자신들의 연기능력 부족이라며 반성한다. 아무래도 이해되지 않는 상황의 답답함을 자신들의 연기논란으로 '디스'한다. 그러면서도 각종 발언의 행간과 인물들의 서브 텍스트를 분석하기 위해 고심에 고심을 거듭한다. 이 모든 상황이 배우로서도 "연기하기 정말 힘든" 상황이라는 것이다. 논란이 되었던 〈개구리〉가 "키가 큰 호남형 배우와 그렇지 않은 배우"의 캐스팅이 문제일지도 모른다고 역할을 바꿔서 해보기도 한다. "앞으로는 캐스팅에 더욱 심혈을 기울이겠다." "민간극단의 한계다." 자학개그를 이어간다. 김제동식 유머의 방식이다.

결국 이 모든 상황들은 지난 대선 결과였던 "51:49"의 두 개의 국민, 두 개의 언어 사이의 깊은 분열을 드러내면서 지금 현재 촛불집회와 태극기집회의 둘로 갈라진 광장의 현실까지 뼈아프게 환기시킨다. 두 개의 국민, 두 개의 언어, 두 개의 광장, 열린 광장에 거대한 바벨탑의 장벽이 세워지고 있다. 우리 시대의 언어학은 곧 정치학이다. 광장에서 칼 포퍼의 "열린사회와 그 적들"에 대해서 생각한다.

게임은 오버! 세계는 파산?

〈게임〉

〈게임〉

일시 2016년 4월 12일~5월 15일 장소 두산아트센터 제작 두산아트센터 작 마이크 바틀렛 번역 성수정 연출 전인철 드라마터그 성수정 윤색 이오진 조연출 신다연 무대 이윤수 영상감독 정병목 영상기술감독·음향 윤민철 조명 최보윤 의상 김우성 소품·분장 장경숙 음악감독 장한솔 무대감독 김지호 사진 서울사진관 출연 유병훈, 강말금, 백성철, 이지혜, 전박찬, 하지은, 김민하, 옥자연, 윤미경, 유동훈, 김광현, 백하민

두산인문극장의 시즌 프로그램이 시작되었다. 두 번째 작품 〈게임〉은 영국의 젊은 극작가 마이크 바틀렛의 2015년 작품이다. 완전 최신작이다. 동시대 영국연극의 문제작을 매서운 눈썰미로 거의 시차 없이 소개하고 있는 번역가 성수정 덕분이다. 마이크 바틀렛은 2007년 데뷔작 〈마이 차일드〉 이후 사회적 금기

와 연극적 관습을 깨는 도발적이고 파격적인 작품으로 현재 영국과 브로드웨이 최고의 흥행작가라고 한다. 〈목란언니〉와 〈노란 봉투〉의 전인철이 연출을 맡았으니, 영국과 한국의 젊은 연극인들의 대국도 흥미진진하다.

〈게임〉은 리얼리티 쇼와 게임을 결합한 이야기이다. 생존경쟁의 게임을 생중계하는 이야기는 영화 〈헝거게임〉에서도 익숙하다. 그런데 〈게임〉은 여기에 '하우스 푸어'의 문제를 덧붙인다. 부모 세대보다도 가난하고 일자리도 없는 젊은 세대의 문제를 집 없는 젊은 부부의 이야기로 풀어간다. 애슐리전박찬 분와 칼리하지은 분는 부모에게 얹혀살다가 좋은 집과 차를 제공한다는 게임 업체의 솔깃한 제안을 받아들인다. 무대는 마치 방송국 세트장 같다. 사방에 카메라와 스크린이 설치되어 있다. 한쪽에는 이들을 관찰할 수 있는 부스가 자리 잡고 있다. 근사한 주방과 거실 소파와 고급 욕조가 관객들 눈앞에 자리 잡고 있다. 칼리는 첫눈에 이 집에 반한다. 월급도 지불된다. 돈과 집이 없을 때는 꿈도 꾸지 못했지만 아이를 가질 계획까지 세운다.

그렇다고 해서 이 작품이 누군가의 사생활을 엿보는 관음증적 시선만을 극적 흥밋거리로 삼고 있지는 않다. 이들을 찾아온 부스 안의 고객들은 돈을 낸다. 돈을 지불하는 댓가로 눈앞에 살아 움직이는 젊은 남녀를 저격용 스나이퍼 소총으로 쏠 수 있다. 물론 살상용이 아니라 마취용 총알이다. 20분에 1발, 비용은 남자

를 쏠 경우 백만 원, 여자를 쏠 경우 추가 요금 그림부서 백 이십
만 원이다. 업체 간의 경쟁도 심해져서 1+1의 판촉용 행사도 한
다. 누군가의 생일을 기념해서, 술에 취해서, 스트레스를 풀기
위해 찾아온 고객들은 돈을 내고 누구를 쏠까 선택하고 총을 쏜
다. 총에 맞은 남자와 여자는 잠시 쓰러졌다가 다시 일어난다.
남자와 여자는 이곳에서 8년을 지내며 아이도 낳고 기른다.

무대에 직접 제시되는 것은 젊은 부부가 섹스를 하고 아이를
키우고 살아가는 일상생활의 모습이지만, 정작 이 공연에서 흥
미로운 것은 부스 안에서 실시간 연기하고 있는 인물들의 장면
이다. 이들은 무대에 직접 등장하지 않고 카메라 영상으로 보여
진다. 이들의 영상은 '빅브라더'의 시선을 패러디하고 있다. 그
런데 이들의 말은 마치 SNS에서 악플을 다는 댓글들처럼 노골
적이고 폭력적이다. 부스 안의 밀폐된 공간에 숨어서 이루어지
는 이 행동들이 더 연극적으로 느껴진다. 젊은 여자에게 성적 열
등감을 느끼는 사모님은 남편을 부추겨 칼리를 쏘게 하고, 학교
선생인 여선생은 눈 하나 깜짝하지 않고 아이를 쏜다. 생존을 위
해서가 아니라 오락을 위해서, 열등감에 대한 보상심리를 위해
서 잉여의 타살 장면들이 반복적으로 관객들의 눈앞에 제시된
다. 무대 곳곳에 설치된 스크린에는 전쟁영화와 전자오락 게임
과 야간 카메라에 잡힌 야생동물 사냥 장면이 오버랩된다.

인간사냥 장면이 반복되고, 남자가 총에 맞고, 여자가 총을 맞

을 때까지는 그나마 견딜 만했다. 그러나 아이를 향해 총이 발사될 때는 임계점을 넘어선 끔찍함이 느껴진다. 업체 간 경쟁이 가속되면서 회사는 계약에 없던 아이까지 게임에 참여시키고, 아동청소년보호법에 의해 사회적 지탄을 받고 고소에 시달리다가 드디어 파산을 한다. 이 게임과 공연의 결말은 파산이다. 아무 대책 없이 다시 세상 속으로 쫓겨나는 부부와 아이, 이들을 8년 동안 지켜보았던 관리자의 자살, 회사의 파산. 게임 오버다. 게임은 끝낼 수 있지만 세계는 끝장이 없다는 사실이 환기되며 충격이 전해진다. 게임은 오버, 세계는 파산, 우리는 해고다.

오스터마이어의 파격 입센이 뚝받력

〈민중의 적〉

〈민중의 적〉

일시 2016년 5월 26일~5월 28일 장소 LG아트센터 제작 극단 샤우
뷔네 작 헨릭 입센 연출 토마스 오스터마이어 각색 Florian Borch-
meyer 무대 Jan Poppelboum 의상 Nina Wetzel 음악 Malte Becke-
nbach · Daniel Freitag 조명 Erich Schneider 벽화 Katharina Zie-
mke 출연 Christoph Gawenda, Ingo Hulsmann, Eva Meckbach,
Renato Schuch, David Rulan, Moritz Gottwald, Thomas Bading

"입센의 연극은 진정한 스캔들이다." 지난 5월 LG아트센터에
서 올라간 연극 〈민중의 적〉 연출가 토마스 오스터마이어의 말
이다. 독일 실험연극의 산실 베를린 샤우뷔네의 예술감독이자
연출가 오스터마이어의 작품은 한국관객들에게도 인지도가 높
다. 2005년 LG아트센터에서 올라간 〈인형의 집－노라〉, 2010
년 남산예술센터에서 올라간 〈햄릿〉에 이어 세 번째 방문이다.

고전에 대한 파격적인 해석과 연기, 감각적인 무대와 음악으로 공연마다 화제가 되고 있다. 이번 공연 또한 마찬가지다. 오스터마이어의 감각적이고 강력한 무대 언어는 사회적인 폭발력이 큰 입센 드라마의 화약에 제대로 불을 붙였다.

공연의 시작은 심플하다. 무대 배경은 흑색 칠판이다. 가족의 저녁 식사 테이블을 제외하고 집안의 대·소도구는 칠판 위에 흰색 분필로 그려놓았다. 그런가하면 저 멀리 무대 뒷벽에는 마치 후지산처럼 뾰족하게 솟은 산봉우리 세 개를 그려놓았다. 작품의 배경이 되는 온천수가 나온다는 산이다. 스토크만 박사는 지방 소도시에서 운영하는 온천 관광지의 의무실 의사이고, 저녁이면 친구들과 함께 악기를 연주하는 인디 밴드 연주자이다. 한때 힘들었던 생활에 비해 안정적인 급여가 나오는 현재의 삶에 만족하며 살아가는 중이다. 장면 전환에 배우들이 직접 연주하는 데이빗 보위의 〈체인지〉의 노래도 흥겹다. 진지한 사회문제극의 꽉 짜인 5막 구조의 고전적인 분위기는 어디에도 없다. 경쾌하고 발랄하다. 알콜 도수가 낮은 스파클링 와인 같다. 오스터마이어의 무대하면 떠오르는 거친 에너지는 줄어들고 대신 세련됨으로 무장한 것인가? 살짝 의아심도 들었다.

무대의 분위기를 일순간 반전시킨 것은 4막에 이르러서다. 스토크만 박사는 온천시설을 이용하는 환자들을 진료하다가 우연히 온천수의 수질 오염 사실을 알게 된다. 그리고 그는 시의회 의원이자 온천관리위원회의 회장인 형님께 긴고딕 시빅신문 기사들에게 이 사실을 알리면서 본의 아닌 논란에 휩싸이게 된다. 스토크만이 지역의 문제점을 가장 먼저 발견하게 되었다는 순진한 영웅심에 들떠 있을 때 시의회 형님은 막대한 개발과 투자로 이루어진 온천 개발과 지역 관광사업이 중단될 위기를 수수방관하지는 않는다. 시의회 형님은 스토크만은 물론 신문사 기자들에게 오염된 온천수 배관공사를 위해서는 2년 동안의 사업 중단과 막대한 재정 손실로 지방세 증세가 불가피하다는 이유를 들어 발표의 수위를 조절하고자 한다. 이에 반발한 스토크만은 직접 시민들에게 연설하겠다고 고집한다.

오스터마이어는 이 4막의 연설장면을 실제 관객들과 함께 하는 토론극으로 바꾸어 놓았다. 객석의 불이 켜지고, 1천 석의 공연장은 토론장이 되었다. 시의 재정을 위기에 빠뜨릴 수 있는 온천수 오염문제에 대한 찬반 투표가 즉석에서 거수로 이루어졌다. 온천수 오염문제를 둘러싼 정치적 경제적 이해관계들은 곧바로 관객들의 주의를 집중시켰다. 객석에서는 최근 가습기 살균제 옥시 사건과 4대강 문제 등이 열띤 토론으로 쏟아져 나왔다. 왜 사실을 있는 그대로 보도하지 않는가, 언론에 대한 불만도 터져 나왔다. 공연팀이 예상했던 것보다 토론의 열기가 훨씬 더 뜨겁다는 것이 즉각적으로 확인되는 객석의 풍경이었다.

"미디어와 가난이 우리를 분열시키고 있다.""경제가 20년 동안 위기라는데, 그렇다면 경제 자체가 문제인 것이다." 스토크만의 연설은 다수당의 독주를 저지하기 위한 소수의견의 필리버스터를 연상시켰다. 그런가 하면 온천수 오염의 주된 원인으로 지적된 폐수의 공장주가 스토크만의 장인이었고, 장인은 스토크만을 위협하기 위해 폭락한 온천시설 주식을 모두 사들여 상속재산으로 스토크만에게 넘겨준다. 정치적 위협 앞에 당당했던 스토크만은 이제 자본의 유혹 앞에도 여전히 자신의 신념을 지킬 수 있을까? 문제를 다시 관객들에게 던져놓는다. 입센의 고전극이 여전히 현재 자본주의 시스템의 뇌관을 건드린다.

독재자도 죽었고, 이상주의자도 죽었다
〈줄리어스 시저〉

〈줄리어스 시저〉

일시 2017년 9월 15일~9월 17일 **장소** 아르코예술극장 대극장 **제작** 극단 클루지 헝가리안 씨어터루마니아 **원작** 셰익스피어 **드라마투르기** 안드라스 비스키 **연출** 실비우 푸카레트 **무대·의상** 드라고스 부하지어 **작곡** 바실레 실리 **조연출** 이쉬트반 알부 **드라마투르기 보조** 레카 비로 **음악감독** 졸탄 호르바스 **무대감독** 팔 부이테·졸트 기요르피 **출연** 졸트 보그단줄리어스 시저, 미클로스 바츠안토니오스, 가보르 비올라브루투스, 사볼츠 발라카시우스, 에모케 카토칼푸르니아, 에니코 기요르기야카브포셔, 칠라 알베르트예언가, 발라즈 보돌라이하인/옥타비우스, 아론 디미니데키우스/메실라, 로란드 바타카스카, 멜린다 칸토르루시우스, 로란드 파르카스트레보니우스, 일파르 포가라시메텔루스, 산도르 케레스테스리가리우스/키케로/시인, 로베르트 라츠코 바스푸블리우스/시인 시나, 에르빈 쉬츠시나, 야노스 플리츠레피두스 + 배우견 앤젤

루마니아 연출가 실비우 푸카레트의 〈줄리어스 시저〉가 서울 국제공연예술제 개막작으로 올라갔다. 실비우 푸카레트는 국제적인 무대에서 활동하는 연출가로, 에든버러, 아비뇽, 시비우 등 세계적인 축제에서 역사적인 공연들을 만들어왔다. 유튜브에 그의 이름을 검색해보면 〈줄리어스 시저〉뿐만 아니라 2009년 에든버러 국제연극제와 2013·2015년 루마니아 시비우 국립극장에서 공연된 〈파우스트〉 동영상을 여러 편 찾아볼 수 있다. 파우스트와 메피스토펠레스, 인간과 악마, 돼지 가면을 쓰고 등장하는 수십 명의 인물들과 발푸르기스의 밤 마녀들의 축제를 폐건물의 홀 전체를 활용해 관객들을 충격적인 이미지의 소용돌이 속으로 몰아넣고 있다. 〈파우스트〉의 핵심 장면들을 기승선설의 인과구조를 아예 무시한 채 이미지 자체에 깊게 잠겨있는 무의식적 장면들을 뿌리째 흔들고 깨워놓는 식으로 과감하게 극을 이끌어간다. 관객들은 무대와 객석의 구분이 없는 홀에 입장한 채 마녀들의 밤을 직접 체험한다.

〈줄리어스 시저〉 또한 마찬가지다. 아르코예술극장 대극장의 뒷무대를 완전히 열고, 무대 전체를 활용할 뿐만 아니라 1층 객석 통로에서 연기하는 장면도 많다. 단지 무대만이 아니라 극장 전체를 배경으로 연기하고 있다는 느낌이 강하다. 공연 시작 장면에서 시저의 개선을 불길하게 바라보는 호민관들의 대사는 2층 객석 발코니에서 관객들의 머리 위로 쏟아져 내린다. "오늘이 무슨 잔칫날인 줄 아느냐? 집으로 꺼져!" 즉흥적인 대사인 것 같지만 셰익스피어 원작 그대로의 전개이다. 무대에서도 친절한 장면전환이 이루어지는 것은 아니다. 무대 양쪽에 침대를 놓고 시저와 브루투스 집 침실을 바로바로 오가면서 장면이 진행된다. 무대 한쪽에 놓인 종이상자 속에서 잠에 취한 노예가 기어 나오기도 한다. 덕분에 관객들은 무대와 객석 전체를 종횡무진 뛰어다니는 배우들을 따라가랴, 무대 양옆에 설치된 모니터의 자막을 보랴, 정신이 없다. 게다가 대사가 많은 셰익스피어 극이다. 관객들의 원성이 자자한 것도 당연하다.

승리자 줄리어스 시저. 그런 시저가 독재자가 되지나 않을지 의심에 찬 눈초리를 보내는 원로원 의원들과 호민관들. 공화정을 지지하는 이상주의자 브루투스를 비롯한 암살 모의에 가담한 자들은 그 숫자도 많고, 암살 모의에 가담하는 이유도 다 다르다. 암살의 규모가 국가 전복의 쿠데타 급이다. 누군가는 사적인 원한에서, 누군가는 이상적인 정치철학을 실현하기 위해서 암살 모의에 뛰어들고 있다. 셰익스피어의 놀라운 점은 이 복잡한 정치 드라마를 한 순간의 장면과 짧은 대사만으로 선명하고 섬뜩하게 잡아낸다는 점이다. 탈당과 분당이 거듭되고, 광장의 연설을 정치적으로 이용하는 지금 현재 한국 정치상황의 일부분을 생생하게 지켜보고 있는 듯한 기분이 들 정도였다. 암살에 가담한 백 명의 원로원 의원들을 처형하는 명단을 작성하는 안토니

오스 장면은 지난 정권의 블랙리스트가 떠올라 그냥 지나치기가 쉽지 않았다. 인물들은 떼를 지어 몰려다니면서 빠르게 대사를 주고받고, 무대에는 피가 홍건했다가, 시저의 장례식 장면에서는 내내 폭우가 내린다.

시저도 죽고, 브루투스도 죽었다. 독재자도 죽고, 이상주의자도 죽었다. 시저의 암살을 예언했던 예언자는 마지막으로 옷을 벗어 브루투스의 시체를 덮어준다. 남루한 옷을 벗은 예언자는 가터벨트의 속옷 차림의 여자였다. 〈파우스트〉의 여자 악마의 모습이 겹쳐지는 장면이었다. 시저의 개로 실제로 무대에 등장했던 거대한 백색견犬의 동물 이미지와 함께 시간이라는 이름의 잔인한 악마의 이미지로 공연은 끝난다.

이방인들의 연극

〈내 나무의 숲〉·〈오셀로〉

─────────── ◉ ───────────

〈내 나무의 숲〉

일시 2017년 10월 6일~10월 8일 **장소** 드림씨어터 **제작** 극단 노스 오브 임팩트마케도니아 **작·연출** 알렉산더 이바노브스키 **출연** 졸트 바실 자피르체브, 사슈코 코스토브

〈오셀로〉

일시 2017년 10월 13일~10월 15일 **장소** 동양예술극장 2관 **제작** 극단 토니 블란드라루마니아 **원작** 셰익스피어 **각색** 발레리우 안드리우타 **연출** 슈란 세베르디안 **무대감독** 마카리 이오안-미르세아 **조명** 드라고미르 애드리언 니콜레아 **음향오퍼** 에나세 안드레이 콘스탄틴 **출연** 셀로유 폴 리뷰, 실라기 미르세아 바칠레, 푸스카스 안드라다 데니사, 누타 콘스탄틴 다이넬, 이오네스쿠 엘레나, 파르카스 이오아나, 캄핀 라두

서울시 · 서울연극협회가 만드는 대학로 소극장 국제연극축제

서울연극폭탄ST-BOMB은 서울시 국제교류 사업의 하나이다. 서울연극협회 주최, 서울연극폭탄 운영위원회가 주관하는 국제연극축제이다. 서울연극폭탄 예술감독 손정우의 소개에 의하면, 공식 명칭은 서울국제실험연극제Seoul International Experimental Theatre Festival이다. 기존 이야기 구조 중심 연극에서 탈피해 실험성이 강한 작품, 그동안 제대로 주목받지 못했던 비주류 예술가들의 예술적 가치와 재능을 재발견하고 국제적인 경쟁력을 갖춘 예술가로 성장할 수 있는 발판을 마련하는 연극축제를 의도하고 있다고 한다. 서울에서 치러지는 대표적인 국제연극축제인 서울국제공연예술제Seoul Performing Arts Festival, SPAF가 세계연극의 '주류'를 중심 대상으로 하고 있다면, 무대장치를 최소화한 소극장 중심의 공연, 배우들의 연기에 집중하는 실험적인 연극제를 지향하고자 한다는 것이다.[1]

해외공연의 주요 수입창구인 LG아트센터와 서울국제공연예술제가 세계적 유명 공연 중심, 곧 세계 투어용 공연들의 대극장 공연, 짧은 공연 기간 동안 보다 많은 관객동원을 할 수 있는 대형 이벤트 성격이 짙다면, 서울연극폭탄이 표방하는 소극장 실험

---

1   「서울연극폭탄 예술감독 손정우 "새로운 감각의 연극 발굴… 해외진출 발판 될 것"」, 『문화뉴스』, 2016.10.15.

극 페스티벌은 세계적으로 유래가 없는 소극장 밀집기역인 대학로 소극장과 연계된 축제로 기대되는 바도 크다. 게다가 국내 선정작의 해외공연을 적극적으로 지원하는 프로듀싱 과정은 국내 참가 단체들에게도 매력적인 지점이다. 소극장의, 젊은 연극인들의 활력에 의한 프린지 축제를 기대하게 된다.

서울연극폭탄은 지난해에 이어 올해로 2회째를 맞고 있다. 지난해 루마니아, 미국, 중국, 일본의 4개 해외초청 작품이 공연된 것에 비해, 올해는 마케도니아, 루마니아의 동유럽 연극 2편이 초청되었다. 해외초창작 규모면에서는 지난해에 비해 축소된 형태이다. 반면에 젊은 연극인들이 참여하는 서울미래연극제와 함께 행사를 진행하면서 연극제의 열기를 높이고 있다. 서울연극폭탄의 화끈한 이름처럼, 아직까지는 뚜렷한 정체성을 보여주고 있지는 않지만 대학로 소극장과 연계된, 그리고 국내 창작자들의 해외 진출 인큐베이팅 사업의 성격을 강화해가는 방향은 반갑다.

그러나 예산 축소에 따라 축제 규모 또한 축소된 점은 서울시 관주도의, 또다른 관료주의에 의한 지역축제로 전락하는 것은 아닌가 하는 우려도 존재한다. 서울연극폭탄이 지향하는 대학로 소극장 중심의 젊은 연극인들의 실험극 지향은 예술가들의 교류와 행정지원의 친밀한 스킨십과 탄탄한 네트워크가 뒷받침되어야 가능한 일들이다. 축제는 많아졌고, 해외공연에 대한 호기심도 이전처럼 높지 않다. 1990년대 이후 '연출가의 연극'에 대한 반성과 함께 '작가의 연극', 서사의 귀환이 논의되는 때이다. 가장 늦게 탄생한 국제연극제인 만큼 작지만 강한 연극제가 되길 바라게 된다.

<내 나무의 숲>·<오셀로>, 낯선 이방인들의 연극

2017 서울연극폭탄 해외초청작은 마케도니아와 루마니아, 동유럽 연극 2편이다. 마케도니아 극단 노스 오브 임팩트의 〈내 나무의 숲The Forest of My Tree〉알렉산더 이바노브스키 작·연출, 드림시어터, 2017.10.6 ~10.8, 루마니아 극단 토니 불란드라의 〈오셀로Othello〉셰익스피어 원작, 발레리우 안드리우타 각색, 슈란 세베르디안 연출, 동양예술극장2관, 2017.10.13~10.15이 그것이다. 대학로 소극장에서 가깝게 지켜보는 해외공연작들이다. 공연 시간이 가까워오면서 느낌이 새로웠다. 공연 시작 전부터 극장 로비를 가득 채우는 대형 국제연극제의 모습과는 사뭇 다르다. 〈내 나무의 숲〉은 공연 시작 전 극장 앞마당에서 연출가의 작품 소개와 함께 시작되었다. "여러분 각자의 숲속으로의 여행을 잘 즐기시라"는 멘트였다. 간간히 비가 내렸지만, 관객들의 얼굴에선 기대감이 떠올랐다. 공연에 집중하기 위해서 자막은 따로 제공되지 않았고, 대신 대사가 적힌 프린트물이 제공되었다. 공연은 마케도니아어로 진행되었다. 대사가 많지 않은 퍼포먼스

중심 공연이었다. 객석에 들어서자 자석마다 손전등이 놓여있고, 무대는 어둠이다. 관객이 비추고 싶은 대로 손전등을 비추면서 공연이 진행된다.

흰 셔츠에 검은 바지 차림의 배우 1명이 양동이를 들고 무대 한쪽에 서있었다. 무대 뒤편엔 음향과 음악을 담당한 악사 1명이 자리 잡고 있다. 양동이 속엔 모래가 들어있다. 공연이 시작되면 배우는 무대에 원형으로 모래를 뿌려 판을 만들고 연기를 한다. 양동이 속에 두 발을 집어넣고 위태롭게 앉기도 하고, 머리를 집어넣기도 한다. 무대 바닥에 누워 뒹굴기도 하다가, 다른 쪽 양동이에 담긴 물을 뿌리거나 뒤집어쓰기도 한다. "난 내 몸을 뒤덮은 상처들과 함께 잠에서 깬다. 내 손톱으로 직접 낸 상처들이다." "엄마? 나는 두렵다." "엄마? 그곳엔 아무도 없다. 그 누구도 나를 아프게 할 수 없다." "엄마? 노래를 반복한다." "엄마, 엄마, 엄마? 나는 잠을 자지 않는다. 불면의 밤이다." 내용을 따라가기 쉬운 공연은 아니었지만, 크게 부릅뜬 눈을 반복적으로 보여주는 배우의 고요하고도 집중력 높은 연기로 45분의 공연 시간이 채워졌다.

인상적인 것은 음향과 음악이었다. 무대 뒤편에서 연주하고 있는 악사가 입으로 냈던 밤 숲속의 새소리인 듯, 바람소리인 듯한 소리, 철판을 두드리거나 현악기를 활로 긁어 소리를 내는 낯선 음의 세계가 밤 숲속의 기본 음향을 이룬다. 이어서 카세트

테이프의 릴을 발로 밟아 내는 소리, 모래를 체에 거르는 소리, 실제로 낙엽을 쌓아놓고 밟는 소리, 오페라 〈밤의 여왕〉 아리아 클래식 음악 등 소리의 연주를 따라가는 과정이 흥미로웠다. 어둠과 작은 불빛들, 모래와 물, 그리고 밤 숲속의 신비한 소리들의 세계 등 흡사 종교 의식과도 같은 신비함이 느껴졌다. 극의 처음부터 마지막까지 마치 사제와 같은 경건함을 유지하며 연기하는 배우가 인상적이었다. 그러나 밤 숲속의 내 나무를 찾는 행위의 절박함이 원시적 종교성에 기인한 것인지, 프로그램북의 설명처럼 "이민이나 사람들의 이동"^{프로그램북 연출노트 중에서}, 곧 최근 유럽의 이민이나 난민문제에 기인하는 것인지 관련 맥락을 전혀 이해할 수 없어 혼란스러웠던 점은 끝내 아쉬웠다.

〈오셀로〉는 익숙한 셰익스피어극 공연이다. 파격적인 재해석과 해체이기보다는 2시간 내로 셰익스피어 고전극을 쉽게 압축해서 볼 수 있도록 각색한 다이제스트 공연이었다. 짧은 시간 내에 줄거리 파악이 쉬웠던 점은 강점이다. 무대에는 네다섯 개의 드럼통과 스툴의자가 놓여있고, 장면에 따라 배우들이 드럼통 위에 서서 높이를 만들거나 스툴의자에 앉아서 대사를 한다. 간결한 무대소품을 사용하는 미니멀리즘의 공연이다. 공연은 자국어인 루마니아어로 진행되고, 한글 자막이 제공되었다.

극중 배경인 사이프러스 섬을 암시하듯, 오프닝 장면에서부터 갈매기떼 울음소리가 계속해서 들렸다. 2부 첫 장면에서 오셀로가 갈매기떼의 공격을 막아내며 거친 □□□□ 빌▮▮▮ ▮▮노 있다. 이아고가 오셀로에게 데스데모나를 의심하게 하며 "베네치아 여인들의 재능"운운하면서 오셀로의 양팔을 밧줄로 묶어 의자에 연결시키고 오셀로가 밧줄을 매단 채 의자들을 쓰러뜨리고 이아고에 달려드는 모습을 슬로우 장면으로 처리하면서 등장인물의 심리적 상황을 강한 움직임 장면들로 설명해주었다. 공연 중간에 의도적으로 흐름을 끊고 밧줄을 이용하거나, 천을 이용한 이질적인 움직임 장면들을 계속 끼워 넣었다. 이아고는 오셀로 등에 올라타고 계속 귓속에 속삭이고, 오셀로는 결국 의심으로 번민을 시작한다. "나는 날 때부터 이방인이었다." 이아고는 드럼통 위에 높이 올라서서 마치 승리자처럼 오셀로를 내려다본다.

오셀로가 이렇게 나약한 인물이었을까 싶을 정도로 이아고의 질투심과 간계를 중심으로 공연은 빠르게 진행되었다. 용맹하지만 나이 든 오셀로와 어린 데스데모나를 대조하기 위해서인 듯 나이든 배우와 젊은 여배우의 전형적인 캐스팅도〈오셀로〉의 새로운 해석보다는 관습적이고 설명적인 이해에만 머물게 했다. 소극장에서 보는 셰익스피어극의 생생함은 있었지만, 전형적이고 상투적인 공연이었다. 움직임 중심의 장면구성도 이미 낡은 것이었다.

세계연극의 문법, 보편성 혹은 지역성

이쯤 되니 서울연극폭탄 해외초청작 선정 과정이 궁금해졌다. 소극장 실험극 중심의 국제연극제의 방향과 프린지 스타일의 활력을 살리기 위해서라도 진행과정상의 논의가 더 필요한 듯 보였다. 사무국을 통해서 들었던 설명은, 해외초청작 해당국가의 국립극단을 비롯한 관계자들의 추천작 중에서 예술감독이 선정하는 작품을 초청작으로 결정한다는 대답이다. 서울연극폭탄의 해외 네트워크가 아직은 폭넓거나 긴밀한 유대감을 가지고 운영되고 있는 것은 아니라는 사실을 확인했다. 소극장 실험극, 프린지 공연 선정과정은 그 특성상 무엇보다도 많이 보고 발로 뛰어서 일일이 현장을 확인해야 하는, 발품이 많이 드는 작업일 수밖에 없다. 그런데 아직까지는 국공립 단체 중심 국제교류의 '안전한 네트워크' 안에서 '안전한 시도'만으로 그치고 있는 것은 아닌가 염려된다. 이는 대학로 소극장 연극의 자생적인 활력과도 거리가 먼 이야기이다. 대학로의 몇몇 젊은 연극단체들의 실험극을 제외하고, 대학로를 과연 실험극의 거리라고 말할 수 있을지도 아리송하다. 최근 몇 년간 검열정국의 여파로 대학로는 위축되었고, 기획사 중심의 상업극이 기존 대학로 연극의 중심을 대체하고 있다.

서울연극폭탄 해외초청작 공연들이 낯선 이방인들의 연극으로 들어왔다가 다시 빠져나가는 공연들이 이 자리 대하고 그래킹 특유의 활력과 유연성으로 적극적으로 받아들여지고 함께 고민하는 장이 될 수는 없을까. 대형 해외투어 공연들이 세계연극의 '보편성'을 지향하는 반면, 소극장 해외공연들은 해당 국가의 낯선 공연 특성만큼이나 '지역성'에 주목하게 한다. 그 지역의 종교나 문화에 대한 새로운 관심도 환기시킨다. 공연 내용을 쉽게 따라갈 수 없긴 했지만 〈내 나무의 숲〉에서 마케도니아 언어를 쓰고 경건한 태도를 유지하며 연기하는 배우에게서 마케도니아의 종교와 이민과 난민 문제를 떠올려보기도 했다. 움직임 중심으로 셰익스피어극을 풀어가고 있는 〈오셀로〉에서도 최소한 루마니아 공연의 역동성은 확인해볼 수 있었다. 그런데 이들과 함께 하고 있는 대학로 소극장 공연의 활력과 열기는 느껴지지 않았다. 밀착도가 떨어졌다. 작은 소극장에서 무릎을 맞대고 듣는 낯선 언어들의 통역기가 제대로 작동되고 있는지, 잘 모르겠다. 서울연극폭탄을 불발탄으로 만들고 있는 것, 결국 이것은 우리의 문제가 아닐까.

아주 가까운 중국, 그보다 더 가까운 중국 현대연극

〈물고기인간〉·〈워 아이 차차차〉·〈낙타상자〉·〈최후만찬〉

〈물고기인간〉

일시 2018년 5월 22일~5월 23일 장소 한양레퍼토리씨어터 제작 극단 청우+한중연극교류협회 작 귀스싱 번역 김우석 연출 김광보 음악 장한솔 출연 강신구, 김신기, 유성주, 한동규, 최나라, 장석환, 유원준, 김유민, 신정웅, 조용진, 이상승, 김 경우

〈워 아이 차차차〉

일시 2018년 5월 24일~5월 25일 장소 한양레퍼토리씨어터 제작 극단 그린피그+한중연극교류협회 작 멍징후이 번역 장희재 연출 윤한솔 음악 민경현 영상 윤민철 출연 강대영, 박하늘, 이동영, 이승훈, 임정희, 정양아, 최지연, 최지현

〈낙타상자〉

일시 2018년 5월 25일~5월 26일 장소 한양레퍼토리씨어터 제작

극단 마방진+한중연극교류협회 **소설원작** 라오서 가새 주일주 번역
오수경 **연출** 고선웅 **프로듀서** 고강민 **음악** 김동욱 **조연출** 서정완·
고서형·정다솔 **출연** 임진구, 홍자영, 문성룡, 이소연, 김남표, 조
영민, 김현동, 노유라, 홍준기, 박승화, 박해용, 김동지, 김하리, 이
서현, 최하윤, 고영찬

〈최후만찬〉

일시 2018년 5월 23일~5월 24일 **장소** 한양레퍼토리씨어터 **제작**
극단 바람풀+한중연극교류협회 **작** 정궈웨이 **번역** 장희재 **연출** 박
정석 **기타연주** 안준 **오퍼레이터** 박훈정 **출연** 권지숙, 박병주, 배수
현, 윤미애

2018년 5월 22일 제1회 중국희곡 낭독공연이 올라갔다. 궈스
싱過土行의 〈물고기인간〉, 장궈웨이鄭國偉의 〈최후만찬〉, 멍징후이孟
京煇의 〈워 아이 차차차〉, 라오서老舍의 〈낙타상자〉 4편이 그것이
다. 김광보, 박정석, 윤한솔, 고선웅이 각각 연출을 맡았다. 1990
년대 이후 중국 현대 공연들이다. 정치적으로는 1989년 톈안먼
사건 이후, 경제적으로는 시장개방 이후 작품들이다. 〈낙타상자〉
는 1937년 발표된 장편소설을 원작으로, 1998년 현대경극으로
각색한 작품이다. 〈물고기인간〉은 1989년 창작되어 1997년 초
연되었다. 〈워 아이 차차차〉는 검열로 1994년 내부공연으로 초

연된 멍징후이의 초기작이다. 〈최후만찬〉은 홍콩 작품이다. 2011년 초연되고 중국 각지에서 공연되고 있는 화제작이다. 이번 낭독공연은 "범중국어 문화권 연극을 체계적이고 다양하게 소개"프로그램북에서하고자 출범한 한중연극교류협회의 첫 번째 공연이다.

<물고기인간>과 <워 아이 차차차> - 유쾌한 정치적 상상력

〈물고기인간〉은 묘한 작품이다. 소재는 단순하다. 낚시 이야기다. 공연은, 북방 어느 호숫가에서 낚시동호회의 낚시대회가 열리면서 시작된다. 독일제 낚시줄에, 일제 바늘, 미국산 카본 낚싯대 자랑이 이어지는 평범한 낚시터 풍경이다. 이 공간이 일순 비범한 공간으로 돌변하는 것은 이 대청호의 수호신인 대청어를 낚기 위해 30년을 기다려온 '낚시의 신'이 등장하면서다. 마찬가지로 30년 동안 대청어를 지키며 살아온 양어장 주인 '위씨 영감'이 30년 전 단 한번 만났을 뿐인 '낚시의 신'을 알아본다. 흡사 무협영화 같다. 30년에 한 번 나타나는 물고기 이야기, 바다를 건너다 빠져죽은 태양신의 어린 딸 정위가 새가 되어 돌을 하나씩 물어다 바다를 메워버렸다는 이야기는 신화적이다.

김광보 연출은 신화적, 우화적 공연에 강하다. 이 공연에서도, 신화와 일상이 함께 섞여있는 작품을 공연 내내 웃음이 터지게 하는 부조리극 스타일로 여유 있게 풀어내고 있다. 위씨 영감의 딸 류샤오옌이 부르는 중국 허베이성 민요, "짜요짜요!" 응원가 구호, 다양한 음향효과로 낭독공연의 한계를 전혀 의식하지 않게 한다. 위씨 영감의 수양딸 류샤오옌은 문화대혁명 당시 도시에서 하방下方을 내려온 지식청년이다. 시간이 흘러 모두들 떠난 이곳에 그대로 남아있는 류샤오옌의 존재는 물길이 막혀 대청호에 갇혀있는 대청어의 존재와 겹쳐지고, 바다를 건너다 빠져죽은 정위가 새가 되어 돌을 하나씩 물어다 바다를 메운 이야기와도 겹쳐진다. 〈물고기인간〉이 문화대혁명 이후 톈안먼 사건에 이르는 거대한 비유로 읽히는 순간이다.

〈워 아이 차차차〉 또한 '적극적 읽기'가 요구되는 작품이다. 제목 "워 아이 차차차"는 "나는 ×××를 사랑한다"는 뜻이다. 검열언어처럼 지워진 채 발음되는 "×××"는 그 자체로 정치적 메타포를 발동시킨다. 공연은 매우 영리하게도 정치적 구호 하나 없이 "나는 너를 사랑한다. 나는 1900년대를 사랑한다. 나는 아침체조를 사랑하고, 산요 워크맨을 사랑하고, 톈안먼을 사랑하고, 집체무를 사랑하고, 집체무의 시대를 사랑한다" 등등 말들을 쏟아놓는다. 공연은 "사랑한다"는 말로만 이루어져 있다. "사랑한다"는 끈질긴 말 속에서 강한 해방감이 느껴진다.

공연 시작 전 하우스 음악으로 "We all want to change the world" 비틀즈의 〈레볼루션〉이 흘러나온다. 대본에 나와 있는 그대로의 선곡이다. 막간 장면에선 배우들이 낭독극 톤으로 따라 부르면서 기묘한 합창을 한다. '불온한 상상력'을 표방하는 극단 그린피그와 멍징후이의 불온한 아방가르드가 만나는 유쾌한 장면이다. 두산아트센터 로비에 설치되어 있는 천원링의 붉은 조각 〈빅보이, 리틀 피그〉의 마주보는 웃음을 떠올리게 한다. 그린피그 배우들이 붉은 '삼선 아디다스 트레이닝복'을 입고 아침체조 영상에 맞춰 집체무를 추는 장면은 압권이다. 로자 룩셈부르크를 사랑하고, KGB를 사랑하고, 007영화를 사랑하고, 제임스 본드를 사랑하고, 도널드 레이건, 존 케네디를 사랑했던 지난 냉전의 세계사가 눈앞에 뜨겁게 지나간다.

〈낙타상자〉와 〈최후만찬〉─아주 오래된 화두, 자본주의

〈낙타상자〉는 1920년대 군벌들의 전쟁 시대를 배경으로, 밑바닥 인생인 인력거꾼 이야기다. 순한 동물 '낙타'라는 별명을 가진 젊은 인력거꾼 상자样子, 중국어 발음으로는 '샹즈'의 이야기다. 이름은 '상서로울 상'자 샹즈이지만, 이야기는 샹즈의 불운의 연속을 그리고 있다. 오직 젊고 건강한 몸 하나 믿고 열심히 땀 흘려 돈 벌어 새 인력거를 장만한 샹즈, 그런데 새 인력거는 전쟁통에 빼앗기고, 또다시 돈을 벌어 인력거를 마련하려고 고난을 겪고, 사랑하는 여자는 아버지 노름빚에 두 번이나 팔려가 자살하고, 난산을 겪는 아내는 의사를 부를 돈이 없어 아이와 함께 죽고, 결국 오로지 죽음만이 진짜라는 무서운 사실을 깨닫게 된다. "다 가짜야, 인력거만이 진짜야!" "다 가짜야, 돈만이 진짜야!"를 거듭 외치던 샹즈는 세상 모든 것은 다 가짜고, 인력거도, 돈도 가짜이고, 결국 죽음만이 진짜라고 외친다.

경극 대본 특유의 운문 대사와 단순화된 채 반복되는 양식적인 장면들은 혼란스러운 시대 속 한 인물의 일대기에 대한 압축적이고 선명한 인상, 곧 총체성의 시각을 가지게 한다. '총체성'은 물론, 이전 시대의 미적 감각이다. 그럼에도 총체성의 감각은 여전히 강한 미적 쾌감을 느끼게 한다. 고선웅 연출과 마방진 배우들은 대본을 손에서 떼지 않은 채 그대로 읽는 낭독극 형식을 유지한 채 단음조로 대사를 읊고 대본을 내려놓을 때도 일부러 탁, 탁, 소리 나게 내려놓으면서 낭독극 양식을 공연의 스타일로 활용한다. 〈조씨고아, 복수의 씨앗〉으로 중국 고전 연출에 탁월한 감각을 보여주었던 고선웅 연출에게 다시 한 번 좋은 작품의 운이 찾아왔다.

〈최후만찬〉 또한 돈 이야기다. 2011년 홍콩 이야기다. 일명 '벌집 아파트', '관 주택' 등 홍콩의 주택난은 전 세계적으로 악명 높다. 공연은 평범하게 시작된다. 엄마와 아들의 저녁 식사 장면이다. 오래간만에 아들과의 식사를 위해 엄마는 이것저것 잔뜩 음식을 차려놓고, 직접 떠먹여도 준다. 어색한 아들. 아들

귀숭은 엄마 리빙이 고등학교를 중퇴하고 낳은 아들이다. 남편은 가정폭력으로 감옥에 갔다 왔고, 아들은 격리되어 고아원에서 자랐다. 아들은 엄마의 '모정'이 낯설기만 하다. 낯선 대화들이 오고가고, 관객들은 서서히 이 공연이 홍콩판〈세일즈맨의 죽음〉인 것을 눈치 챈다. 엄마는 외할아버지가 남겨준 자가 주택과 보험금을 아들에게 남겨주고 싶어 한다.

그런데 아들도 똑같이 자살을 준비하고 있었다. 엄마와 아들이 자살을 위해 슈퍼에서 산 번개탄 상표까지 똑같다는 사실이 확인되고, 공연 시작 전 암전 속에서 들려온 밥 먹으러 오라는 엄마와 아들의 통화 소리가 이제 막 자살하려는 순간 울렸던 전화벨 소리였음도 밝혀진다. 자살도구로 등장했던 독약, 부엌칼, 번개탄이 모두 등장한 이후 나타나는 제3의 인물, 아버지. 인터넷 채팅을 하며 맥주를 가져오라고 말하는 아버지, 독이 든 맥주잔을 끝까지 마시는 아버지를 바라보면서 탁자 위에 놓인 칼을 바라보는 엄마와 아들 장면이 마지막이다. 샹즈의 대사가 다시 한번 떠오른다. "다 가짜다, 결국 죽음만이 진짜다!" 시장경제 체제 성공으로 '자본'에 대한 강한 자신감을 보여주고 있는 신중국의 맥락에서 오래 침묵에 잠기게 하는 작품들이다. 중국희곡 낭독공연의 좋은 작품들을 우리 배우들의 인상 깊은 공연으로 만날 수 있었던 소중한 시간이었다.

대박과 쪽박, 텅텅박과 독박

〈흥보씨〉

〈흥보씨〉

일시 2018년 7월 13일~7월 22일 **장소** 명동예술극장 **제작** 국립창극단 **극본·가사·연출** 고선웅 **작창·작곡·음악감독** 이자람 **안무** 지경민고블린파티 **무대** 김종석 **조명** 류백희 **영상** 이원호 **의상** 최인숙 **특수의상** 김수진 **소품** 장경숙 **분장** 강대영 **음향** 지영 **무대감독** 정대교 **조연출** 서정완 **편곡·음악조감독** 김민수 **출연** 김준수흥보, 최호성놀보, 최용석마당쇠, 이소연정씨, 김차경황씨, 허종열연생원, 서정금놀보처, 이광복원님, 유태평양제비, 윤석안건달, 조영규좌수/관찰사, 우지용호랑이/주지스님, 이시웅, 조유아, 윤충일특별출연, 이영태, 남해웅, 김금미, 김형철, 이광원, 박성우, 강태관, 김유경, 이연주, 한금채, 유기영, 조준희, 안미선, 송나영, 왕윤정, 최고아균, 장서윤

국립창극단 창극 〈흥보씨〉가 다시 무대에 올라갔다. 〈변강쇠 점 찍고 옹녀〉로 포복절도의 웃음과 통쾌함을 보여준 고선웅 연

출가의 두 번째 창극이다. 국립창극단은 〈아힘 프라이어의 수궁가〉2012, 〈안드레이 서반의 다른 춘향〉2014, 이소영 연출의 〈적벽가〉2015, 고선웅 연출의 〈흥보씨〉2017, 손진책 연출의 〈심청가〉2018까지 현재 기록으로 전하는 판소리 다섯 바탕 모두를 현대 창극으로 올렸다. 2012년 김성녀 예술감독 취임 이후 창극이 대중들에게 부쩍 가깝고 새롭게 다가왔다. 고선웅 연출은 〈푸르른 날에〉2011, 〈조씨고아, 복수의 씨앗〉2014, 〈변강쇠 점 찍고 옹녀〉2014, 〈홍도〉2015에 이어 지금 현재 최고 절정의 감각을 보여주고 있다. 국립창극단이 새롭게 시작하고 있는 신창극 시리즈 첫 번째 〈소녀가〉의 연출을 맡은 이자람이 음악감독을 맡았다. 김성녀 예술감독이 자부하듯이 "꾼들의 만남"이다.

대박과 쪽박, 흥보는 기가 막히고 놀보는 놀랠 놀자 놀라 자빠진다

대박과 쪽박, 대박 난 집과 쪽박 찬 집. 지금도 사람들 입에 자주 오르내리는 우스갯소리다. "대박 나세요!" 새로 창업하는 사람들에게, 공연을 올리거나, 영화를 개봉하는 사람들에게도 곧잘 하는 말이다. 흥보와 놀보의 대박과 쪽박은 현대판 로또에 가깝다. 비현실적일 정도로 극히 현실적인 욕망이기도 하다. 가난한 서민들에게 먹고사는 문제는 가장 절실한 문제이기 때문이다. "마담 옹", 옹녀의 파격에 이어 "미스터 흥보", 고선웅 연출의 홍보 이야기도 파격의 연속이다. 추여 다시 "너무 비껸 하구 〈흥보씨〉, 홍보가 기가 막혀"[1]라는 평을 들을 정도였다. 너무 과감하게 각색해서 원작의 홍보가 기가 막힐 정도라는 것이다. 고선웅 〈홍보씨〉에는 UFO 스님이 등장한다. UFO 스님은 마치 갓처럼 UFO 비행선을 머리에 썼다. 찔레가시꽃밭에서 주워온 홍보는 인생이 내내 가시밭길이더니 놀보 대신 매품 팔기 위해 십자가 모양 곤장을 짊어지며 "골로 가는 언덕을 넘겠구나" 너스레를 떤다. 굶기를 밥 먹듯 하다가 명상을 통해 "비워야 하리 텅텅텅, 그때서야 울리리 텅텅텅"을 읊조리는 '텅텅교'를 창시한 사이비 교주와 같은 홍보는 십자가를 지고 골고다 언덕을 넘는 모습을 시니컬하게 보여준다. 그야말로 "홍보가 기가 막히고", "놀랠 놀자" 놀람의 연속이다.

　무대는 빈 무대이다. 병풍처럼 쪽이 나뉘어진 배경막에는 일월오봉도 그림을 배경으로 박씨 물고 오는 제비도 보여주고, 외계인 스님이 타고 오는 UFO 비행선 그림도 영상으로 보여준다. 민화처럼 색채를 단순화한 영상 병풍이다. 일월오봉도 그림에 해와 달이 내려와서 UFO 음악에 맞춰 흔들흔들 춤을 추기도 한다. 소품은 모두 부채로 대체했다. 부채를 활짝 펴서 등장인물을 소개하기도 하고, 농사를 지을 때는 쟁기도 되었다가, 홍보네 식

1　유연석, 「너무 바뀐 창극 〈홍보씨〉, 홍보가 기가 막혀」, 『노컷뉴스』, 2017.4.9.

구들이 놀보 집에서 쫓겨날 땐 이고지고 떠나는 짐이 되기도 한다. 가장 해학적인 장면인 줄줄이 딸린 흥보네 가족들 이야기는 장면이 끝날 때까지 모두 건들건들 춤을 추고 있어 흡사 꼭두각시놀음의 인형들처럼 보인다. 〈조씨고아, 복수의 씨앗〉, 〈변강쇠 점 찍고 옹녀〉, 〈흥보씨〉에 이르기까지 고선웅의 동양고전 연출 방법론은 더더욱 확실하고 과감해지고 있다. 고전 판소리의 민중적 해학이 현대 대중문화의 B급 상상력과 만나 전 우주를 "들었다 놨다"하는 우주적 기운으로 들썩거리고 있다.

텅텅박과 독박, 언재무궁이나 더질더질

그런데 초연의 아쉬움이 컸던 것일까. 고선웅 연출은 이번 재공연에서 2부 장면들을 대폭 수정하고 있다. 고을 원님 동헌 장면에서 흥보와 놀보의 목에 칼을 들이밀던 무시무시한 망나니는 사라졌다. 놀보가 욕심 부리며 혼자 파먹은 박은 독이 든 '독박'이고, 석 달 열흘 동안 설사만 하다가 드디어 "비우니까 속이 편쿠나" 스스로 깨달음을 얻게 되고 형제와 화해하는 결말로 바뀌었다. 초연이었던 지난해 4월은 헌법재판소에서 박근혜 대통령 탄핵심판이 선고되고 깊은 바다 속에서 세월호가 올라오던 때였다. 〈흥보씨〉의 "우주의 기운", 고을 원님 동헌 장면에 나란히 형틀 의자에 앉은 흥보와 놀보에게 원님이 내뱉던 일성 "너희 둘은 국정을 농단한 대역죄를 지었다"의 말은 실시간으로 관객과 공감되는 화력이 센 말들이었다. 홍보와 놀보의 출생의 비밀과 "통일 대박"을 외치다 쪽박 차고 감옥에 들어간 누군가의 상황도 그저 평범한 대박과 쪽박 이야기로만 들리지 않는다. "착하게 살면 누구 말마따나 우주도 감복한다"는 결말의 말은 단지 평범한 해피엔딩이 아니라 강력한 풍자효과를 가지는 패러디였다.

그런데 이번 공연에서 2부는 대폭 수정되면서, 고선웅은 작가로서 고민이 많았나 보다. 홍보를 때리던 "곤장도 너무 많이 때렸다" 반성하고, 놀보를 혼내는 "독박도 슬쩍 넣고", "좀 더 설득력 있게 상황을 순화"프로그램북 「연출의 글」에서시켰다고 설명이 구구절절하다. 결말은 순화되었다. 결론적으로 홍보에게는 '텅텅박'이 남고, 놀보에게는 '독박'만 남았다. 대박 신화도 없고, 쪽박 경고도 없다. 한 시대의 초상으로 남았을 뻔했던 홍보의 촌철살인의 비수 하나를 잃는 순간이다. 대박과 쪽박 세상사에 대한 B급 상상력의 호쾌한 질타는 사라지고, 홍보와 놀보 개개인의 수련과 종교적 판타지로 끝낸 텅텅 빈 결말만 남았다. 아쉽다. "언재무궁이나 더질더질"이다.

세월호에 대한 시적 분노,
<헤카베> 광장의 어머니에서
<미스 줄리>까지

송곳 같은 연극

〈페스트〉

〈페스트〉

일시 2016년 8월 1일~8월 7일 **장소** 성수동 복합문화공간 두잉 **제작** 극단 송곳 **원작** 알베르 카뮈 **각색** 이왕혁 **연출** 심재욱 **드라마터그** 이정연 **기획** 장종엽 **무대** 권자민 **영상** 김병렬 **조명** 김광훈 **의상** 신은혜 **분장** 이상아 **음악** 김희은, 서진영 **안무** 송은경 **사진** 유세인 **그래픽** 이유진 **출연** 이백승, 김동언, 김완규, 이한솔, 김형훈, 이영훈, 현재은, 유지안

지하철 2호선 성수역 근처 어느 건물 지하 복합문화공간 두잉. 이곳에서 알베르 카뮈의 소설 〈페스트〉가 연극으로 올라갔다. 같은 기간 서태지의 뮤지컬 〈페스트〉도 화제였다. 1947년에 출간된 카뮈의 소설에 동시대 예술가들이 왜 이토록 공감하는 것일까? 성수동의 공연장도 낯설지만 극단 송곳이라는 극단 이름도 낯설다. "기성 극장의 일방적인 소통구조"를 벗어난 대안

공간을 찾고자 했다는 인터뷰도 있지만 프로그램북에 실린 글에 좀더 솔직한 고백이 들어있다. "극장을 빌릴 돈이 없다." 최근 몇 년간 지속된 연극인 검열의 와중에 대학로 연극의 제작편수도 줄어든 상태이다. 대학로의 상업지구화로 대학로 이외의 대안공간을 찾는 일도 다급해졌다.

연극 〈페스트〉는 극단 송곳의 창단공연이다. 2년간의 준비과정을 거쳐 소박하지만 단단한 공연이 준비되었다. 원래 카페인 공연장은 극장 시설로는 열악했다. 페이드 인 아웃의 조명 장치도 없어 전원 스위치를 켰다 껐다 한다. 방음 처리가 안 되어 소리 울림이 크고 배우들의 대사가 들리지 않는 때도 많다. 공연 내내 지하철 소음이 배경음악처럼 깔렸다. 그럼에도 공연은 묵직한 감동과 믿음을 주었다. 놀랍게도 공연팀은 페스트의 대재앙의 이야기를 다루면서도 냉정함과 객관성을 잃지 않으려고 필사의 노력을 다하고 있음이 느껴진다.

"4월 16일 이후 계속되던 페스트가 끝났다." 엔딩 자막이 올라가고 전율이 느껴졌다. 극단 송곳은 안산을 기반으로 활동하고 있는 신생 극단이다. 안산 극단이기 때문에 〈페스트〉를 세월호의 맥락으로 재구성한 것일까? 그제야 확인해보니 카뮈의 소설 원작 자체가 4월 16일 아침 한 마리 쥐의 시체로부터 시작한다. 어느 날 아침 느닷없이 도시를 덮친 페스트로 도시는 폐쇄되고 알제리의 오랑시는 거대한 격리병동이 된다. 별다른 연극적 기술이 없이도 이 공연에 깊숙이 빨려 들어갔던 것은 세월호와 메르스 이후에 형성된 우리의 경험 때문이다. 알제리 오랑시의 4·16 페스트의 창궐 과정은 세월호와 메르스 당시 사람들의 몸의 기억을 생생하게 환기했다. 안산과 세월호와 4월 16일과 소설 〈페스트〉, 현기증 나는 우연의 일치이다.

공연팀 또한 동일한 맥락에서 카뮈의 원작에 깊이 공감하고 있음이 느껴진다. 장 타루가 모집하는 자원봉사대의 보건대의 표식은 세월호의 노란 리본이 연상되는 검은 리본이다. "페스트가 보우하사 우리나라 만세"라는 노래를 부르는 '오랑시의 미친 리어'라는 별명의 코타르는 원작에서 가장 많이 변형된 인물이지만 모두 다 불행해졌기 때문에 오히려 "불행 앞에서 우리 모두는 평등하다"는 불행의 연대에 대한 역설적인 상황을 간단명료하게 이해시켜준다. 400페이지가 넘는 방대한 분량의 소설원작을 공연은 1시간 20분의 짧은 시간 안에 압축하고 있고, 평범한 사람들의 고통과 연대의 드라마를 단단하게 보여주고 있다. 무엇보다 냉정함을 잃지 않는 각색이 돋보인다. 실제 독일군 점령 하 프랑스 파리의 봉쇄 당시를 페스트로 비유하고 있는 카뮈의 총체성을 확보하고자 하는 작가적 태도가 지금 우리에게 절실하게 필요한 것임을 말없이 깨닫게 한다.

8명의 배우들의 진지하고 성실한 태도, 해설자의 객관적 보고와 묘사, 전쟁과 테러와 질병과 세월호 등 영상자료의 미디어 아트, 페스트의 죽음의 춤과 아무 죄 없이 죽어가는 어린 희생자의 춤의 활용, 영화적 전개방식 등 젊은 극단다운 생동감과 함께 원작의 무게를 묵묵히 짊어지는 성실한 태도가 인상 깊다. 현재 대학로 연극은 '다원공연'의 카테고리로 다양한 실험적 양식의 극들이 이미 대극장과 제도권으로 흡수된 상태이고, 재구성과 해체의 공연들 또한 이미 실험극의 야생성을 잃고 있다. 이번 공연을 통해서 확인하게 된 것은 텍스트와 서사 중심의 극이 다시 대중과 만나고 있는 현장이다.

낙원의 사과, 주방의 칼

〈미스 줄리〉

〈미스 줄리〉

일시 2016년 11월 26일~12월 18일 **장소** 백성희장민호극장 **제작**
국립극단 **작** 스트린드베리 **번역** 홍재웅 **연출** 펠릭스 알렉사 **무대·**
의상 카르멘치타 브로주보 **조명** 김창기 **분장** 백지영 **윤색** 윤성호 **예**
술감독 김윤철 **출연** 황선화, 윤정섭, 김정은

스트린드베리의 〈미스 줄리〉가 루마니아 연출가 펠릭스 알렉
사에 의해 국립극단 공연으로 올라갔다. 〈미스 줄리〉는 "삶은
본질적으로 투쟁이다"라는 스트린드베리의 대표적인 자연주의
극이다. 펠릭스 알렉사는 〈미스 줄리〉를 "시적 폭력성"과 "심리
적 잔혹함"의 연극이라고 말한다.

무대는 백작의 저택, 냄새나고 습한 지하 주방이다. 천정에는
커다란 렌지후드가 여러 개 매달려 있다. 이곳은 온갖 냄새가 쌓
이는 덥고 습한 곳이다. 관객 입장과 함께 공연이 시작되면 하녀

크리스틴이 요리하는 실제 음식 냄새가 객석 가득 퍼진다. 이으고 크리스틴은 무수히 많은 칼을 닦으며 부엌을 정돈한다. 강렬한 탱고 음악이 들려오면서 하인 장이 등장한다. 장은 하지절 축제에서 춤추는 무리를 보고 들어오는 길이다. 장은 "오늘밤 줄리 아가씨가 완전히 미쳐버렸다"고 혀를 내두른다. 하지절 축제날 귀족 친척들의 모임 대신 하인들과 춤판을 벌인 줄리 아가씨의 품행에 대한 논란도 빠뜨리지 않는다. "지저분할 땐 귀족들이 더하다"는 것이다. 줄리 아가씨의 성격도 성격이지만 만만치 않은 하인과 하녀이다. 장은 백작 몰래 값비싼 와인을 훔쳐 마시고, 자유분방한 줄리 아가씨는 평민들이 먹는 맥주를 마신다. 스트린베리의 인물들은 성별과 나이가 다르고 신분과 계급의 사회적 차이를 가지고 있더라도 생물학적 남녀관계는 동등한 투쟁의 관계를 보여준다. 줄리 아가씨가 아무리 귀족이더라도 품행이 나쁘면 크리스틴보다 도덕적으로 열등한 것이다. 그런 면에서 스트린드베리의 인물들은 동등한 입장권과 발언권을 가지고 극에 참여한다. 다윈 진화론의 자연의 생존법칙처럼 각 인물들은 끝까지 살아남고자 애를 쓴다. 그렇기 때문에 극은 점점 더 강력해진다.

펠릭스 알렉사는 이러한 권력관계의 투쟁의 드라마를 사과와 칼이라는 단순한 상징물을 통해 매우 효과적으로 전달한다. 신분상승의 욕구를 가진 장은 낙원의 사과를 따고 싶어 하고, 여성 해방과 평등사상을 교육받은 줄리 아가씨는 아래로 내려가고 싶어 한다. 실제로 무대에는 커다란 바구니에 담긴 사과들이 잔뜩 쌓여있다. 줄리와 장의 정사씬에선 긴 테이블 가득 사과들을 쏟아놓는다. 반면 줄리는 칼로 사과를 조각내면서 장을 위협한다. '낙원의 사과'와 '주방의 칼'은 그 자체로 장과 줄리의 치열한 대결을 나타내고 있다. 장의 꿈은 그것이 이루어질 수 없기에 더욱 강력하고, 줄리의 추락은 아무도 그것을 말릴 수 없기에 무기력할 뿐이다. 처절한 꿈과 무기력한 현실은 점점 더 팽팽하게 활시위를 잡아당길 뿐 멈추질 못한다. 이들은 마치 마취상태인 듯 서로에게 취해있을 뿐이다.

심리적 해부학과도 같은 스트린드베리의 극단성과 난해함 때문에 실제로 그동안 한국연극에서 스트린드베리는 그 명성에 비해 쉽게 공연이 이루어지지 않았다. 이번 공연에서도 단순히 고전극의 현대적 재해석의 지점 외에 한국적 맥락에서 이 공연이 어떤 의미일지 난감한 부분도 있었다. 그런데 이들의 권력투쟁의 심리적 해부학을 들여다보고 있으니 지금 현재의 맥락들이 묘하게 겹쳐진다. 줄리는 영주의 딸, 곧 영애令愛이다. 2달째 매주 촛불집회가 이어지고 청문회가 열리고 있는 때이다. 완전히 추락한 영애 줄리는 하인 장에게 말한다. "난 몰라." "나에게 명령을 내려줘." 그런가 하면 도피 행각을 서두르는 와중에도 줄리는 커다란 새장 속의 애완용 새를 포기하지 못한다. 불현듯, 이른바 '강아지 게이트'로 불리는 침수실 게이트에 감면들이 뿐닐 우스꽝스러운 코미디가 아니었다는 사실을 깨닫게 된다. 주위 사람들을 아무도 믿지 못하는 상황, 오로지 애완용 개와 새에게만 의존할 수밖에 없는 완전히 무기력하고 아이러니한 인물들에 관한 이야기에서 믿을 수 없도록 똑같은 현실의 비극을 다시 읽게 된다. 새의 목은 잘리고, 모두의 꿈은 사라지고, 사과에는 면도칼이 박힌 채 공연은 끝난다. 〈미스 줄리〉의 정확한 해부학적 관찰이 새삼 놀라울 따름이다. 외국 연출가에 의해 우연히 포착된 〈미스 줄리〉의 뜻밖의 장면들이다.

찰떡 같고 꿀떡 같은 블랙코미디

〈광주리를 이고 나가시네요, 또〉

〈광주리를 이고 나가시네요, 또〉

일시 2017년 4월 7일~4월 23일 장소 국립극단 소극장 판 제작 국립극단 작 윤미현 연출 최용훈 무대 이엄지 조명 나한수 의상 강기정 소품 고재하 분장 백지영 음향 정윤석 프로듀서 지민주 출연 홍윤희광주리 할머니, 오영수고시원 할아버지, 박혜진미미 엄마, 이영석미미 아빠, 신안진독거노인, 박지아조끼할머니, 이지혜미미, 조영은미미 분신, 이현주, 김장동, 성동한, 김미란, 이서연, 곽정화, 조민교, 박현주왕상블

윤미현 신작 〈광주리를 이고 나가시네요, 또〉를 보고 있자니 찰떡 같이 차지고, 꿀떡 같이 꿀떡꿀떡 넘어가는 언어의 맛이 반가웠다. "지금 이 집의 경제사정은 북한 핵 해결보다 더 힘들다고 봐." "우리나라도 이제 무법자가 판치는 시대가 됐으니, 총기 소유 정도는 허락될 때가 됐지." "왜 평생을 일했는데도, 굶어죽을 걱정을 해야 하는 거지?" 과장법과 아이러니의 비유법을 자

유자재로 활용하면서도 현실과 강하게 밀착된 언어의 힘이 느껴져서이다. 지난 3년 동안 번역극과 외국 연출가의 공연만 올려왔던 국립극단이기에 더더욱 우리말의 찰기가 소중하게 느껴졌다. 여기에 최용훈 연출은 깨알 같은 재치로 감칠맛을 더한다. 남편의 실직으로 굶어죽을 걱정에 시달리는 아내가 리어카로 실어 나르는 라면박스는 "삼양라면"이고, 젓갈은 "밴댕이 젓갈"이다. 그냥 라면이 아니라 오랜 시간 서민과 함께 했던 바로 그 "삼양라면"이고, "밴댕이 소갈딱지"가 생각나는 바로 그 "밴댕이 젓갈"이다. 최용훈의 중심을 잃지 않는 웃음의 감각이 작품을 탄탄하게 받쳐준다.

'진실'이라는 단어 대신 '팩트'라는 단어가 유행이다. 서로 다른 '진실들'이 많으니 '진실'을 '진실'이라 부르지 못하고, 법정에서나 쓸 법한 '팩트'라는 단어가 '진실'의 의미를 대신하고 있다. 그러나 언어란 누군가가 독점할 수 있는 것이 아니다. 어떤 말이 오염되거나 힘을 잃으면 당대 익명의 언어 공동체는 귀신같이 다른 말을 찾아낸다. 랑시에르는 『해방된 관객』에서 이렇게 말했다. 퍼포먼스와 관객 사이에는 늘 제3의 것이 있다. 관객은 자신이 본 것을 각자의 방식으로 '번역'하고 자신들의 지적 모험을 다른 사람들과 교환하고 싶어 한다. 사설이 길어졌다. 윤미현의 언어에서 정말 오래간만에 동시대에 함께 살고 있는 작가의 언어를 '번역'하고 싶은 욕망이 작동했기 때문이다.

〈광주리를 이고 나가시네요, 또〉는 노인 문제를 다루고 있다. 공연은, 왕년에 광주리 이고 보따리 장사로 자식들을 기른 '광주리할머니'의 독립선언으로 시작된다. 광주리할머니는 백세 시대의 재앙을 맞아 빈곤한 노년을 염려하며 삼 년째 매일 며느리를 붙잡고 자식들에게 물려주었던 집을 다시 내놓으라고 실랑이 중이다. 아들은 퇴직하고 현실보다 더 현실 같은 막장 드라마에 푹 빠져 지내고, 며느리는 쌀이며 라면을 사재기하고 있다. 광주리할머니의 걱정이 괜한 것이 아니었다. 광주리할머니는 장난감 총으로 총질을 해대며 자식들에게 분노를 터뜨린다. 그런가하면 다시 광주리 행상을 시작하며 매일 역기도 들고 아령도 들며 체력단련도 열심이다. 광주리할머니는 집안을 뒤져 쌀 한 봉지, 치약 쓰다만 것을 주변의 독거노인들에게 몰래 내다 판다.

흥미로운 것은 광주리할머니를 관찰하는 손녀딸 미미이다. 미미는 십 년째 취업도 못하고, 방바닥에서 이불을 뒤집어쓰고 지낸다. "어렸을 때 미미인형 머리 빗겨줄 때 빼고는 마음 편한 때가 단 한 번도 없었다"는 미미는 그러나, 외롭지 않다. 미미는 마치 쌍둥이 같은 '미미분신'과 이불 속에서 함께 소곤거리고, 가족들을 관찰하고, 논평하고, 대책을 강구한다. 미미는 할머니의 생존방식에 경탄하며 할머니 같은 '노인 되기' 훈련을 시작한다. 할머니는 결국 집안의 모든 물건을 팔아먹고 집을 나가버리고, 미미는 할머니로 둔갑한 채 빈 집에 남겨진다.

젊은 세대인 미미가 미미부시ㅇㄹ 잘게 쩌게거 있는 깟꾀 릴리 할머니는 작은 쪼가리들을 긁어모아 치부책을 불리는 능력이 놀랍다. 총을 든 광주리할머니의 모습에선 시청 앞 광장에서 태극기를 휘날리던 분노한 노인들의 모습이 겹쳐지기도 했다. 광주리할머니의 회춘은 최근 발간된 공지영의 단편소설 〈할머니는 죽지 않는다〉의 한 장면을 연상시키며 관객의 정치적 상상력을 발동시키지만 공연은 갑작스러운 연민의 태도로 끝난다. 윤미현이 풀지 못한 지점을 공지영이 이미 풀고 있었다.

헤카베, 광장의 어머니

〈헤카베〉

〈헤카베〉

일시 2017년 6월 7일~6월 18일 **장소** 산울림소극장 **제작** 창작집
단 라스 **원작** 에우리피데스 **각색 · 연출** 이기쁨 **프로듀서** 정하린 **조
연출** 이다빈 **무대** 서지영 **조명** 정유석 **음악** 윤지예 **음향** 윤찬호 **의상
· 분장** 이지연 **그래픽** 고동욱 **사진** 박일호 **출연** 곽지숙, 윤성원, 김
정훈, 이새롬, 김희연, 한송희, 조용경

광장의 시간이 지났다. 시민들은 일상으로 돌아갔다. 광장의
연극, 그리스 비극이 가깝게 느껴지는 요즘이다. 그리스 비극
〈헤카베〉가 지난 3월 초연에 이어 재공연되었다. '산울림고전극
장'의 앙코르 공연이다. 에우리피데스 원작을 창작집단 LAS의
이기쁨이 각색하고 연출했다. 새로운 얼굴을 선보이는 젊은 연
극인들의 무대다. 헤카베는 트로이 왕비다. 10년의 트로이 전쟁
이 끝나고, 트로이 왕 프리아모스와 헤카베의 많은 자식들도 죽

었다. 아가멤논과 아킬레우스와 오디세우스의 열음 든이 이끄나 28개국 그리스 연합군이 승리했다. 살아남은 헤카베와 트로이 여인들은 그리스 연합군의 노예로 끌려갈 예정이다. 그리스군 함대는 트라케 해안에서 집으로 돌아갈 바람을 기다리고 있지만 연일 비가 내리고 있다.

공연은 한 건의 살인사건으로 시작된다. '살인·상해치사 등 사건번호 17-0315.' 피고는 헤카베, 피해자는 트라케 왕 폴뤼메스토르다. 공연 시작 첫 장면에서 헤카베는 트로이 여인들과 함께 폴뤼메스토르의 두 아들을 죽이고, 폴뤼메스토르의 눈을 찌른다. 재판관은 연합군 총사령관 아가멤논이다. 폴뤼메스토르는 트로이 전쟁이 끝나고 트로이가 그리스 연합군에 정복당하자, 자신이 보호하고 있었던 헤카베의 막내아들을 반역자로 몰아 죽이고 바다에 시체를 버리고, 그리스 연합군의 동맹국이 되었다. 헤카베는 마지막 남은 아들의 시신이 바닷가에 떠밀려온 것을 보고 폴뤼메스토르의 눈을 찌르고 그의 아들들을 죽인 것이다.

10년 전쟁이 드디어 끝났으나 여전히 죽음이 계속되고 있다. 아가멤논은 트로이 전쟁터로 떠나기 위해 자신의 딸 이피게니아를 희생제물로 바쳐야 했는데, 전쟁이 끝나고 이번엔 헤카베의 딸이 전사한 아킬레우스 무덤의 희생제물로 바쳐져야 한다는 결정이 내려진다. 공연이 시작되고 죽은 아들의 시체가 바다에 떠오르고, 살아남은 딸은 그리스 연합군의 희생제물로 끌려간다. 극의 마지막엔 아가멤논과 함께 떠난 카산드라마저 죽게 될 것이라는 예언을 듣는다. 백발의 늙은 어머니인 헤카베는 모든 자식들을 잃고, 나라를 잃고, 다른 나라의 노예로 팔려간다.

헤카베의 복수의 과정을 그리는 원작과 달리 재판극으로 진행되는 것은 공연팀의 선택이다. 극중 '사건번호 17-0315'는 공연의 초연 날짜다. 2017년 3월 15일은 박근혜 전 대통령의 검찰조사가 결정되고, 대선 날짜가 결정되던 때이다. 이 젊은 연극인들에게서 왜 〈헤카베〉가 선택되었는지 짐작할 수 있는 대목이다. 헤카베의 복수가 시작되는 첫 장면에서 헤카베와 트로이 여인들은 일제히 발을 구르기 시작한다. 그러고 보니 모든 등장인물이 군화를 신었다. 게다가 무대는 강철판 단상이다. 발을 구르면 극장 전체가 울린다.

이들의 춤은 플라멩고 춤이다. 연합군 총사령관으로 여론을 의식하고 정치적인 판단을 내릴 수밖에 없는 아가멤논의 지리멸렬함과 트라케 왕의 비열함을 강조하는 등 그리스 비극다운 복잡한 내용 덕분에 중간에 잠시 길을 잃기도 했다. 그러나 처음과 마지막에 반복되는 플라멩고 춤은 관객을 묵직하게 압도하고도 남았다. 마지막 장면에서 마치 깃발처럼 숄을 휘두르며 춤을 추는 헤카베 역의 곽지숙 배우에게서 끝까지 저항하는 광장의 어머니의 모습을 읽는다. 모두가 하나가 되어 구호를 외쳤던 광장의 기억이 아직 생생하다 모든 인문이 허니끼 피니 릴늘 구르고, 온몸을 두드리며 몸을 깨우고, 침묵 속에서 추는 플라멩고 춤은 지난 겨울 우리가 지나온 강렬한 슬픔의 연대의 기억을 환기시킨다.

물에 대한 잔인한 기억의 재구성

〈할미꽃단란주점 할머니가 멜론씨를 준다고 했어요〉

〈할미꽃단란주점 할머니가 멜론씨를 준다고 했어요〉

일시 2017년 8월 3일~8월 6일 장소 혜화동1번지 소극장 제작 극단 그린피그 작 유미현 연출 윤한솔 조연출 박현지 음악 민경현 조명 최보윤 출연 구자윤, 김윤희, 김창순, 박근영, 박하늘, 이동영, 정대용, 정양아, 최문석, 최지연, 최지현

〈할미꽃단란주점 할머니가 멜론씨를 준다고 했어요〉. 윤미현 작가의 신작이다. 혜화동1번지 6기 동인 기획초청공연 '세월호 2017' 참가작으로, 윤한솔 연출, 극단 그린피그 작품이다. 객석에 들어서면 빨간 벨벳 막 커튼이 눈앞을 막아선다. 커튼이 걷히고 공연이 시작되었다. 관 모양의 나무 화단에 흙이 담겨있다. 꼬맹이 둘과 엄마와 아빠. 엄마는 칫솔질을 하고 있다. 아빠는 불쌍할 정도로 착해 보인다. 꼬맹이는 물뿌리개로 화단에 물을 주고 있다. 커튼이 다시 닫혔다 열리고, 칫솔질을 마친 엄마는

나무관 화단에 들어가 누워있다. "어니, 이이들 글니씨가 너무 낡았어요." 커튼이 다시 닫혔다 열리고, 이번엔 아빠가 나무관 화단에 들어가 누워있다. 커튼이 한번 닫혔다 열릴 때마다 장면이 바뀌어 있다.

이후로도 커튼 쇼는 계속된다. 커튼이 닫혔다 열리면서 장면 전환을 한다. 마치 유랑극단의 막간 쇼처럼 아빠가 등장해서 〈단장의 미아리 고개〉 한 소절도 불러재끼고, 여행복 차림에 캐리어를 끌고 나온 정체 모를 청년은 이어폰을 낀 채 그저 멀거니 몸을 흔들다 들어가면, 커튼 안쪽에선 부지런히 화단도 옮기고 시멘트 벽돌담도 옮기면서 분주하다. 장면은 꼬맹이네 집과 옆집 망명이네 집, 할미꽃단란주점, 그리고 "곧 무너질 시범아파트"를 옮겨 다닌다. 장면이 바뀔 때마다 꼬맹이엄마, 옆집 망명이네 계모, 할미꽃단란주점 할머니, 시범아파트의 안전모할머니는 모두 천연덕스럽게 칫솔질을 한다. 비 내리는 장면에선 물뿌리개로 꼬맹이들 머리 위로 물을 뿌린다. 윤한솔 연출가의 악동기질은 여전하고 칫솔질처럼 일상과 밀착된 단순하고 쉬운 장면들이 묘한 흡인력을 가진다.

"난 이방인이야." 옆집 형은 항상 캐리어를 끌고 다닌다. 빨간 벨벳 커튼 앞 관객과 거의 무릎이 닳을 듯한 거리에서 먼 산 바라보다가 들어가는 옆집 형의 존재는 최근 청년실업으로 고시원을 전전긍긍하는 '청년 난민'의 모습을 연상시키면서 실제 현실에 대한 직접적인 메타포로 읽힌다. 이 형제의 이름이 '망명'이와 '이방인'이라는 점에서 비로소 이 작품의 의도를 눈치 채게 된다. 그때서야 이 공연이 '세월호 2017'에 대한 작가 윤미현의 낮은 목소리의 읊조림이라는 생각이 든다. 맨날 곯은 멜론만 주는 할미꽃단란주점 할머니의 별명은 '공주님'이 아니라 '할미꽃'인 것이고, 맨날 6·25 타령을 하며 "눈물의 미아리 고개"를 부르듯이 아버지는 여전히 힘겨운 인생 고갯길을 넘고 있는 것이고, 건물이 무너지고 깨진 항아리 속에서 발견된 아이들은 세월호의 그 아이들인 것이고, 비 내리는 날 물에 흠뻑 젖어 잠시 옛집으로 찾아갔던 아이들의 장면은 죽어서도 다시 오고 싶었던 자신들의 그 집이었던 것이며, 아이들을 잃어버린 부모들은 살았으나 메마른 땅에 드러누운 관 속의 삶일 것이다.

"나는 이 나라가 나쁜 계모 같아." 어느 순간 들려온 대사다. 어린 시절 나쁜 계모가 피가 나도록 자신의 등짝을 밀었던 때수건을 들고 이번엔 망명이가 복수를 하듯이 아버지와 계모의 등을 피가 나도록 때를 민다. 붉은 물 뚝뚝 떨어지는 때밀이 장면은 가짜 물감이지만 섬뜩하다. 나쁜 계모의 나라, 비 내리는 혹은 물이 차오르는 항아리 안에서 질식해서 죽어간 아이들의 이야기. 물에 대한 잔인한 기억의 재구성이다. 공연이 끝난 후에는 배우들의 커튼콜 인사도 없다. 이런 세상에선 박수를 칠 수도 없는 것이다. 그럼에도 그린피그 배우들은 놀라웠다. 독설과 과장과 우스꽝스러움이 어지럽게 뒤섞여있는 덩굴들 사이에서두 배우들은 길히 길을 잃지 않았다. 그린피그 배우들이 박근형 배우들처럼 느껴지는 신기한 순간들이었다. 세월호와 검열정국을 거치면서 연극인들은 독하게 성장했다.

탕, 탕, 탕, 탕! 한국연극의 새로운 문을 두드린다

〈워킹 홀리데이〉·〈당신이 알지 못하나이다〉

〈워킹 홀리데이〉

일시 2017년 11월 7일~11월 26일 장소 두산아트센터 제작 극단
크리에이티브 바키+두산아트센터 작 공동창작 연출 이경성 조연출
현예솔 무대 신승렬 조명 고혁준 영상감독 이태석 사운드 카입 의상
·소품 김혜림 움직임지도 이소영 무대감독 김국호 그래픽디자인 박
연주 출연 장성익, 나경민, 김신록, 우범진, 성수연, 신선우

〈당신이 알지 못하나이다〉

일시 2017년 11월 23일~12월 3일 장소 남산예술센터 제작 남산
예술센터+극단 상상만발극장 소설원작 권여선 각색·연출 박해성
무대·조명 김형연·강지혜 의상 홍문기 분장 이지연 음악 카입 음향
정혜수 조연출 조성옥·강귀은 드라마터그 김시호 제작피디 이시은
사진 이강물 출연 우정원태림, 황은후상희, 신사랑다언, 노기용한만우, 신
지우동생

지난 연말, 반가운 공연 두 편이 있었다. 극단 크리에이티브바키 이경성 연출가의 〈워킹 홀리데이〉, 극단 상상만발극장 박해성 연출가의 〈당신이 알지 못하나이다〉가 그것이다. 각각 두산아트센터, 남산예술센터와 공동제작 작품이다. 〈워킹 홀리데이〉는 분단의 상징 비무장지대 DMZ을 배우들이 직접 걷고 리서치한 작업을 올린 다큐멘터리 연극이다. 〈당신이 알지 못하나이다〉는 권여선 소설을 박해성 연출가가 각색했다. 검열정국 기간 동안 다큐멘터리와 소설 각색 공연들이 유난히 많았다. 연극 바깥에서 새로운 연극의 길을 찾는 시도들이다. 현실이 우리의 삶을 압도하는 시간을 우리는 지나왔다. 연극이 현실과 대면하는 자기만의 힘을 키워온 시간이었다.

<워킹 홀리데이>, 분단의 경계를 걷는 배우들의 몸

〈워킹 홀리데이〉는 제목 그대로 공연 내내 '걷는다'. 배우들과 공연팀이 지난해 봄과 여름 세 차례에 걸쳐 DMZ 도보여행을 하고 리서치한 결과를 공연으로 만들었다. 파주에서부터 동해 앞바다까지 분단 경계선 300km를 횡단했고, 세 번의 여정 동안 북한은 매번 미사일 실험을 강행했다고 한다. 마지막에 도착한 바닷가 푸른 하늘 위에서 들리는 한미합동훈련의 전투기 소리와 함께 공연은 끝난다.

객석 입장이 시작되면, 두산아트센터 무대 가운데 사각 나무 틀의 모래판이 눈에 들어온다. 모래판 위에는 총 한 자루가 놓여 있다. 무대 양옆으로는 DMZ 선전방송용 거대한 확성기들이 설치되어 있다. 무대는 객석 뒤편에 이르는, 마치 둘레길처럼 객석 전체를 감싸고 돌 수 있는 길도 설치되어 있다. 극장 전체가 무대인 것이다. 이 길을 배우들은 공연 내내 걷고 또 걷는다. 도보 여행 당시 기록된 영상과 인터뷰, 공연 진행 중 실시간으로 찍는 영상을 활용하기도 하지만 배우들의 걷는 행위 자체에 집중하는 공연이다.

한국전쟁 당시 장면은 모래판 위에 초록색 미니어처 군인들을 늘어놓고 클로즈업 화면으로 보여준다. 배우들은 미니어처 군인들을 손으로 일일이 움직여 한국전쟁 당시 금강고지 전투장면을 재현한다. 조명과 음향효과와 함께 그럴듯한 전투장면이 영상으로 보여진다. 그러나 미니어처 군인들 장면의 압권은 모래를 쏟아 붓고 산이 무너지고, 성조기와 중공기와 인공기가 번갈아 휘날리는 스펙터클한 장면이 아니다. 전투장면이 끝나고 배우들은 모래판에 엎드려 모래 속에 파묻힌 미니어처 군인들을 일일이 찾아내서 모래판 밖에 세워놓는다. 동시에 한국전쟁 당시 전사한 신원미상 북한군과 중공군의 적군묘지의 존재가 소개된다. 적군이든, 아군이든, 몰살당한 군인들을 모두 다시 찾아내서 그들을 기억하고 애도하는 장면이다.

군부대를 지나가면서 남자 배우들은 자신들의 군대생활은 회상한다. 나경민 배우의 일화다. 군대 고참이 자신의 철모를 타격점으로 반복적으로 검도를 내려치던 모습을 관객 눈앞에서 실제로 보여준다. 꽤 강도가 높은 타격이다. 나무 검의 파편이 튈 정도였지만 철모는 끄떡없다. 총알도 막는 철모의 위력에 안심해야 되는 것일까. 철모 안에서 증오를 배우는 배우의 얼굴이 클로즈업된다. 여전히 증오가 반복적으로 학습되는 현장을 목격하고 경악하게 된다. 나경민 배우는 무대 전체를 쾅쾅 울리는 군대 구보동작으로 무대 전체를 걷고 또 걷는다. 군화소리가 마치 대포소리처럼 쾅쾅 울린다. 그리고 어느 순간 한가로운 산보객처럼 지나치는 배우들의 도보행렬과 무심히 겹치도록 하면서 한순간 대비를 이룬다.

DMZ은 비무장지대의 이름과는 역설적으로 전세계에서 단위당 가장 많은 지뢰가 묻혀있는 곳이라고 한다. 김신록 배우는 모래밭에서 파낸 목함지뢰 모형을 보여주고, 목함지뢰를 밟게 되면 무릎 아래 다리 전체가 날라 간다는 설명과 함께 바지를 걷어 올려 무릎 아래 절단지점을 빨간색 펜으로 그어서 보여준다. 다른 배우들도 바지를 걷어 올려 빨간색 펜으로 절단지점을 각자의 '몸'에 새겨 넣는다. 다리는 우리에게도 있다. 우리 다리도 목함지뢰를 밟게 되면 절단되어 날아갈 것이다. 과장과 과잉 없이 매우 단순하고 정확한 표현법으로 작품의 주제를 전달하는 배우들이다.

<당신이 알지 못하나이다>, 세월호 4 · 16에 대한 우리시대의 시

공연은 친절하지 않았다. 서로 방향이 틀어진 채 놓인 의자 몇 개가 다이다. 온 국민을 흥분으로 들끓게 했던 2002 한일 월드컵 마지막 날 한 여고생이 살해당했다. 14년 후 살해당한 여고생 해언의 동생 다언의 독백으로부터 공연은 시작된다. 살인사건의 범인은 잡히지 않았다. 다언의 독백이 진행되는 사이사이에 "네." "네?" "아닌데요?" 용의자 한만우의 경찰서 취조 장면이 끼어든다. 한만우는 사건 당일 해언의 마지막 목격자이다. "다언이구나!" 상희가 도서관에서 다언이를 알아본다. 상희는 해언과 같은 반 친구이자 다언의 문예반 선배이다. 해언이 살해당한 것은 고3 때이다. 4년이 흘렀다. 상희는 대학교 4학년이다. 다시 월드컵 시즌이다. 2002 한일 월드컵은 온 국민이 기억하고 있는 공동의 기억이다. 시간과 공간이 마구 뒤섞이는 공연이지만 신기하게도 공연의 시제는 헷갈리지 않았다. 2002 월드컵 덕분이다. 월드컵 시점을 기준으로 4년 후, 그리고 또 9년 후 현재 이야기가 진행된다.

4년만에 상희가 다시 만난 다언은 성형중독 상태이다. 해언의 죽음 이후 엄마는 다언에게서 해언의 얼굴을 찾았다. 다언은 언니 사진을 들고 가 성형수술을 반복하고 있다. 다언도 엄마도 끝없이 추락 중이다. 해언은 다른 아이들을 '나머지'로 만들만큼

비현실적으로 예쁜 아이였다. 죽음 또한 살아남은 우리를 '이미지'로 만들어버린다. 죽음은 이쪽과 저쪽 사이에 단호한 선을 긋는다. 이 장면에서 무대는 단 한 번 무대전환이 있다. 제각기 다른 방향으로 놓여있던 의자들이 일제히 뒤로 돌아앉았다. 단순한 장면으로 죽음이 설명된다.

9년 후 다시 만난 상희에게 다언이 묻는다. "언니는 신을 믿어요?" "아니." "시는 믿죠?" "시는 믿지." 다언도 말한다. "망루가 불타고, 배가 침몰해도" 신은 모르고 있다. 그런 신을 어떻게 믿을 수 있겠는가. 온 국민의 공동의 기억이 된 또 하나의 시점이 있다. 2014년 세월호. 이청준 소설 〈벌레 이야기〉를 영화화한 이창동 감독의 영화 〈밀양〉과 〈시〉가 생각나는 대목이다. 영화 〈밀양〉과 〈시〉는 광주 5·18에 대한 시적 분노를 담은 작품이다. 소설과 연극 〈당신이 알지 못하나이다〉는 세월호 4·16에 대한 우리 시대의 시가 되었다.

공연에는 소설원작에 없는 두 장면이 있다. 한만우 집을 찾아간 다언이 홀로 춤을 추는 장면이 하나, 마지막 장면에서 한만우가 소파 위에서 두 팔과 다리를 활짝 펴고 방방 뛰는 장면이 또하나이다. 한만우는 골육종으로 다리를 절단하고 불행한 사건의 연속으로 죽었다. 14년 전 언니의 죽음에 대해서 비로소 다시 입을 열고 그때의 사건을 묘사하며 쿵, 쿵, 쿵, 둔기에 부딪치는 소리에 함께 무너져 내리고, 모든 의자가 등 돌린 채 뒤집어져 있을 때 혼자 정면으로 죽음을 응시하면서, 마지막 장면에서 한 만우의 춤을 바라보면서 다언은 자신의 죽음과도 같은 고통의 문턱을 넘어선다. 위안은 없지만 냉정함의 힘을 지녔다. 세월호 이후 한 단계 성숙해진 한국연극의 모습들이다.

미투 이후 새로운 활력의 공연들,
<운명> 메리에서
<주름이 많은 소녀> 공옥진까지

영혼의 자유를 위하여!

〈여배우의 혼〉

〈여배우의 혼〉

일시 2016년 1월 14일~1월 24일 **장소** 혜화동1번지 소극장 **제작**
디렉터그42 **원작** 오카다 토시키 **번역·드라마터그** 이홍이 **연출** 마
두영 **무대** 서지영 **조명** 노명준 **의상** 김미나 **그래픽** 황가람 **사진** 장우
제 **영상** 강수연 **기획** 나희경 **출연** 조아라, 이상홍

〈여배우의 혼〉은 극단 디렉터그42의 창단공연이다. 오카다
토시키의 단편소설 2편 〈여배우의 혼〉과 〈여배우의 혼 속편〉을
배우의 퍼포먼스와 설치미술을 결합한 형태로 만든 실험극이다.
퍼포먼스는 배우 조아라가, 미술은 드로잉 작가 이상홍이 맡아
2인극으로 진행한다. 오카다 토시키는 두산아트센터 공연인 〈현
위치〉로 한국 관객에게도 낯익은 이름이다. 이번 공연은 오카다
토시키의 단편소설 〈여배우의 혼〉과 그 속편을 함께 묶어 '세계
초연'으로 공연하게 되었다는 소개이다.

공연도 흥미로웠다. 혜화동1번지 소극장 공간을 흑백의 두 개의 공간으로 나누었다. 한쪽 벽엔 하얀 A4 용지를 잔뜩 붙여 놓았다. 다른 쪽은 검은 벽에 흰 분필로 작품의 배경이 되는 하겐다즈와 모스 버거와 지하철 계단을 정교한 드로잉으로 그려놓았다. 가만히 들여다보는 재미가 꽤 쏠쏠하다. 흰 벽은 이른바 사후세계이고, 검은 벽은 현실세계의 공간이다.

도쿄의 소극장 연극배우 10년차 여배우 코야마 사다코는 어느 날 자신에게 배역을 빼앗긴 후배 여배우에게 살해당한다. 그리고 사후세계 입구에서 미술을 전공했으나 제대로 된 예술가도 되지 못한 채 자살한 와카야마를 만나게 된다. 두 사람은 사후세계로 들어가는 전입신고 등록기관에 함께 긴 줄을 서게 되고, 개인정보 등록 설문내용인 "본 직업 유지를 희망한다/안 한다"의 문구를 두고 토론을 벌인다. 여배우로서의 삶에 만족하고 있었던 코야마는 여전히 예술가로서의 삶을 선택하지만 와카야마는 망설인다. "예술가를 계속 하더라도 인종을 다른 걸로 바꿀 수 있을까? 일본인만 아니면 좋겠는데?" 엉뚱한 상상력에 웃음이 터진다. 사후세계에 대한 상상력이 한없이 발랄하고 경쾌하다. 흰 벽과 검은 벽, 사후세계와 현실세계의 경계는 더 이상 엄격하지 않다. 가뿐하게 현실논리를 뛰어넘는 자유분방한 상상력이 시원하다. 가뜩이나 검열이다 뭐다 금지의 벽들만 바라보는 요즘, 묘한 해방감마저 준다. 예술가인 건 좋은데 한국의 예술가는 답답한 요즘이다.

사후세계에 대한 작가의 흥미진진한 상상은 〈여배우의 혼 속 편〉에서도 계속된다. 여배우 코야마는 사후세계에서만 가능한 영원한 시간 덕에 인생의 시간이 부족해 포기했던 대극장 연극의 연기를 연마하는 데 충분한 시간에 만족해하며 여배우로서의 삶을 만끽하고 있다. 문득 자신만 너무 행복한 삶을 사는 것이 미안해진 코야마는 와카야마에게 충고한다. 아무래도 와카야마는 현실의 삶을 충분히 살고 오지 못해 사후세계에서도 불행한 것 같다고. 두 사람은 와카야마가 다시 이승으로 돌아가는 방법을 찾는데, 방법은 단순했다. 신청서류를 접수하기만 하면 됐다. 생과 사를 넘나드는 것을 마치 옆방 방문 넘어가듯이 쉽게 처디하는 방식이 자유분방하다. 최근 젊은 세대의 자조적인 유행어인 "이번 생은 망했어!"를 비틀어 전복적인 힘을 준다.

공연 방식 또한 자유분방하다. 단편소설의 내용을 연극적으로 상황을 재현하는 것이 아니라 조아라의 몸의 표현력과 이상홍의 설치미술을 적극적으로 활용한다. 코야마의 살해현장을 검은 벽의 드로잉 배경을 칠판 삼아 친절하게 해설하거나, 미술대학 누드모델 알바를 했던 코야마의 장면에선 조아라가 다양한 모델 포즈를 취하면 이상홍이 붓으로 흰 칠을 한다. 그런가 하면 소설의 내용을 빠른 속도로 낭독하되 하얀 방의 바닥과 벽에 붙여놓은 A4 용지에 미리 깨알 같이 작은 글씨를 써놓고 마치 커닝페이퍼를 줄줄줄 읽는 식으로 낭독 자체를 ㅍㅍㅋㄴㄴ 활용하기도 한다. 이번엔 어디에 커닝페이퍼를 숨겨 놓았을까 궁금해하는 관객들 앞에 갑자기 바닥 한 장을 떼어내고 밑바닥에 써놓은 글을 읽는 식으로 장난기도 가득하다. 자신들이 가진 것을 자유분방하게 표현하고 관객에게 말을 걸 줄 아는 극단이다. 앞으로의 행보에 기대를 걸게 된다.

둘, 더블의 세계

〈열다섯〉·〈좋아하고 있어〉

〈열다섯〉

일시 2016년 12월 9일~12월 10일 **장소** 소극장 판 **제작** 국립극단 어린이청소년극연구소 **작** 신해연 **연출** 이기쁨 **조연출** 홍보람 **조명** 정유석 **영상** 고동욱 **음악** 김희은 **출연** 강지원, 이주희, 심희언, 민승희, 이은지, 오경주

〈좋아하고 있어〉(희곡 원제 〈아는 사이〉)

일시 2016년 12월 9일~12월 10일 **장소** 소극장 판 **제작** 국립극단 어린이청소년극연구소 **작** 황나영 **연출** 김미란 **조연출** 박정우 **무대** 송성원 **조명** 박슬기 **움직임** 이종민 **음악** 목소 **출연** 김미수, 김미주, 김별

'예술가청소년창작벨트'는 국립극단 어린이청소년극연구소의 청소년극 창작희곡 개발 프로그램이다. 2012년부터 매년 3작품

씩 벌써 5년째 지속되고 있다. 국립극단 어린이킹스닌극연구소의 참신하고 도전적인 공연으로 청소년극이라는 장르가 연극계에도 점차 자리잡고 있다. 어린이극에 비해 시장성이 약한 청소년극이 국립극단의 체계적인 개발과 연구에 힘입어 건강하게 성장하고 있다. 창작희곡 개발 프로그램인 예술가청소년창작벨트는 '우리 안의 청소년이란 누구인가?'라는 화두를 던지며 젊은 창작자들을 향해 작품개발의 적극적인 동기를 부여하고 있다. 단순히 창작희곡 개발이라는 당위성을 위해서가 아니라 구체적인 방향을 가지고 함께 공감대를 나누고자 하는 적극적인 의지가 느껴진다.

2016 예술가청소년창작벨트 작품으로 2편의 작품이 낭독 쇼케이스를 거쳤다. 신해연의 〈열다섯〉과 황나영의 〈아는 사이〉가 그것이다. 각각 중2와 고2 여자 청소년 이야기이다. '중2병'이라는 신조어가 있을 정도로 부모들은 걱정이 많지만 〈열다섯〉의 중2 친구들은 이 시기를 "인생이 지루하다는 것을 아는 나이"라고 쿨하게 말한다. 그런가 하면 〈아는 사이〉의 고등학생 언니들은 새롭게 열리는 세계에 조금씩 '감전'되는 중이다. 청소년의 이야기를 청소년의 언어로 이야기하는 작품들이다. 여자 청소년 이야기를 여자 청소년이었던 작가들의 목소리를 통해 듣게 된다.

\<열다섯\>, 사랑은 아직 멀고 우정은 가깝다

열다섯, 중2 하나와 소영은 친구다. 하나와 소영은 만화책방에서 만났다. 둘은 야자와 아이의 순정만화『나나』1999~2009년 발간의 오타쿠다. 둘의 만남은『나나』7권 발매일로부터 시작된다. 둘은 "사랑에 대해 알아야 할 모든 것", "인생에 대해 알아야 할 모든 것"이『나나』안에 있다고 말한다. 하나와 소영은 지금『나나』로 사랑을 배우고 있는 중이다. "나나와 렌의 키스는 늘 럭키 스트라이크 맛이 난대!" 입안에 체리를 물고 키스를 예행 연습한다. 이들에게『나나』는 '그냥 나나'가 아니라 '우리의 나나'이다. 이들이『나나』에서 배우는 것은 사랑보다 강한 우정이다. 동네 친구 하나와 소영은,『나나』에 나오는 이름이 같은 두 여주인공 고마츠 나나와 오사키 나나와 같은 단짝 친구이다. 이들에게 사랑은 아직 멀고 우정은 가깝다.

신해연 작가는 열다섯의 나이를 "죽도록 발을 굴러도 계속 같은 자리"인 오리배의 지루한 속도에 비유한다. 그러던 어느날, 체험학습을 나간 한강변에서 "쇼바를 잔뜩 높인 오토바이"가 "무자비한 속도"로 하나를 치고 지나가면서 이야기는 시작된다. 그 순간 하나는 아직 첫 키스도 못해봤는데, 죽기는 아깝다고 생각한다. 그러나 정작 관심을 받는 것은 쓰러져서 다리를 절룩거리는 하나가 아니라 오토바이를 타고 달리는 빨간 머리의 이승희이다. 이승희는 같은 반 친구이다. 학교 익명 게시판에서 "좀 논다"는 아이로 유명하다. 승희에 비해서 하나와 소영은 아직 한참 어려 보인다. 아직은 할머니의 군만두가 너무 좋고, 순정만화 『나나』에 푹 빠져있다. 이야기는 하나와 소영, 두 단짝친구를 중심으로 병렬식 에피소드 구성으로 진행된다.

하나에게 일탈의 순간이 찾아온 것은 집 나간 아빠가 석 달 만에 새엄마와 새언니와 함께 나타난 때이다. 하나는 새언니와 함께 "좀 놀 줄 안다는 선배들과 좀 놀고 싶다는 후배들이 함께 모여 친목을 도모한다던 그 곳"곰돌이 노래방 3번방에서 "그저 노는 아이들의 입에서 입으로 전해진다는 전설의 노래"한스밴드의 〈오락실〉의 개사곡을 처음 듣는다. 이제 열다섯의 김하나는 노래방 책 사이에 "이상하고도 알 수 없는 관능"의 세계가 있다는 사실을 알아버렸다.

하나는 금연캠프에서 말썽을 피운 새언니의 담배를 맡아두다가 아빠와 다투고 집을 뛰쳐나온다. 하나는 집 앞 골목길에서 첫 담배를 피우며 "어른의 냄새"를 음미한다. 새벽 골목길 가로등 아래에서 승희가 능숙하게 속담배를 피우고, 손가락 사이로 라이터를 현란하게 돌리는 것을 보고 부러워한다. 승희는 학교 게시판의 악플들에 대해서도 센 척, 누가 뭐라든 상관없다고 말한다. 하나는 신발매된 『나나』 11권의 유혹도 뿌리치고 승희를 따라 집을 나간다. 홀로 남겨진 소영은 PC 통신 채팅과 천리안 만화 게시판에서 위안을 찾는다. 이후는 단짝 친구 하나와 소영이 겪는 세상 밖의 이야기이다.

하나는 승희의 담배 피우는 모습에 반해 결국 승희를 따라 가출을 감행한 이후 노래방과 아는 오빠들의 집을 전전긍긍하고, 컨테이너 박스 집에서 본드를 흡입하고 환각에 빠진다. 소영은 천리안 채팅방에서 만난 남자와 만나기로 한 '코믹 월드' 대회에서 너도 나도 나나와 렌의 코스프레를 하고 나타나 결국 '렌'을 못 만나고 다시 집으로 돌아온다. 하나와 소영의 성장통의 시기 내내 함께 했던 『나나』의 시기가 상징하듯, 이 작품에는 1990년 대 청소년의 일상의 일기를 들여다보는 듯한 풍경들이 세밀하게 기록되어 있다. 1990년대 청소년들, 이른바 "쫌 노는" 학생들의 하위문화가 성장통을 겪는 두 친구의 시선에서 아주 가깝고 생생하게 그려지고 있다. 머리 염색, 말보로 담배, 본드 흡입, 가출 청소년들의 합숙소인 '가출팸', 노래방, 천리안 PC통신, 채팅방, 동호회, 오타쿠, 한스밴드와 변진섭의 노래 등 문화사적 에피소드들이 충실히 복원되어 있다.

그러나 이 작품이 한 편의 공연으로 올라간다고 생각했을 때, 그러한 문화사적 에피소드들이 지금 현재 관객들과 어떻게 만나야 할지 아직 작가적 관점이 명확하지 않다. 1990년대로부터 20년이 흐르고 '오타쿠'는 '덕후'가 되었고, PC통신 동호회 채팅방은 인터넷 SNS의 네트워크 서비스로 진화되었다. 『나나』

소녀팬들도 학교를 졸업했고 결혼을 했고 각자의 삶을 산고 있다. 이들이 지금 다시 그때의 『나나』 이야기로 돌아가는 것은 무슨 의미일까? 30대가 회고하는 1990년대의 풍경은 어떤 것일까? 우리가 작가에게서 기대하는 것은 실태보고서의 현실이 아니라 작가에 의해 '해석된 현실'이다.

작품의 마지막에 하나와 소영은 다시 만나 말한다. "그래도 난 『나나』가 좋은데." "시시하다고 할 땐 언제고." "『나나』에만 있는 게 있으니까." 작품은 『나나』 7권으로부터 시작해서 『나나』 12권을 미처 다 읽지 못한 두 주인공의 이야기로 끝난다. 이 작품은 『나나』 세대의 소녀팬들이 자신들의 10대를 마무리하는 비망록이다. "외로워도 슬퍼도 나는 안 울어"의 〈캔디 캔디〉이가라시 유미코, 1975~1979; MBC, 1977/1983년 방영, 그리고 1990년대 『나나』로 이어지는 순정만화의 계보로 돌아보는 소녀 세대의 지질학을 탐사해보는 일은 흥미롭다.

<아는 사이>, 커밍아웃과 덕밍아웃

〈아는 사이〉는 고2 단짝 친구 혜주와 희원, 고3 선배 소희, 세 명의 이야기이다. 소희는 최근 진로상담 중 상담교사에게 레즈비언으로 커밍아웃했다. 영화에서는 동성애 이야기가 꽤 일찍부터 자유롭게 이야기되는 반면 TV 드라마에서는 아직도 민감한 영역이다. 그런데 오히려 청소년극에서 동성애 소재가 심심찮게 이야기되고 있다. 청소년기 동성애 성 정체성의 문제는 그 자체가 현실의 반영이면서, 청소년기에 거치는 불안한 자아 정체성의 드라마의 하나로 진지하게 다루어지고 있다. 다른 한편으로는 일본 만화나 판타지 등 청소년 대중 서사물에서 동성애 코드가 보편적으로 다루어지면서 이미 익숙하게 받아들여지고 있는 세대 감각도 한몫하고 있다.

〈아는 사이〉의 무대 공간은 욕실이다. 혜주는 부모와 독립해서 혼자 자취를 하고 있다. 혜주의 공간은 부모로부터 독립한 개인 공간이다. 그중에서도 욕실은 몸을 씻고 하루를 정리하는 지극히 사적인 공간이다. 혜주의 단짝 친구는 희원이다. 희원은 혜주와 마찬가지로 학군 문제로 전학을 온 전학생이다. 희원은 혜주의 개인 공간이 부럽다. 희원은 "엄마나 아빠나 아무나 막 들어오는" 그런 방은 '자기만의 방'이 아니라고 말한다. 그러나 혜주는 혜주대로 혼자만의 삶이 낯설고 두렵다. 당장 감전될까봐 무서워서 깜박이는 욕실의 전구도 갈지 못한다.

혜주는 밴드부 선배 소희와 연인 관계이다. 고3 소희는 자신의 진로를 고민하며 상담교사에게 자신이 레즈비언임을 커밍아웃한 상태이다. 그러나 혜주는 아직 자신의 정체성에 대한 선택의 문제에 있어서 조심스럽다. 혜주는 소희와의 관계도 아직 비밀로 하고 있다. 혜주는 단짝 친구 희원에게도 자신이 '이쪽'인 걸 말하지 않는다. 혜주는 아직 자신에게는 "친구두 필요치고 키구도 필요하다"고 말한다. 혜주는 소희와 키스할 때도 "눈 꾹 감고 숨 꾹 참고" 말을 하지 않는다. 혜주는 욕실에 물을 잔뜩 받아놓고 "눈 꾹 감고 숨 꾹 참고" 잠수해버리는 습관이 있다. 불이 나갈 듯 깜박이는 전구는 혜주가 생각을 멈출 때마다 깜박거린다. 혜주는 감전될까봐 무서워서 깜박거리는 전구를 바라만 볼 뿐이다. 모든 일이 아직 "해본 적이 없으니까 무섭다". 욕실의 전구는 혜주의 혼란을 표현하는 상징적인 장치이다. 극의 결말에서 혜주는 혼자 의자 위에 올라가 전구를 간다.

공연은 전구를 갈 때 감전되지 않도록 주의를 주는 안내서를 등장인물들이 함께 합창으로 읽으면서 시작된다. '감전'이라는 말로 첫 키스, 첫 사랑, 동성 연인과의 사랑의 확인 등 미묘한 떨림의 순간들을 감각적으로 잡아내고 있다. "지금 성적이 고3까지 간대. 중학생 때부터 그 소리 들었다." "고2 여름방학은 한 번 뿐이야. 다신 안 돌아와." 그 나이 때의 현실적인 고민과 상황들이 짧고 간결하게 제시되는가 하면 카톡 하나 보내고 답장을 확인하는 그 짧은 순간에도 "꺄아아아!" 소리를 지르고 발을 동동 구르는 일상적인 대사들을 청소년들의 실제 감정표현과 호흡으로 유쾌하게 잡아내고 있다. 덕분에 성 정체성의 문제뿐만 아니라 청소년 주인공 개개인의 상황들에 대해 차분히 들여다보면서 생각하게 된다.

혜주와 희원이처럼 내신을 잘 받기 위해 일부러 학군을 옮겨 부모와 떨어져 혼자 살고 있는 아이들이 많다. 조기유학으로 부모와 떨어져서, 혹은 가족과 떨어져서 지내는 일명 '기러기아빠' 들도 많다. 가족의 일상의 행복마저 포기하고 자식의 대학 진학과 성적을 위해서라면 갖가지 일을 선택하며 살아가는 우리의 모습이 혜주와 희원의 일상의 이야기에 고스란히 반영되어 있다. 이전의 가족의 풍경이라면 고2짜리 딸이 혼자 욕실의 전구를 갈지는 않을 것이다. 어른들의 삶보다 더 급속히 다른 삶의 방식으로 변화해가고 있는 아이들의 삶이 한순간 포착된다. 이 작품에는, 청소년의 성 정체성의 이야기뿐만 아니라 새로운 세대의 일상의 풍경에서 기성세대보다 훨씬 이른 나이에 개인석으로 독립해서 자신만의 정체성을 선택하고 자기만의 공간과 시간 속에서 성장해가는 아이들의 이야기가 담겨 있다. 동성애의 성 정체성의 문제도 이전의 일상적 삶의 패턴들이 해체된 상태에서 개인으로 남은 청소년 주체의 이야기로 다가와 더 흥미로웠다.

이와 관련하여 서브플롯으로 제시된 희원의 '여덕', 일명 '여자덕후' 고백을 '커밍아웃'에 빗댄 '덕밍아웃'이라는 용어로 쓰고 있는 상황도 흥미롭다. 희원은 원더걸스의 소희도 좋아하고, 소녀시대의 태연도 좋아한다고 고백한다. 희원은, 여자가 여자를 좋아한다는 편견이 두려워 여자 아이돌을 좋아한다는 말조차 쉽게 하지 못한다. 여자는 남자를 좋아해야 하고, 남자는 여자를 좋아해야 한다는 이성애적 기준이 익바저인 것 긴끼민, 내눙분화와 마니아 문화를 형성하고 있는 하위문화에서는 그런 기준들이 딱 들어맞는 것도 아니다. 개인의 취향의 문제는 옳고 그름의 문제도 아닐뿐더러 단일한 기준이 적용되는 부분도 아니다. 감수성이 예민할수록, 감각이 발달할수록 세계와의 접촉 양상도 다양할 수밖에 없다. 가장 사적인 부분에 금기와 차별이 존재한다는 생각은 "가장 사적인 것이 정치적인 것이다"라는 페미니즘 운동의 슬로건을 가능하게 했고, 사회적 소수 문화의 중요한 이슈이기도 했다.

혜주는 자신이 동성연인을 선택하게 되면 친구도 잃고 부모도 잃게 되는 삶을 선택하는 것이라는 두려움을 가지고 있지만, 그래도 자신의 삶을 선택한다. 희원 또한 자신이 여덕임을 밝힌다. 어렵지만 분명한 자기 선택을 한다. 혜주는 소희를 선택하며 말한다―지금은 내가 누구인지 말 못한다. 아직은 말할 수가 없다. 내가 레즈비언이라고 말을 하면 사람들은 나를 안 본다. 그것이 내 전부가 되어 버린다. 그래도 마지막엔 나는 너를 좋아한다. 이게 나의 전부는 아니다. 혜주는 내 안의 '여러 개의 나' 중에서 하나하나를 소중하게 선택하는 삶을 산다. 이 작품은, 자신들의 삶의 태도에 대해서 진지한 문제의식을 가지는 여리지만 단단한 인물들을 차분한 시선으로 그리고 있다.

둘, 더블의 세계

두 작품 모두에서 눈에 띄는 것은 우정과 사랑, 단짝 친구, 친구 같은 애인 등 '둘'의 설정이다. 친구는 '또 다른 나'이다. 동성애의 소재는 자신과 동성인 존재를 긍정하는 이야기를 담고 있다. 정체성의 드라마에서 동성애의 소재는 기존의 여성성/남성성에 대한 경직된 인식을 거부하는 모습을 보여준다. 어느 세대나 자신의 정체성을 기성세대가 만들어준 기준과 규범을 그대로 따르고 싶어 하지는 않는다. 청춘은 영원한 반항아의 모습을 가신다. 자신의 모습을 자기 뜻대로 만들어가고 싶은 욕구는 자연스러운 것이다.

친구 혹은 연인의 설정은 '내가 아니면서 나'인, '또 다른 나'의 이중성, 더블double의 의미를 가진다. 더블의 인식은 낯설고 혼란스럽지만 동시에 매력적이다. 또 다른 나의 존재로 인해 나와 다른 세계가 강력히 연결되어 있다는 느낌은 매혹적이다. 아이들은 고양이와도 말을 하고, 풀하고도 말을 하고, 괴물하고도 말을 한다. 아이들에게는 금기의 대상도 없고, 모든 것이 미규정의 상태이다. 아이들은 자신들이 하나하나 다 겪어보고서야 출구의 문을 찾는 이상한 나라의 앨리스들이다. 앨리스는 이 방 저 방에서 자신의 몸을 크게 만들기도, 작게 만들기도 하면서 좌충우돌하지만 결국 문을 찾아낸다. 다른 한편으로 어른이 된다는 것은 그런 매혹과의 결별이기두 하다.

사랑하는 연인이 서로를 인정하고 서로를 사랑하는 상대성의 세계라면, 친구는 아직은 완전한 동일시가 허용된 관계이다. 그렇기 때문에 사실은, 우정이 사랑보다 더 불안하다. 사랑은 결혼이라는 제도로 제도화되지만, 친구는 제도화될 수 없다. 한순간에 친해져서 아무 이유 없이 멀어지기도 한다. 어찌 보면 사랑보다 불안하고 혼란스러운 관계가 친구이다. 〈열다섯〉 하나와 승희는 노랑머리로 함께 염색을 하고 마치 쌍둥이처럼 서로를 쳐다본다. 하나는 새로 태어나기 위해서는 세일러문처럼 '변신'을 해야 한다고 말한다. 아이들이 부모를 떠나 친구를 만나는 과정은 어찌 보면 고아가 되고 어른으로 다시 태어나는 과정이기도 하다. '고아'라는 '개인'의 감각이 생겨야 어른이 되는 것이다. 〈아는 사이〉에서 혜주가 자신의 성 정체성에 대해서 망설이는 것은 가족과 친구 등 친밀했던 세계와의 결별을 결심하는, 철저히 '개인'으로 먼저 서는 결심이 있어야 하기 때문이다.

두 주인공의 이야기는 인상적이다. 버디 무비의 두 명의 주인공의 이야기는 익숙한 장르적 관습을 가지고 있다. 그러나 아직 자기 정체성에 대한 분명한 자기 결정이 유보된 상태인 청소년 주인공의 경우, 두 명의 주인공의 이야기는 그것 자체가 불안정하면서 동시에 묘한 매력을 지닌 미결정의 미묘한 지점을 건드린다. 그런 맥락에서 눈에 들어온 장면은 〈열다섯〉에서 여러 명의 나나와 렌의 장면에서 정작 소영이 자신이 '나나'임을 증명하지 못하고, '렌' 또한 알아보지 못하는 장면이다. 하나 또한 본드 흡입 이후 하룻밤을 보내고 컨테이너 문을 열고 다른 세상으로 나간다. 〈열다섯〉은 각각, 홀로, 세상 밖으로 걸어 나갔다가 다시 돌아온 두 친구의 이야기이다. 어른이 된다는 것은 내가 하나의 개인, 혼자라는 사실을 인식하는 일, 그 누구도 침해되어서는 안 되는 절대적인 개인이라는 권리를 인식하는 일이자 동시에 절대적 자아로서의 존재의 고립과 불안을 인정하는 일이다.

청소년 주인공에게서는 아직 그런 상황들이 미결정, 미분화된 상태에서 친구라는 이름으로 여전히 서로에게서 서로를 되비춰보면서 상상계적 애착을 유지할 수 있는 마지막 순간들이 사랑하다. 그런 맥락에서 〈열다섯〉의 하나와 소영이 다시 집으로 돌아오고, 만남의 광장에서 홀로 혼자임을 깨닫고 집으로 돌아오는 과정은 묘하게 울림이 컸다. 〈아는 사이〉의 혜주는 "우린 젊고, 이게 내 전부는 아니다"는 것을 알게 된다. 사랑 또한 하나하나 몸으로 겪어보고 확인하는 과정이 필요하다. '둘', '우리'라는 심리적 애착관계를 유지하면서 '여러 개의 나'를 동시에 마주치는 이야기는 그것이 어떤 모습이든 자기 자신과 대면하는 이야기이기에, 강력하고 아름답다.

다섯 마리 여자 용들이 '써스'를 널리는 유쾌한 카바레 극

〈용비어천가〉

〈용비어천가〉

일시 2017년 6월 1일~6월 11일 **장소** 국립극단 백성희장민호극장 **제작** 국립극단 **작** 영진 리 **번역** 고영범 **연출** 오동식 **드라마투르그** 손원정 **음악** 이자람 **안무** 김윤규 **무대** 김수희 **조명** 조인곤 **영상** 하승연 **편곡** 김민수 **음향** 정윤석 **소품** 백혜린 **무대감독** 박금숙 **조연출** 원선혜 **프로듀서** 김옥경 **출연** 김신록재미교포, 박지아한국인, 강서희, 안현정, 박시영한국인1, 2, 3, 최주연, 이동준백인 역할을 하는 한국인1, 2

〈용비어천가〉는 국립극단 한민족 디아스포라전 첫 번째 작품이다. 작가 영진 리, 번역 고영범, 연출 오동식, 영어 원제는 〈Songs of the Dragons Flying to Heaven〉, 2006년 미국 뉴욕 히어아트센터Here Arts Center에서 초연되었다. 작가 영진 리는 뉴욕에서 활동 중인 한국계 미국인 극작가 겸 연출가이다. 현재 자신의 극단

영진 리 씨어터 컴퍼니에서 활동하고 있다. 영진 리 씨어터 컴퍼니 아카이브 홈페이지에는 2003년부터 2016년까지 그녀의 작품 목록과 자료가 일목요연하게 잘 정리되어 있다.[1] 2013년에는 두산아트센터 두산인문극장 시리즈로 올라간 1인 카바레 극 〈우리는 죽게 될 거야〉2011년초연 무대에 직접 출연하고 노래를 부른 적도 있다. 〈우리는 죽게 될 거야〉는 그녀의 밴드 퓨처 와이프Future Wife의 데뷔 앨범이다. 그외 시나리오 극작과 단편영화 감독까지, 그야말로 왕성한 활동을 보이고 있다. 그녀에 대한 비평 또한 "모험적이다"뉴욕타임즈, "이렇게 재미있었던 적은 없었다"뉴욕매거진, "아방가르드는 죽지 않았다"뉴욕매거진, "미국에서 가장 실험적인 극작가다"타임아웃뉴욕 등 찬사 일색이다.

미국 사회에서 아시아 여성 예술가로 살아남기

물론 이런 사실들은 공연을 보기 전에는 몰랐던 것들이다. 〈용비어천가〉 한국공연을 통해서 비로소 영진 리에 대한 관심도 생겼다. 〈용비어천가〉는 카바레, 랩배틀, 풍자소극 등 미국 대중극 방식의 공연이다. 한국 관객으로서는 낯설 수밖에 없다. 이런 공연방식을 확인하는 순간, 영진 리는 명백한 '미국인'으로 느껴졌

---

1   www.http://youngjeanlee.org

다. 그녀가 미국에 간 것은 ?살 때리고 린다.[7] 사실 카바레, 서커스, 광대극, 무언극, 소극 등은 축제 공연장에서나 익숙한 대중극 장르이다. 정식 극장이 아닌 곳에서 더 익숙한 양식이다. 그러나 공연을 지켜보면서 미국 사회에서 아시아 여성 예술가로 살아남기 위한 영진 리의 처절한 담론투쟁과 히스테리컬할 정도의 신랄한 웃음의 주제가 묵직하게 다가왔다. 국립극단 디아스포라전의 다른 작품들이 아버지, 형제, 자매 등 주로 가족 이야기 중심의 보편성을 추구하는 것에 비해 〈용비어천가〉는 아시아 여성의 관점에서 미국 사회의 인종과 성담론에 곧장 주먹을 날리고 할복割腹의 '자해 공갈 쇼'의 위협을 들이대며 돌진하는 모습을 보여준다. 공연은 한국어, 중국어, 태국어, 아랍어 등을 구사하는 아시아 여성인물들의 코러스의 춤과 노래로 이루어진 일종의 카바레극이다.[3] 이 공연은 미국 사회 내부의 문제를 미국적 방식으로 비판하고 있다.

공연이 끝나고, 무엇보다도 개인 예술가로서 영진 리에 대한 궁금함이 앞섰다. 영진 리는 박근형 식으로 삐딱하고, 윤한솔 식

---

2   조희선 기자, 「"인종차별 겪은 나 아웃사이더 만든 미국인 꼬집었죠"–〈용비어천가〉쓴 한국계 미국인 극작가 영진 리 인터뷰」, 『서울신문』, 2017.6.7.
3   영진 리 씨어터 컴퍼니 홈페이지에 올라와 있는 공연 동영상에 의하면, 베키 야마모토, 준 스카이 김, 해리 김, 제니퍼 임 등 일본과 한국 배우들이 코러스로 참여하고 있다. 이 공연에서 일본어 대사는 들리지 않지만, 초연 멤버에 일본 배우가 참여하고 있었던 점 또한 미국 사회 내부의 아시아 여성 예술가들의 커뮤니티를 확인할 수 있다.

으로 깽판 치며 논다. 독설가, 건달gang, 야쿠자, 드센 한국 여자의 모습을 동시에 보여준다. 인종차별과 여성혐오에 곧바로 얼굴을 들이밀고 왼쪽 뺨을 때리면 오른쪽 뺨을 내미는 지독한 근성을 보여준다. 〈용비어천가〉의 제목 자체가 민족주의, 국가주의, 남성중심주의에 대한 풍자로 읽힌다. 박상현 연출에 의해 소개된 바 있는 전복적 페미니즘 연극 〈데스데모나 - 웬 손수건에 관한 연극〉폴라 보겔 작, 극단 그린피그, 혜화동1번지 소극장, 2013도 연상되었다. 영진 리의 최근작들의 제목은 〈이성애자 백인 남성Straight White Men〉2014, 〈무제 페미니스트 쇼Untitled Feminist Show〉2011 등이나. 그녀는 여전히 맹렬히 돌진 중이었다. 이상의 시 「오감도」에 나오는 "13인의 아해"가 막다른 골목을 향해 날리고 있듯이, 그런데 그 "13인의 아해"는 모두 이 작품에 등장하는 다섯 마리 여자 용들처럼 '썩은 미소', 일명 '썩소'를 날리고 있을 것이다.

다섯 마리 여자 용들의 독설과 웃음의 코러스

공연은 암전 속에서 시작된다. 이 정도면 되냐? 그게 1이라면 10까지 계산하고 때려라. 장난스러운 말들이 오간다. 이 정도면 되냐? 계속해도 되냐? 괜찮다. 계속해라. 침묵. 영진, 머리. 침묵. 머리. 이유를 알 수 없는 말들이 암전 속의 말과 자막으로 전달된다. 뒤이어 실제 작가 영진 리의 얼굴을 클로즈업한 영상이

나온다. 이번엔 대사를 빼고, 1부터 10까지의 킹크로 실제로 뺨을 맞는 작가의 모습이 나온다. 때리는 사람의 모습은 아예 편집에서 제거되고, 맞는 사람만 나온다. 계속 뺨을 맞으면서 영진리의 얼굴은 벌겋게 부어오른다. 한 대 맞고, 흐트러진 머리를 정리하고, 또 한 대 맞고, 흐트러진 머리를 정리하고, 계속 화면을 노려보며 분노에 차 가는 작가의 실제 영상이다. 첫 장면부터 세다.

영진 리 역할에 배우 김신록이 자신의 이름 그대로 '신록'으로 나온다. 그리고 빨강, 노랑, 파랑 한복 치마를 마치 망토처럼 뒤집어 입은 4명의 코러스가 등장한다. 공연 후반 코러스에 함께 합류하는 김신록 배우까지 모두 5명의 여성 코러스가 등장한다. 미국 초연 당시 영진 리 역할의 배우 1명과 한복을 얌전히 차려입은 '한복 시스터즈' 3명의 총 4명의 코러스가 등장했던 것과 달리, 이번 한국 공연에서는 모두 5명의 코러스가 훨씬 '불량스럽게' 등장한다. 한복의 형태도 미국 공연이 1970년대 금박장식의 김세레나 풍 한복 모습이라면, 한국 공연은 한복 치마를 뒤집어 입은 장난기 가득한 모습이다.

공연은 일반적인 '번역극' 방식을 따르지 않고 미국에서 활동하는 한국 여성 작가의 정체성을 메타적으로 드러내는 방식을 적극 선택하고 있다. 김신록 배우는 작가의 영어 대사를 그대로 구사하고, 대신 박지아 배우가 함께 등장해서 동시통역을 한다.

오프닝 장면에서 김신록과 박지아 배우가 나란히 서서 말하는 영어와 한국어 대사는 "동양인 부모 밑에서 크는 아이들은 원숭이 밑에서 크는 것과 같다"는 인종차별적 영어 대사들에 대한 객관적 거리감을 확보하게 해준다. 여기에 박지아 배우가 코믹한 논평을 곁들이면 이들은 마치 만담 커플처럼 보인다. 박지아 배우는, 극중 영진 리의 할머니 역할을 함께 맡으면서 한국적 정서에 밀착된 연기로 영진 리의 히스테리컬하고 조울증적 상황들을 차분하게 가라앉혀 지켜보게 한다. 코러스가 한국 전통무용을 추고 있을 때 김신록 배우가 뛰어들어 훼방을 놓으면, 박지아 배우가 애드립 대사를 날린다. "전통도 모르면서!" 객석에서 웃음이 터진다. 한국인이면서 한국적 정체성이 희미한 작가 자신에 대한 자기-풍자의 장면이 한국 공연에서 코믹한 논평의 장면으로 패러디되었다. 한술 더 떠 전통무용의 배경음악은 빅뱅의 〈에라 모르겠다〉이다. 초연 당시 배경음악은 판소리의 한 대목이었다. 한국 공연에서 박지아 배우의 캐스팅과 5명의 코러스의 활용은 일종의 '신의 한 수'가 되었다.

이 5명의 여성 코러스들은 전통연희의 오방색을 연상시키는 색색의 한복 치마를 마치 망토처럼 휘날리며 무대를 종횡무진 날아다니는 다섯 마리 여자 용들의 퍼포먼스를 보여준다. 치마 두른 아시아 여성 5명이 일렬로 쭉 늘어서서 "난 백인이 싫다" 혹은 "나는 백인이 되고 싶다" 등 도발적 대사들을 마치 스탠딩

개그처럼, 랩배틀처럼, 혹은 합창처럼 한꺼번에 쏟아놓는 상년은 압권이었다. 백인 남성 중심의 연극·영화 제작 시스템에 한 방 날리는 '검은 머리에 눈 찢어진 아시아 여성' 영진 리의 칼부림이 난무하는 무협활극을 보는 듯했다. 그런가 하면 디즈니 애니메이션 〈겨울왕국Frozen〉2013의 주제곡으로 유명한 〈렛잇고Let It Go〉를 배경으로 할복을 하고, 눈알을 도려내고, 자궁을 찌르는 가학 / 피학적 집단 자해 퍼포먼스 등 인종차별뿐만 아니라 성차별에 대한 반항적 퍼포먼스들도 가득하다.

풍자는 곧 '언어'가 생명이다. 동시대의 감각뿐만 아니라 실시간 언어에 대한 감각이 필요하다. "니 얼굴은 좀 썩었어." 이질감이 전혀 없는 생생한 대사들 덕분에 생경한 번역극이 될 뻔한 작품이 자연스럽게 제자리를 찾았다. 모든 배우들이 공연 마지막까지 당당했던 모습도 인상적이었다. 마지막 커튼콜 장면은 모두 한복을 벗어던지고 검은 가죽 바지와 자켓 차림으로 패션쇼 런웨이를 걸어 나오듯 시원시원한 모습이었다. 작가도, 연출가도, 배우들도, 스태프들도 모두 멋지게 살아남은 공연이었다.

히스테리의 웃음과 우울증의 눈물, 미국 관객과 한국 관객의 거리

한편 영진 리의 독설 화법을 따라가다가 결국 마지막에 도달한 지점은 우울증 걸린 미국의 모습이었다. 극 중반 영진 리와 할머니는 무대 맨 앞쪽 무대와 객석의 경계선에 나란히 앉아 대화를 나눈다. 할머니는 죽음을 앞두고 있다. 할머니는 영진 리가 찍었던 비디오를 보고 걱정한다. 영진 리는 그것은 나의 정치적인 입장을 보여주려고 찍은 것이라고 말하자 할머니가 한마디 한다. "넌 신문도 안 읽잖니?" 객석에서 또다시 웃음이 터진다. 할머니는 이민 1세대의 한국인이고 독실한 기독교인이다. 할머니는 무조건 예수 믿으라고 하고, 손녀는 반항한다. 이 반항의 장면에 이어 성경 구절의 "헛되고, 헛되고, 헛되도다"에 대한 요란한 풍자가 뒤따른다. 그럼에도 죽기 직전까지 손녀에게 "나는 너를 사랑한다" 끊임없이 말해주었던 할머니에게서 영진 리가 세상을 향해 그토록 지독한 독설을 퍼부을 수 있었던 것도 결국은 이런 사랑이 있었기에 가능했다는 사실을 깨닫게 된다.

무대 끝, 죽음의 끝에 걸터앉은 이 무심한 대화들은 할머니의 죽음에 대한 작가 개인의 깊은 슬픔의 장면으로 크게 와 닿았다. 영진 리는 비록 미국 사회 내의 차별적인 시선과 제도에 대해 분노에 차있다 하더라도 미국 사회 속에서 크게 소리치고 자기를 알리고 같이 살아가고자 하는 의지가 강하다. 결국 이는 영진 리의 할머니로 대변되는 한국 이민 1세대의 기독교 커뮤니티와 영진 리가 자신의 할머니로부터 받았던 무조건적 사랑이 그녀의 내적인 힘으로 작용하고 있다는 생각도 들었다. 국내에서는 보수적 관점으로 치부되는, 가족과 종교를 중시하는 이러한 태도는 이탈리아 이민 1세대의 모습을 닮은 이서 민기의 〈나라 위에서 바라본 풍경〉에서도 확인할 수 있다.

흥미로운 것은, 무대 끝의 이 이미지는 '백인 역할을 하는 한국인' 남녀 장면에서도 반복된다는 점이다. 공연은 5명의 아시아 여성 코러스 사이사이에 마치 장면 쟁탈전과 같은 형태로 백인 남녀 커플의 장면이 끼어든다. 한국 공연에서는 백인을 등장시키는 대신 '백인 역할을 하는 한국인' 남녀 커플이 등장한다. 5명의 코러스가 한복을 입고 춤추고 노래 부르는 코러스적 역할이 강하다면 백인 남녀 커플 장면은 일상적 대화의 장면이다. 여자는 새벽 3시까지 잠을 못 이루고, 술을 마시고, 자살을 시도하기 위해 무대 끝 쪽으로 신발을 벗고 다가가 위태롭게 앉고, 남자는 멀리 떨어져 그녀를 설득한다. 배경 음향으로는 고층 건물 창문 밖의 바람 소리와 멀리 사이렌 소리가 들린다. 백인 여자는 아프리카에 가고 싶다고 말한다. 아프리카에 가서 원숭이처럼 나무 위에 올라 바나나를 따먹고 싶다고 한다. 그 원숭이는 행복할 것이라고 말한다. 아프리카와 원숭이와 바나나는 이 공연에서 공격하고 있는 백인 중심 사회에서 아시아인을 비하하고 조롱하는 말들이다. 일종의 전복이다. 여자는 자기가 다시 살 수 있다면 상담을 받고 행복해지고, 행복해지면 아프리카에 가고 싶다고 말한다. 상담 받는 것이 꿈이라는 백인 여자와, 그 꿈을 이룰 수 있다고 전화기를 건네는 남자, 우울증에 걸린 미국인들. 미국 사회에서 미국인으로 살아가는 작가의 또 다른 내면 풍경의 하나로 읽히는 장면이었다. "나 행복해지고 싶어" 대신 "나 상담 받는 것이 꿈이야"라고 말하는 말은 백인과 아시아인의 인종담론을 넘어 이 공연에서 가장 절실한 말로 들렸다.

무대 끝의 할머니와 영진 리의 장면 그리고 백인 남녀 장면을 중첩시킨 것은 오동식 연출 공연에서 새롭게 해석된 동선들이다. 미국 공연이 백인 관객을 대상으로 한 '히스테리한 웃음'의 반응을 주로 얻었다면,[4] 한국 관객을 대상으로 한 이번 공연에서는 '우울증의 눈물'의 감정이 짙게 느껴진다. '문화 번역'의 새로운 의미가 생성된 지점이다. 아시아 여성 코러스가 4명에서 5명으로 늘어 숫자적으로 우세해짐에 따라, 아시아 여성 코러스와 백인 역할 배우들의 인종 간 '배틀'의 경쟁적 구도보다는 백인 커플 또한 영진 리의 자기 반영적 인물들로 보이게 했다. 독설, 자해, 공감 퍼포먼스가 난무하는 영진 리의 미국 공연이 오히려 남성적으로 느껴지는 반면 오동식 연출 공연의 결말은 훨씬 정서적으로 다가왔다. 영진 리의 미국 공연이 미국 남성 관객을 대상으로 독설과 비판을 웃음으로 풍자하고 있는 것과 달리 오동식의 한국 공연은 한국 관객의 공감을 얻기 위한 노력을 기울인 결과로 보인다. 그러나 실제 관객들의 극단적 호불호의 반

---

4 Anita Gates, "Laugh Now. You May Not When These Woman Rule the World", *The New York Times*, 2006.9.27.

응은 이 공연팀이 안고 가야할 무거운 짐으로 남았다.

　미국에서는 이 공연이 '마이너리티' 공연이었다면, 한국 공연은 국립극단에서 이루어진 '메이저' 공연인 점도 차이점이다. 이번 국립극단 디아스포라전 기획을 통해 해외에서 활동하는 한국인 극작가들의 '마이너리티'의 관점이 국내적 관점에서 재조명 받는 기회가 되었다. 이번 기획전을 통해서 미국과 영국과 캐나다에서 여전히 '마이너리티'인 한국인의 위치를 확인한 일이 우리에게 어떤 의미인지 생각을 이어갈 때이다. '주류' 세계인 영미권을 넘어 다른 언어권에서 한국인의 역사가 어떻게 새롭게 쓰여지고 있는가, 더 확장된 관심도 필요하다. 난민과 이주의 문제는 동시대의 이슈이기도 하다. 이주는 생활이고 생존의 문제다. 최근에는 자본주의적 경제논리로 오염된 '세계화global'의 용어 대신 '지구적earth'이라는 용어를 새롭게 채택하고 있다.[5] 한국 공연팀들이 인종문제에 무감각한 것도 큰 문제로 보인다. 실제로 이번 디아스포라전 공연에서 눈에 띄는 것은 인종문제였다. 한국인이 함께 살아가는 지역 기반은 주로 흑인과 아시아 민족들로 이루어진 곳이다. 흑인 분장을 하고, 전형적인 코미디 연기에 몰두하는 모습들에 대해서 인종적 감수성이 부족한 장면들로 비판하는 목소리들도 높다. 그런 면에서, 극단적인 호불호의

5　조문영 외, 『헬조선 인 앤 아웃 - 한국 청년 글로벌 이동에 관한 인류학 보고서』, 눌민, 2017.4.

반응을 얻었지만, 극의 처음부터 끝까지 인종문제에 대해 불편한 욕설로 공연을 끌고 가는 이 작품의 정면돌파의 모습은 여전히 시사적이다. 민족과 계급과 성에 대한 영진 리의 정치적으로 자유롭고 도전적인 태도는 먼 곳에서 실시간으로 함께 살아가고 있는 작가의 목소리를 아주 가깝게 느끼게 해주었다.

모스크바 '화양연화', 소련 해체 이후 남겨진
평범한 사람들의 이야기

〈발렌타인 데이〉

〈발렌타인 데이〉

일시 2017년 12월 23일~2018년 1월 14일 **장소** 예술의전당 자유소극장 **제작** 예술의전당 **작** 이반 비리피예프 **번역·연출** 김종원 **윤색** 김민정 **무대** 알렌산드르 쉬시킨 **조명** 나한수 **의상·소품** 백혜린 **영상** 설윤용 **음향** 김시민 **분장** 백지영 **기술감독** 윤대성 **무대감독** 송민경 **조연출** 강현주 **출연** 정재은, 이명행, 이봉련, 최아령

〈발렌타인 데이Valentine's Day〉는 예술의전당 2017년 기획공연 SAC CUBE 마지막 작품이다. 러시아 작가 이반 비리파예프Ivan Vyrypayev의 2009년 작품이다. 이반 비리파예프는 1974년 러시아 이르쿠츠크 출생으로, 이르쿠츠크연극대학 졸업 후 모스크바로 이주하여 배우, 극작가, 영화감독으로 활동하고 있는 러시아의 젊은 작가이다. 국내에도 2006년 제11회 부산국제영화제 크리틱스 초이

스 작품 〈도취〉가 소개된 적이 있다. 이반 비리파예프는 현재 러시아와 폴란드 양쪽에서 거주하며, 모스크바를 중심으로 폴란드, 독일, 체코, 불가리아, 영국 무대에서 활동하고 있다.

고리키와 체호프 고전극 이외에 러시아 현대극을 무대에서 보는 기회는 드물다. 그런데 예술의전당은 러시아 고전극, 러시아 크리에이티브 팀 공연에 강점을 보여왔다. 이번 공연의 연출가 김종원은 러시아 상트페테르부르크 국립연극예술원에서 연기·연출을 전공했고, 러시아 연출가 유리 부투소프의 예술의전당 공연 〈보이체크〉2003; 2004, 〈갈매기〉2004; 2008의 협력연출을 맡아왔다. 무대디자이너 알렉산드르 쉬시킨Aleksandr Shishkin 또한 유리 부투소프 연출 공연 〈보이체크〉, 〈갈매기〉 무대를 통해 국내에도 이미 익숙하다. 한태숙 연출과는 〈꼽추, 리차드 3세〉2004 공연을 함께 했다. 이번 공연에 출연하는 정재은 또한 유리 부투소프 연출의 〈갈매기〉에 함께 한 배우이다. 러시아 고전극과 현대극이 예술의전당 무대에 꾸준히 오르고 있고, 예술의전당은 고전적인 무대에 강한 면모를 보여주고 있다.

흰 눈과 낙엽이 발목까지 쌓이는 무대, 혹은 물속을 걷는 사람들

연극 〈발렌타인 데이〉와 영화 〈도취〉로 미루어 보건데, 지독한 사랑의 주제는 이반 비리파예프 극작의 중심 주제인 듯하다.

제목도 '발렌타인 데이'다. 그러나 공연은 밴갠디 인 네이 숙제일과는 아무 상관이 없다. 작품은, 극작가 미하일 로쉰의 1971년 희곡 〈발렌틴과 발렌티나〉를 원작으로, 극작가 이반 비리파예프가 그 이후 이야기를 이어서 다시 쓴 것이다. 원작이 집필된 1971년부터 2012년 현재까지가 배경이다. 더 구체적으로는 헤어진 연인 발렌틴과 발렌티나가 재회하는 1985년부터 발렌틴이 심장마비로 죽는 1992년까지가 극중 시간 배경이다. 정확하게 러시아 개혁 개방의 페레스트로이카perestroika 시대와 일치한다.

1985년 고르바초프의 페레스트로이카 선언 이후 1991년 소련 해체, 옐친 집권, 1998년 모라토리움채무 불이행 선언으로 이어지는 오랜 경제위기 상황, 그리고 푸틴의 러시아. 이 작품은 페레스트로이카의 흥분과 소련 해체라는 격변기 러시아 현대사를 배경으로 개인들의 일상을 다루고 있다. 김종원 연출가는, 작가가 작품 서두에 이 작품은 "원시주의를 향한 멜로드라마"프로그램 북 「연출의 글」 중에서라고 명명했다고 밝히고 있지만, 그렇다고 이 작품을 멜로드라마로만 보면 좀 섭섭한 지점들이 많다. 1월 8일 있었던 관객과의 대화 시간에, 연출가는 이 작품은 소련 해체 이후 남겨진 사람들의 이야기라는 말을 덧붙였다.

객석에 입장하면, 거친 붓놀림 그대로 사각의 방 하나가 관객을 맞이한다. 러시아 사람들이 흔히 거주하는 공동주택의 방을 재현한 것이라고 한다. 극중 사랑하는 연인들이 꿈속에서 만나

"비쳅스크 위로 비행해!"라고 말하는 장면이 있다. 비쳅스크는 샤갈의 그림에 나오는 고향이다. 그래서일까? 파스텔 톤의 거친 붓놀림의 벽체가 샤갈 그림의 한 장면처럼 보인다. 까쨔가 꿈속에서 만난 황금남자와 비쳅스크 위로 비행하는 장면과, 발렌틴이 꿈속에서 발렌티나와 하늘을 나는 장면은 샤갈 그림 속 하늘을 나는 연인의 모습 그대로이다. 이 벽은 장면별 제목을 투사하는 자막이 되기도 하고, 수영장 장면에서 3면 벽 전체에 물속 영상을 투사해서 인물들이 마치 물속을 걸으며 대화하는 것처럼 느껴지게도 한다. 수영장 장면은 발렌티나가 다른 남자와 결혼히는 것으로 오해한 발렌틴이 자살을 시도하는 곳이다. 무대와 소품과 의상과 영상이 미적으로 완벽하게 통일되어 있어 공연을 보는 내내 강한 미적 쾌감을 준다.

잠시 암전과 함께 공연이 시작된다. 조명이 켜지면, 보라색 풍선 하나가 무대 한쪽에 떠있다. 다시 암전되고 조명이 켜지면, 발렌티나 정재은 배우가 풍선을 들고 서있다. "오늘은 제 생일이예요. 서커스에 다녀왔어요. 서커스에서 이 풍선을 샀어요." 문 두드리는 소리. "이제는 서커스가 나에게 찾아왔네요." 소개와 함께 까쨔 이봉련 배우가 문을 발로 박차며 등장한다. 한 손 가득 러시아 팬케이크로 만든 생일축하 케이크를 들고, 아코디언을 메고, 노래를 불러준다. 발렌티나는 보라색 풍선을 까쨔 등에 매달아 준다. 마지막 장면에서 이 풍선은 까쨔의 죽음을 암시하며 허공중에 높이 떠있다. 장면 연결이 가격하고 시럭이다.

발렌티나와 발렌틴 장면에서는, 첫사랑의 상징 같은 흰 눈이 내린다. 코러스 배우가 2층 난간에서 배우들의 머리 위로 직접 눈을 뿌린다. 오래 뿌린다. 그 장면이 끝날 때까지 뿌린다. 일반 적인 무대효과를 훨씬 뛰어넘는 시간과 양이다. 어느덧 배우들 의 발등을 수북이 덮을 정도로 눈이 쌓이고, 발렌티나와 발렌틴 은 눈싸움을 하며 놀기도 한다. 오래 뿌리고 수북이 쌓이는 것은 까쨔와 발렌틴 장면의 낙엽도 마찬가지이다. 발렌틴을 짝사랑하 는 까쨔는 수없이 편지를 보냈으나, 발렌틴은 읽지 않았다. 까쨔 의 옷 위에도, 의자 위에도 낙엽이 쌓인다. 반대편에서 발렌티나 는 흰 눈이 쌓인 의자에 앉아 이들을 바라본다. 세 연인의 엇갈 린 관계를 눈과 낙엽이라는 평범한 소재를 통해 쉽고 분명하게 전달한다. 눈과 낙엽을 뿌리면서, 관객들로 하여금 오랜 시간을 함께 견디게 하면서, 일상의 시간을 극적인 시간으로 바꿔놓는 다. 단순화와 압축미로 공연의 시적 밀도는 점점 높아지고, 여러 시간대의 이야기들이 복잡하게 얽히는 장면들이 재빠르게 머릿 속에서 재구성된다.

공연은 발렌티나의 60세 생일날 시작해서, 발렌틴·발렌티나 ·까쨔 세 연인들의 18세, 35세1985년, 40세1992년 과거 장면들을 자유롭게 중첩시키면서 빠른 장면전환과 함께 진행된다. 감각적 인 대사뿐만 아니라, 과거와 현재를 빠르게 넘나드는 속도감 넘치는 극작술이 인상적이다. 무엇보다 인상적인 것은 배우들의 긴 호흡의 연기다. 비록 장면전환은 빠르지만 배우들은 20대, 40대, 60대 각자의 인생을 긴 호흡의 연기로 이어간다. 관객의 익숙한 기대를 훨씬 뛰어넘는 시간과 양으로 눈을 뿌리고 낙엽을 뿌렸던 것과 같은 긴 호흡의 시간이 느껴진다. 최근 다큐멘터리 공연의 선호로 짧고 강한 호흡의 공연들이 많다. 그동안 무대에서 쉽게 볼 수 없었던 긴 호흡의 이야기와 연기를 오래간만에 다시 보는 기회였다.

주인공 정재은 배우의 쉽게 흔들리지 않는 균형 잡힌 연기는 물론이고, 과거와 현재를 넘나들 때마다 옷을 바꿔 입으며 역할 전환을 하는 이봉련 배우의 긴 호흡의 연기는 무엇보나 인기있다. 극중 두 여자와 한 남자, 발렌티나·까쨔·발렌틴 세 인물의 드라마가 정확하고 냉정하게 잘 계산되어 있어, 세 인물 모두 긴 호흡으로 극을 끌고 가는 매력이 큰 작품이다. 특히 이봉련 배우는 특유의 순발력 강한 연기 덕분에 그동안 무대에서 코믹한 역할과 씬 스틸러의 강한 연기만을 주로 보여주었다면, 이번 공연에서는 긴 호흡으로 쌓이는 감정의 드라마를 보여주고 있어 새롭고 흥미로웠다.

지난 세기의 지독한 사랑 이야기, "사랑은 무관심을 허락하지 않는다"

까쨔가 꿈속에서 황금남자와 함께 비쳅스크로 날아간, 그 황금남자는 고르바초프였다. "대머리에 반점이 있는 사람" 고르바초프에게 까쨔는 이렇게 말한다. "난 당신이 우리의 새로운 신이라는 것을 알아요!" 1985년의 고르바초프는 페레스트로이카의 흥분을 대변하는 신과 같은 존재로 표현되고 있다. 까쨔는 모스크바에서 블라디보스톡을 왕복하는 시베리아 횡단열차에 근무하는 승무원이다. 까쨔는 짝사랑하는 발렌틴에게 무수히 많은 편지를 쓴다. 그런데 그 편지는 "비행기가 하늘을 날 수 있도록 허락해줘. 배들이 바다를 마음껏 항해할 수 있도록 허락해줘. 병사들이 소비에트연방공화국 국경을 지키도록 허락해줘". 발렌틴을 향한 자신의 마음을 '허락해 달라'는 말을 조국의 번영과 건설을 기원하는 말로 대신한다. 까쨔는 당의 명령에 충실히 복종하는, 붉은 옷을 입은 '붉은 여자'이다. 그리고 자신이 시베리아 횡단열차를 타야하는 2주 동안 발렌틴과 발렌티나가 자신의 방에서 불륜의 관계를 이어갈 것을 알면서도 열차로 출근하는 성실한 노동자이다. 까쨔의 마지막 유언장도 "비행기가 하늘을 날 수 있도록 허락해줘. 러시아 병사들이 국경을 지키도록 허락해줘". 내용의 반복이다. 까쨔는 붉은 옷, 검은 승무원 복장, 노년의 알콜중독자 역할의 옷을 겹겹이 껴입은 채 연기한다.

그리고 까짜 또한 발렌틴처럼 "나 오늘 밤 12시에 심장마비로 죽을 거야". 예언을 하고 죽는다. 죽음을 예언과 심장마비로 표현한 것은 일종의 동화적인 설정이자 종교적인 의미를 가지게 한다. 관객과의 대화 시간에 심장마비의 설정에 대해서, 연출가는 이렇게 답변했다. "페레스트로이카도 어느날 갑자기 그렇게 왔다." 이 작품에는 1991년 고르바초프가 물러나고, 1992년 정권을 잡은 옐친 정권 하에서 아무것도 할 수 없었던 사람들에 대한 정치적 비유 또한 들어있다는 설명이다.

발렌틴과 발렌티나는 자신들의 불륜관계를 끝내기 위해 노력한다. "물건을 때려 부수면 좀 도움이 될까? 그럼 모든 걸 파괴해봐. 그럼 우리는 헤어질 수 있을 거야." 왕가위 감독의 영화 〈화양연화〉에서 헤어지는 연습을 반복하는 두 남녀와 같다. 왕가위 감독의 영화 〈중경삼림〉1994과 〈화양연화〉2000 또한 1997년 홍콩 반환 전후를 배경으로 한 연인들의 사랑 이야기를 그리고 있다. 발렌틴은 무대 위의 물건들을 부수고 양탄자 위에 던져 쌓아놓는다. 이윽고 무대 밑바닥이 가라앉으면서 양탄자가 꺼지기 시작한다. 모든 것을 삼켜버리고, 검은 관과 같은 거대한 무대 바닥이 입을 벌린다. 거대한 물건더미가 관객들 눈앞에서 서서히 가라앉는다. "모든 것이 전쟁 같았다." 무대 전체가 움직이는 거대한 이미지 때문이었을까? 1990년대 이후 현대사의 모든 전쟁 같은 일들이 오버랩된다. 페레스트로이카, 소련 해체, 포스트모더니즘, IMF, 촛불광장, 정권 교체. 발렌틴·사쌰·발렌티나, 모두 죽고 지독한 사랑도 끝났다. 지난 세기도 끝났다. 우리도 지나온 1990년대에 대한 기억들이 다시 환기된다.

그리고 지금 현재는 '적폐청산'이 화두다. 발렌틴이 죽은 이후 남겨진 발렌티나와 까쨔처럼, 우리 또한 각자의 삶을 팔아치우고, 파괴하면서 살아왔다. 무대 바닥이 열리고 거대한 검은 구멍 앞에서, 불안한 꿈속에서 흔들리는 그네 위에서 가짜 화해를 화며. 그러나 거대하게 열린 구멍은 가짜 화해를 집어삼키지는 못했다. 그럼에도 불구하고, 죽음 앞에서, 발렌티나는 "그래도 사랑이었다. 모든 것의 시작은 오직 사랑 때문이다" 말한다. "사랑은 무관심을 허락하지 않는다." 우리 또한 거대하게 다시 열린 구멍 앞에서 모든 것이 사랑 때문이라고 말할 수 있을까. 지난 세기의 지독한 사랑들은 과연 사랑으로 기억될 수 있을까.

두 명의 여성 연출가, 보편성을 설득하는 감각

〈벤트〉·〈중립국〉

〈벤트〉

일시 2018년 1월 31일~2월 11일 장소 서강대 메리홀 소극장 제작 극단 ETS 작 마틴 셔먼 연출 김혜리 조명 신성환 무대 허진 홍보 디자인 김연준 음향 권재은 기획 정유진·윤상이 출연 김승기, 김정훈, 김준삼, 허진, 조장연, 김정래, 강인성, 최우석

〈중립국〉

일시 2018년 1월 26일~2월 3일 장소 홍익대 대학로아트센터 소극장 제작 극단 아홉 원작 이근삼 각색·연출 문새미 각색자문 김민정 무대 신승렬 조명 신동선 음악·음향 유옥선 사진 나승렬 촬영분장 백지영 그래픽 강필재 기획 박세희 조연출 최봉문 출연 김은석선생, 이혜원총무, 이기돈아벨만, 이철희서기관, 구역장심완준, 이기현청년대표, 이문수목소리 출연

창작산실과 뉴스테이지 공연이 1, 2월에 올려기면서 능번 비
누기였던 겨울시즌이 바빠졌다. 현실 탈북자 이야기를 다루고
있는 최진아 연출의 창작산실 작품 〈선을 넘는 자들〉, 뉴스테이
지 신인 연출가 김지나, 설유진, 문새미 등 어느 해보다 여성 연
출가들의 약진이 눈에 띈다. 예술감독 교체에 따라 뒤늦게 발표
된 올해 국립극단 라인업에 새롭게 김수희와 구자혜의 이름도
보인다. 김수희 연출의 이름은 남산예술센터 라인업에도 보인
다. 마침 재공연이 올라간 김혜리 연출작 〈벤트〉와 함께 문새미
연출작 〈중립국〉을 챙겨보았다. 김혜리는 뉴욕에서 연기를 전공
하고 국내와 미국에서 배우와 연출가로 활동하고 있고, 문새미
는 런던에서 연출을 전공하고 지난해 차세대열전 〈리처드 3세〉
로 화려하게 데뷔했다. 새로운 성장의 무대들이다.

<벤트>, 배우의 말과 존재감이 돋보이는 공연

〈벤트〉는 미국 극작가 마틴 셔먼의 1979년 작품이다. 1933년
나치친위대SS가 세운 독일 최초의 강제수용소 다카우 수용소에
수감된 동성애자 이야기를 다룬 퀴어연극이다. 1979년 영국 런
던 로얄코트극장 초연 이후 전세계적으로 흥행에 성공하고, 현재
까지 40개 이상 국가에서 상연되고 있는 작품이다. 1997년 영화
로도 만들어질 만큼 퀴어연극의 고전이다. 제목인 '벤트BENT'는

게이를 뜻하는 속어이다. 한국 초연은 2013년 극단 ETS 김혜리 연출에 의해서다. 2013년 초연에 이어, 2014년, 2015년, 2018 년 네 번째 공연이다.

공연은 40년 동안 전세계에서 번역되고 공연된, 검증된 공연 답게 작품의 힘만으로 2시간 공연 시간이 훌쩍 지나간다. 무대 는 심플하다. 무대와 객석의 경계선에 철조망이 쳐져 있다. 1막 은 1934년 베를린 게이클럽을 전전하며 요란한 삶을 사는 맥스 와 루디의 아파트, 2막은 다카우 수용소에서 만난 맥스와 홀스 트의 이야기다. 2막에서 무대 앞쪽에 철조망이 쳐지고 관객들은 철조망 사이로 공연을 바라본다. 마약매매상 맥스는 폭력을 동 반한 거친 하룻밤을 즐기고, 지난밤도 마찬가지다. 그런데 시난 밤은 1934년 6월 30일, 과격해진 나치돌격대SA에 대한 나치친 위대SS의 대대적인 숙청이 이루어진 밤이다. 나치돌격대의 고위 간부이자 게이인 에른스트 룀도 살해되고, 유대인뿐만 아니라 동성애자에 대한 대대적인 체포와 강제수용이 이루어진다. 노란 별을 가슴에 단 유대인, 분홍색 삼각형을 단 동성애자로 분류되 고, 동성애자는 가장 낮은 등급의 '혐오대상'이었던 역사적 사실 을 다루고 있다.

공연은 소품을 최소화하고, 철조망 하나만으로 공간을 표현한 다. 김혜리 연출은 위안부 할머니들의 증언을 토대로 만든 일인 극 〈페이스〉, 부천 여고생 살인사건을 다룬 〈나이팅게일의 소리〉, 세월호에 관한 다큐멘터리극 〈사랑해 4·16 ㄱ ㅎ〉 ㄷ ㅆ 회문제를 다큐멘터리극적 방식으로 만들어왔다. 일인극과 소수의 배우 중심 극으로, 무대 미학보다는 배우의 말과 배우가 돋보이는 공연을 만들어왔다. 이번 공연도 마찬가지다. 맥스와 루디가 등장하는 첫 장면부터 배우들의 얼굴은 새롭지만 안정적인 발성과 호흡으로 신뢰감이 강한 장면들을 만든다. 마지막 장면에서, 자신의 게이 정체성을 부정하며 가짜 유대인 행세를 하던 맥스김승기 분는 홀스트김정훈 분의 시체를 구덩이에 던져 넣으며 노란별의 옷을 벗고 분홍색 삼각형 옷을 입고 전기 철조망으로 다가서서 오랫동안 관객들을 바라본다. 자신의 게이 정체성을 비로소 인정하고, 마지막에 진짜 선택을 한다. 고전적 드라마지만 여전히 울림이 큰 공연이다.

<중립국>, 시각적인 무대와 강한 연출 언어

〈중립국〉은, 이근삼 원작 〈아벨만의 재판〉을 각색한 공연이다. 〈아벨만의 재판〉은 1977년 초연되었다. 이근삼의 소개에 의하면, 극단 가교 이승규 연출에 의해 "희극적으로 연출해 성공"한 작품이다. 이근삼은 정치풍자와 희극에 강한 작가이다. 원작의 제목 '아벨만의 재판'이 아벨만 개인의 희생을 강조하는 상징적인 제목이라면, 문새미 각색의 '중립국' 제목은 적군의 침략

앞에서도 무력하고, '해방군'의 이름으로 들어온 제3국의 원조 물자 앞에서도 무력한 중립국의 전체 상황을 풍자하는 성격이 더 강하다.

공연은 무대를 가운데 두고 객석 양쪽에 관객들이 서로 마주 보고 앉아 있다. 관객들이 아벨만의 재판을 지켜보는 형식이다. 무대 배경은 어느 중립국의 8구역, 전쟁 피해가 심한 곳 중 하나다. 특이한 것은 무대다. 전쟁을 피하기 위한 방공호인 듯 폐쇄된 공간에, 배우들의 등퇴장도 바닥에 뚫린 구멍으로 이루어진다. 배우들은 개구멍 같은 구멍으로 기어서 등장한다. 극 중반 아벨만이 회유를 받아 떠나는 장면에선 반대쪽 벽의 좁은 틈새 사이로 빨려 들어가는 듯한 독특한 장면을 연출했다. 숭립국의 주제에 맞춰 마을 유지들의 옷 또한 모두 회색이다. 아벨만 또한 같은 회색이지만 헐렁한 반팔과 반바지 차림으로 아무것도 모르는 어린아이와 같은 모습을 강조했다. 재판이 시작되었지만 아벨만은 계속 오줌이 마렵다고 바지를 움켜쥐고 있다. 희극적인 장면이다. 재치 있다.

전쟁이 끝나고 해방군 사령부의 요구에 따라 자치위원회가 소집되고, 형식적인 전범재판을 위해 아무 죄 없는 아벨만이 소환되지만 아벨만은 진짜 희생자가 된다. 문새미 연출은 원작에 등장하는 해방군 사령부의 연락관을 생략하고 공문서로 날라 들어오는 서류로 대체하고, 과거 원한과 복수의 복잡한 관계로 얽혀

있는 등장인물들도 대폭 정리해서 5명의 재판괘기 이벨민의 내립구도를 선명하게 부각시켰다. 아벨만 이기돈, 선생 김은석, 청년대표 이기현 등 안정적인 캐스팅과 탄탄한 연기도 인상적이다.

그러나 아벨만에게만 집중된 공연은 비극적 개인의 결말로 끝나고, 한국전쟁 이후 미국에 대해 의존적이고 개인의 사리사욕만채우며 다른 사람들의 희생에는 무감각했던 비루한 우리의 모습에 대한 풍자적 시선이 충분히 살아나기에는 원작을 지나치게 축소하고 있어 아쉬웠다. 공연시간도 70분, 짧다. 시각적인 명쾌함에 비해 극 후반으로 가면서 무게감이 제대로 실리지 못한다. 카인과 아벨의 대립구도를 강조한 보편성과 비극성은 선명해졌지만 풍자의 거리감과 웃음은 사라졌다. 아벨만을 몰아세우는 논리로 청년대표가 말하는 성적 학대 혐의는 새롭게 추가된 내용이다. 아벨만을 찌르는 칼을 청년대표 대신 선생의 손에 들려준 변경도 쉽게 납득하기 힘들었다. 청년대표는 동성애자로 적군에 부역한 전력이 있다. 문새미 연출은 〈리처드 3세〉와 〈중립국〉에서처럼 고전에 강한 면모를 보이고 있다. 고전의 재해석에는 과감함뿐만 아니라 정교함도 필요하다.

소녀들의 페미니즘, 소녀들의 사랑과 일

〈줄리엣과 줄리엣〉·〈아홉 소녀들〉

〈줄리엣과 줄리엣〉

일시 2013년 3월 21일~4월 1일 **장소** 소극장 산울림 **제작** 극단 라
스 인자 셰익스피어 **각색** 한송희 **연출** 이기쁨 **무대** 서지영 **조명** 정유
석 **음악** 김희은 **음향** 윤찬호 **의상** 오수현 **분장** 이지연 **무대감독** 이다
빈 **조연출** 함채연 **조명오퍼** 문은미 **그래픽** 고동욱 **사진** 박일호 **출연**
조영규캐플렛, 이강우티볼트 캐플렛, 김희연줄리엣 캐플렛, 한송희줄리엣 몬테규,
김하리네릿서, 조용경로미오 몬테규, 장세환승려

〈아홉 소녀들〉

일시 2018년 3월 22일~4월 8일 **장소** 동양예술극장 2관 **제작** 극
단 프랑코포니 **작** 상드린드 로쉬 **번역·드라마터그** 임혜경 **연출** 까
띠 라뼁 **무대** 심채선 **조명** 유성희 **의상** 박소영 **분장** 장경숙 **음악** 최
다울 **움직임** 황찬용 **출연** 권기대, 김시영, 한철훈, 김진곤, 김혜영,
허은, 이지현, 김신록, 홍철희

"영미영미영미!!" 지난 평창 동계 올림픽 치고 ∏행나. 안경선배' 컬링 국가대표 김은정 선수의 무표정도 화제였다. 카메라 앞에서 웃지 않는 젊은 여성의 모습이 낯설기 때문이다. MBC 임현주 아나운서는 지상파 방송 최초로 안경을 쓰고 뉴스를 진행해 화제가 되었다. '안경 여자 아나운서'가 금기였다는 사실이 오히려 놀랍다. 그동안 미디어와 대중문화가 만들어온 젊은 여성 이미지들에 얼마나 많은 금기가 있었는지 깨닫게 된다. "소녀들은 무엇이든 할 수 있다GIRLS CAN DO ANYTHING"는 문구가 적힌 휴대폰 케이스를 들고 있다가 페미니스트로 공격받은 걸그룹 아이돌 멤버도 있다. 그러나 이미, 현실에서 소녀들은 무엇이든 할 수 있다는 것을 보여주고 있다. 연극에서도 금기를 깨는 소녀들에 대한 이야기가 많다. 지난 2월 공연된 이자람의 신창극 〈소녀가〉에서 빨간 망토 소녀는 더 이상 늑대를 두려워하지 않는다. 창작집단 LAS의 〈줄리엣과 줄리엣〉에서 줄리엣은 더 이상 로미오를 사랑하지 않는다. 극단 프랑코포니 〈아홉 소녀들〉은 9, 10살 소녀들의 즉흥극 워크숍을 공연으로 만든 것이다.

줄리엣이 사랑한 것은 로미오가 아니었다

〈줄리엣과 줄리엣〉은 2018 산울림 고전극장 마지막 작품이다. 셰익스피어 원작 〈로미오와 줄리엣〉을 여자와 여자, 줄리엣과 줄리엣의 사랑 이야기로 각색했다. 몬테규 집안의 줄리엣과 캐플렛 집안의 줄리엣이 사랑에 빠졌다. 줄리엣 몬테규 역할의 한송이 배우가 이 공연의 각색자다. 로미오는, 줄리엣 몬테규의 남동생이다. 줄리엣은 여자를 사랑한다. 그러나 줄리엣이 사랑하는 여자들은 여자를 사랑하지 않는다. 로미오는 누나에게 다른 멋진 남자들을 찾아보라고 말한다. 줄리엣은 말한다. "말했지. 나는 그 항목에 해당사항이 없는 사람이라고."

줄리엣 몬테규에게 이해심 많은 남동생 로미오가 있다면, 줄리엣 캐플렛김희연 분에게는 이해심 많은 "언니 같은 하녀" 네릿서가 있다. 하녀 네릿서김하리 분의 캐릭터가 재미있다. 네릿서는 현실주의자이다. 독신주의자이고, 어린 하녀들을 희롱하는 귀족들을 비난하는 여전사형 인물이다. 줄리엣이 "너는 나의 자매야"라고 말하면, "아가씨를 씻겨주고 먹여주는 자매지요"라며 계급적 차이를 꼬집는다. 줄리엣 캐플렛은 사랑받는 딸이고, 보호받는 여동생이다. 아버지 캐플렛은 '딸바보'이고, 오빠 티볼트도 '동생바보'이다.

이 공연에 악인은 없다. 로미오와 줄리엣 사촌오빠의 결투장면도 없다. 오로지 줄리엣과 줄리엣의 사랑 이야기에만 집중한다. 그렇기 때문에 여자들만의 사랑에 대한 금기의 장벽이 더더욱 강하게 다가온다. 딸을 지극히 사랑하기 때문에 자기 한계를 더 열심히 드러낼 수밖에 없는 딸바보 아빠, 언니와 같은 자매애를 보여주지만 줄리엣에게 다른 나까이이 건흔을 신하는 네덧서의 현실주의자의 한계까지 원작의 인물들을 현실적으로 변형시켜 설득력을 높이고 있다. 줄리엣과 줄리엣의 사랑을 표현할 때도 누군가 더 여성적이거나 남성적인 역할을 맡지 않는 것도 영민한 선택이다.

그리고 엔딩에 반전이 있다. 줄리엣과 줄리엣은 죽고, 가장무도회에서 사람들은 춤을 추면서 수군댄다. 그녀들의 사랑을 납득하지 못하는 사람들은 아마도 몬테규가의 로미오와 캐플렛가의 줄리엣이 사랑을 했던 것이라고, 두 집안은 원래 원수지간이었다고, 왜곡된 이야기들을 정당화시킨다. 원작에 대한 '전복'의 의도를 분명히 한다. 마지막 장면에서 줄리엣과 줄리엣은 노란색과 초록색 원피스를 입고 나와 왈츠를 춘다. 이전까지 등장인물들의 옷은 모두 흰색이었다. 화려한 기교를 부리고 있지는 않지만, 심지 굳고 재치 있는 공연이다.

소녀들의 말은 자신들의 언어가 아니었다

〈아홉 소녀들〉은 프랑스 작가 상드린느 로쉬의 2012년 작품이다. 동시대 프랑스 현대극을 전문적으로 소개하고 있는 극단 프랑코포니 10주년 기념공연으로 올라갔다. 이 작품이 흥미로운 것은, 작가가 지역극장에서 9, 10살 여자아이들과 함께 진행한 창작워크숍을 통해 개발한 작품이라는 점이다. '아홉 소녀들'의 제목은 당시 참여했던 아이들 숫자라고 한다. 한국 공연과 함께 출간된 희곡집을 들여다보면, 등장인물 구분이 전혀 없는 대사들만 나열되어 있다. 프로그램북에서 작가는, 그렇다고 해서 이 작품이 페미니즘 텍스트는 아니라고 말하고 있지만 실제 여자아이들의 직접적인 목소리를 듣는 일은 흥미로웠다.

한 가지 더, 한국 공연에서 흥미로운 것은 캐스팅이다. 프랑스 공연에서는 모두 성인 여배우들로 공연되었다고 하는데, 한국 공연에서는 아홉 명의 배우 중 3명을 남자 배우로 캐스팅했다. 연출가 끼띠 라빵은 이를 "젠더 개념을 깨뜨리기 위해서"라고 설명한다. 아홉 명 배우 모두 흰 셔츠와 빨간 스커트의 여학생 복 차림이다. 이는 남자 배우들 또한 마찬가지다. 남자 배우의 여학생 역할은, 과장되거나 여성성의 전형성을 반복하는 크로스 드레서의 모습이 아니라 자연스러운 일반 여성 역할 그대로이다. 젠더 역할 바꾸기를 통해 성별 사회적 행동을 관찰하게 하는 것은 페미니즘 연극의 대표적인 기법 중의 하나다. 그 외에 성폭력 피해 여성 역할을 남자 배우가 맡게 하는 등 한국 공연은 적극적인 페미니즘 공연의 형식을 띠고 있다.

그런데 9, 10살 여자아이들 눈에 비춰지는 현실, 이들이 부모와 어른들의 말을 그대로 전하거나 모방하는 사회의 모습은 불안과 공포와 이해할 수 없는 고독으로 가득 찬 세상이다. 아이들의 언어라고 해서 단순하거나 상황이 동화시키시는 않다. 아이들의 언어는 훨씬 더 직접적이고 노골적이다. 엄마아빠가 싸우다 교통사고로 죽으면 엄마아빠 관 사이에 자기도 누워서 죽을 것이라고 말하고, 짧은 원피스를 입고 거리로 나가면 강간당할 것이라는 말들도 술술 나온다. 전쟁고아나 난민은 신체를 절단당해서 서커스에 팔아버릴 것이란 말도 한다. 임신한 여직원은 사장에게 해고당하기 일쑤이고, 미혼모는 남자친구에게 버림받는다. 회사는 파산이고, 남편은 바람났고, 애들이 애물단지인 여자는 자기 사무실에서 자살을 한다. 모두 아이들이 지어냈거나 들었거나 흉내 내는 말들이다.

강간을 일상용어처럼 말하며 공포를 단련하는 듯한 모습은 일종의 자해행위처럼 보인다. 수잔 팔루디가 말하는 '백래시반격'가 떠오르는 상황들이다. 작가와 연출가 모두 이 공연이 페미니즘 공연은 아니라고 말하고 있지만, 오히려 페미니즘적 관점에서 접근해야 하지 않았을까 의문이 드는 대목들이다. 이 소녀들은 사랑과 일 모두에서 자신들의 여성으로의 삶을 시작하기도 전에 미리 겁에 질려 있다.

몸, 커밍아웃 혹은 번아웃

〈이방연애〉·〈관통시팔〉

〈이방연애〉

일시 2018년 7월 19일~7월 29일 **장소** 대학로 달빛극장 **제작** 창
자집단 3355 **작·연출** 김문경 **음악** 이세연 **조명** 이혜지 **음향** 숲이아
포스터디자인 김아름이 **일러스트** 반박지은 **출연** 기푸름, 라소영, 이
세연

〈관통시팔〉

일시 2018년 7월 13일~7월 15일 **장소** 삼일로창고극장 **제작** 삼일
로창고극장 **연출** 김보람 **조안무** 장경민 **드라마투르그** 이혜상 **조명**
배대두 **의상** 김하나 **출연** 김보람 삼일로창고극장 재개관 기념공연

매일매일 신기록을 갱신하는 더위였다. 제1회 페미니즘 연극
제가 막을 내렸다. 한 달 넘게 기록적인 폭염과 함께 했다. 매주
토요일 대학로에서는 불법촬영 편파수사 비판 여성집회가 열렸

다. 미투 수사와 재판이 진행되는 시간이기도 했다. 2018년 올
한 해는 여성운동의 기록적인 한 해로 기억될 것이다. 광장에선
뜨거운 목소리가, 극장에서는 차가운 성찰의 목소리가 가득 찼
던 시간이다. 길거리에 나서면 눈이 타버릴 것 같은 불볕더위가,
극장에 들어서면 차가운 암전이 관객을 맞이했다. 페미니즘 연
극제의 마지막 작품을 지켜보면서, 그리고 역사적으로 새로운
출발을 알리는 또 다른 공간인 삼일로창고극장 재개관작들을 찾
아보면서, 변화의 물결들을 느꼈다.

<이방연애>, 커밍아웃과 '자기만의 방'

〈이방연애〉의 공연제목에는 여러 가지 의미가 들어있다. 퀴어
여성 연극의 낯선 땅, '이방異邦'을 뜻하기도 하고, 일반인의 '일반
一般'과 구별해서 동성연애자들이 스스로를 '이반二般 혹은 異般'이라
고 부르는 말을 연상시키기도 한다. 그리고 말 그대로 '방房', "집
이 아니라 방" 이야기이기도 하다. 예술가로서, 퀴어 여성으로서,
성별 임금 격차의 현실 속에서 살아가야 하는 퀴어 여성 예술가
의 주거문제를 다루고 있다. 버지니아 울프의 페미니즘 비평서의
고전 〈자기만의 방〉의 퀴어 버전이다.

"보증금 500에 월세 20 옥탑방"에 살거나, 거실이 있는 "집다
운 집"에 살기 위해 월세 60만 원짜리 집으로 이사한 뒤 매달 월

세를 내기 위해 "나를 갈아 넣는" 생활을 이어가거나, 결혼을 했지만 신혼부부 혜택을 받을 수 없는 레즈비언 커플 부부의 먹고 사는 문제와 연애가 '현실' 문제로 등장한다. 이념이나 판타지가 아니라 '현실' 퀴어 여성의 이야기다. 실제 퀴어 여성 배우가 등장해서 자기 이야기를 들려주는 다큐멘터리 연극이다. 무대 한쪽에 연출가도 직접 출연해서 자리를 잡고 있다. 연출가는 무대 한쪽에서 "먼저 이야기 좀 나누고 있어 주시겠어요?" 스크린에 직접 손글씨를 쓰면서 장면전환을 하고, 관객 진행도 한다. 공연 시작 전 관객들에게 종이와 펜을 나누어주고 각자의 방을 그려 달라고 부탁하고, 스크린에 관객들의 그림을 한 장씩 보여주면서 공연을 시작한다. 객석에는 여성 관객들이 많다. 2030세대 젊은 여성들의 방이 스크린에 비춰진다. 매일매일 만나는 관객들의 방이 공연과 함께 한다. '자기만의 방'이라는 매개 하나로 공연자와 관객들이 실시간으로 강하게 연결된다. 사소하지만 효과가 강한 극적 장치였다.

"이쪽이라고 써 붙이고 다니는 것은 아니니까 우린 스치고 지나가도 서로를 모른다. 그래서 더 외롭다." "세상이 하나의 집이라면 나는 방이 아니라 문지방 같은 데 누워있는 기분이었다." 먼 훗날 '40대의 나'가 '10대의 나'에게 이런 말을 해주고 싶다. "너 진짜 열심히 살고 있다. 비가 억수같이 오는데 얇은 비닐옷 하나 걸치고 걷고 있는 것 다 안다. 그래도 이 길의 끝에 문 열고

들어갈 네 방이 있다." 서로의 말을 듣고 이야기하는 것만으로
공연이 진행된다. 독립해서 '자기만의 방'을 얻게 되고, 유튜브
를 보면서 자신의 성 정체성을 확인하게 되었고, 자연스럽게 유
튜브를 통해서 커밍아웃하게 되었다는 이야기도 한다. 1020세
대의 '혼밥혼자 먹는 밥', '혼술혼자 먹는 술' 문화는 곧 '혼밥 동영상',
'먹방먹는 방송'의 유튜브 문화이기도 했다는 사실을 깨닫게 되었
다. 버지니아 울프의 「자기만의 방」이 유튜브 문화의 '자기만의
방'으로 새롭게 읽히는 순간이었다. 유튜브 문화 자체가 수많은
'커밍아웃coming out of the closet', 곧 수많은 '자기만의 방들'인 '벽
장 속에서 나온' 이야기들이었다. 문지방을 넘고, 문턱을 넘는
이야기들이었다.

<관통시팔>, 번아웃의 '소진되는 몸'

〈관통시팔〉은 삼일로창고극장 재개관 기념공연이다. 삼일로
창고극장은 1975년 개관했다. 삼일로창고극장의 모태가 된 극
단 에저또연출가 방태수의 1966~1977년 자료의 기념전시 〈이 연극
의 제목은 없습니다〉큐레이터 김해주도 재개관 프로그램에 함께 한
다. 전시는 삼일로창고극장 한쪽에 마련된 갤러리에서 9월 22일
까지 계속된다. 1970, 80년대 관객이라면 기억하고 있을 창고
극장 건물 입구의 까페 '섬' 위치에 전시장이 들어선 셈이다. 까

페 섬은 없어졌지만, 새로운 전시장에서 1970년대 명동 아방가르드 연극의 생생한 사진들을 다시 볼 수 있다.

〈관통시팔〉은 재개관 기념공연 시리즈 중 유일한 무용극이다. 앰비규어스 댄스 컴퍼니 예술감독 김보람이 직접 출연하고, 안무하고, 연출했다. 삼일로창고극장의 대표적 레퍼토리인 〈빨간 피터의 고백〉에서 배우 추송웅이 혼자 기획, 제작, 연출, 연기를 하는 일인극으로 4개월 동안 6만 명의 관객을 동원했던 전설적인 무대를 오마주한 방식이다. "부럽다, 18!" 개관공연에 참여하면서 추송웅 일인극에 대한 역사적 사실들을 새롭게 알게 되면서 김보람이 맨 처음 내뱉었던 말이라고 한다. 퍼포머로서 추송웅은 욕이 나올 정도로 부러운 대상이라는 것이나. 〈관통시팔〉은 김보람이 춤을 추는 자신의 현재를 관통하는 18개의 장면을 보여준다.

김보람의 춤은 쉽고 재밌다. 자명종 소리가 울리고, 화장실을 가고, 지하철을 타고, 출퇴근을 하고, TV를 보고, 잠이 드는 장면을 지쳐 쓰러질 때까지 무한반복하면서 진짜로 헉헉대는 몸을 보여주는 것으로 일상에 지쳐가는 몸을 보게 한다. 온몸이 땀에 젖어 달라붙는 옷을 머리끝까지 뒤집어쓰고 하얀 우주괴물 같은 장난도 치고, 관객에게 한쪽 소매를 잡아당기게 해서 옷을 벗기도 한다. 16번 '후회' 장면에선 "내가 이럴려고 대통령이 되었나?" 음성파일에 맞춰 우아한 〈백조의 호수〉 발레를 추기도 한다. 몸을 쓰는 사람 특유의 단호함과 심플함으로, 그러면서도 관객과의 소통에 자유롭고 유쾌한 모습이다. 무엇보다 인상적이었던 것은 한 장면마다 주제가 되는 움직임의 한 단위가 시작되면 지쳐서 헉헉 소리가 날 때까지 무한반복한다는 점이다. 마이클 잭슨의 〈데인저러스〉, 퀸의 〈보헤미안 랩소디〉 등 익숙한 음악들이 부분부분 함께하기도 하지만, 어느 한 구간은 오로지 헉헉대는 숨소리와 느려진 동작이지만 끝까지 정확한 동작을 수행하는 몸을 보여준다. 무한반복하는 '소진되는 몸'이지만, 다 태워버린 '번아웃' 상태에서 자유롭게 춤을 추는 김보람의 언어를 읽게 한다. 묘하게 유튜브의 수많은 '자기만의 방들'이 겹쳐졌다. 유튜브 공간들에 담긴 몸들이 느껴졌다.

감각적인 무대, 아쉬운 여성인물의 설득력

〈라빠르트망〉

〈라빠르트망〉

일시 2017년 10월 18일~11월 5일 장소 LG아트센터 제작 LG아트센터+극공작소 마방진 원작영화 질 미무니 번역 이현주 각색 오세혁, 고선웅 연출 고선웅 음악 장소영, 황규동 안무 홍세정 무대 오필영 영상 이원호 조명 류백희 의상 최인숙 소품·분장 장경숙 조연출 서정환, 한정윤 프로듀서 고강민 출연 오지호, 김주원, 김소진, 조영규, 장소연, 이정훈, 조영선, 배보람, 김용래

〈라빠르트망〉는 고선웅 신작이다. 1996년 질 미무니 감독의 프랑스 영화가 원작이다. 〈라빠르트망〉 원작은 한 여자의 '아파트라빠르트망'를 중심으로 엇갈린 세 남녀의 사랑 이야기를 다루고 있다. 영화 원작의 대중성과 함께 LG아트센터 대극장 무대에서 고선웅만의 색깔이 어떻게 나올지 궁금한 공연이었다. 대극장 무대의 공연을 위해서 고선웅 연출이 가장 먼저 선택한 방법은

캐스팅이 두하다 여금무대 공여으로는 과가하게 옄하배우 유기호와 발레리나 김주원을 남녀 주인공으로 캐스팅했다. 화제성 강한 과감한 캐스팅이다.

객석 입장과 함께 맨 처음 눈에 들어온 것은 무대 전체에 내려져 있는 거대한 스크린 4대이다. 4개의 거대한 초록색 색면 스크린이 가로와 세로로 적당한 균형감을 이루며 무대에 매달린 채, 무대 세트를 대신해서 관객을 맞이한다. 흡사 칸딘스키와 같은 단순하고 명료한 색감의 무대로 관객들의 호기심을 끄는 데에 성공했다. 자막용 스크린이 아니라 공연 중 배경을 이루는 다양한 영상과 초록과 노랑의 단색 색면을 직접 보여주는 스크린이다. 실제로 공연이 시작되고 이 거대한 스크린의 활용은 변화무쌍했다. 극중 배경을 이루는 아파트 창가, 구둣가게의 신발 사이즈를 나타냈던 37-38-39의 숫자들, 공항 입출국 안내판의 행선지의 타이포그래픽 등 남녀 삼각관계의 다소 익숙한 드라마 전개이지만 스크린의 감각적인 활용은 시각적 즐거움을 더해주었다.

그리고 빈 무대의 미니멀리즘의 공연. 아파트와 까페 공간을 나타내는 빨간 문, 밤거리의 가로등 등 단순화된 무대이다. 대신 장면전환마다 회전무대 위를 걷는 인물들의 빠른 속도를 통해 공연에 속도감이 더해진다. 인물들의 엇갈리는 관계와 시간의 반복을 회전무대를 통해서 간결하게 표현하고 있다. 단순하면서 강렬한 원색 색감의 무대와 조명과 의상까지 통일감을 갖춘 무대가 인상적이었다. 대극장 무대를 기술적으로 완전히 장악하고 있는 고선웅 연출의 연출력이 돋보인다. 빈 무대의 미니멀리즘의 공연이지만 배우도, 공간도, 호흡도 빈 곳이 없다. 고선웅 연출 특유의 친밀성 강한 에너지가 무대를 채우고 있다.

다만, 친구에게 전해주어야 하는 편지를 중간에 대신 읽고 찢어버리고, 다시 재회할 수도 있는 연인 사이에서 가짜 역할을 하면서 두 연인을 헤어지게 만드는 주인공 알리스(김소진 분)의 드라마를 끝까지 이해하며 따라가기에는 설득력이 부족했다. "사랑에 너무 빠지면 상처를 준다는 생각을 못해요. 할 수 없어요"라는 논리만으로는 모든 인물들을 파국으로 몰고 가는 주인공 알리스의 이야기를 쉽게 이해하기는 어려웠다. 〈한여름밤의 꿈〉의 허미어와 라이샌더, 헬레나와 디미트리어스의 관계에 비유하여 한여름밤의 마법에 의해 라이샌더와 디미트리어스 둘 모두에게 한꺼번에 사랑을 얻게 되었으나 여전히 자기 비하에 빠지는 헬레나와 알리스를 연결시키는 지점은 흥미로웠다. 그러나 희극이 아닌 비극의 현대판 '헬레나-알리스'를 지금 현재의 관점에서 이해하기는 어려웠다. 〈푸르른 날에〉의 5·18을 배경으로 한 첫사랑 이야기, 〈변강쇠 점 찍고 옹녀〉에서 과부이지만 당당하게 자기 인생을 헤쳐 나가는 여성 인물, 〈홍도〉에서 기생이지만 마찬가지로 당당하고 씩씩한 여성 인물로 기존의 원작을 전복해서 보여주었던 고선웅 연출 특유의 씩씩한 여성 인물 계보에서 보더라도 알리스의 편집증적 사랑 이야기는 아쉬운 지점이 많았다. '허미어-리자'의 죽음 장면의 붉은 꽃잎 장면은 공허한 아름다움이었다.

운명론과 태도의 연극

〈운명〉

〈운명〉

일시 2018년 9월 7일~9월 29일 **장소** 백성희장민호극장 **제작** 국립극단 **작** 윤백남 **연출** 김낙형 **예술감독** 이성열 **무대** 손호성 **조명** 주성근 **의상** 이명아 **음악** 김동욱 **영상** 신성환 **안무** 금배섭 **분장** 김근영 **소품** 박현이 **음향** 유옥선 **프로듀서** 심소연 **출연** 양서빈, 홍아론, 이종무, 박경주, 이수미, 주인영, 박가령

윤백남의 〈운명〉은 특별한 작품이다. 국립극단 '근현대 희곡의 재발견' 시리즈의 하나로, 희곡 대본이 아닌 공연으로 이 작품을 만나게 되는 감회가 새롭다. 공연 프로그램북에 실린 양승국의 소개에서처럼, 이 작품은 작가의 첫 번째 희곡집 『운명』1924의 표제작일 뿐만 아니라 작가 자신이 "조선인의 작으로 조선 무대에 상연된 최초의 희곡"이라고 자부하는 작품이다. 한국 최초의 근대희곡으로 알려진 조일재의 〈병자삼인〉『매일신보』, 1912이 김

재석에 의해 일본 희곡의 번안작임이 밝혀진 이래, 한국 최초의 근대희곡을 다시 꼽아보자면 희곡으로는 이광수의 〈규한〉『학지광』, 1917, 공연으로는 조명희의 〈김영일의 사〉동우회 순회극단, 1921 정도이다. 따라서 〈운명〉이 1920년 12월 경성 고학생 단체인 갈돕회에서 공연되고, 1921년 10월 전문극단 예술협회에서 공연된 사실은 연극사적으로도 중요한 의의를 가진다.

윤백남의 〈운명〉―수옥은 세 번 '운명'을 말하고, 메리는 남편을 찔렀다

〈운명〉과 관련해서 또 한 가지 중요한 사실은, 이 공연이 갈돕회 공연으로 입센의 〈인형의 집〉과 함께 공연된 작품이라는 점이다. 〈운명〉의 주인공 박메리가 이화학당 출신 신여성이자, 근대 여성교육의 문화적 배경을 이루었던 기독교 신자라는 점, 신파극의 기생 주인공이나 헌신적인 모성의 어머니가 아니라 자기만의 고민과 행동을 가진 젊은 여성 인물이라는 점은 〈운명〉의 주인공 메리를 〈인형의 집〉의 노라와 같은 문제적 인물로 바라보게 한다. 〈인형의 집〉과 〈유령〉의 제목이 각각 노라가 '인형의 집'을 나와야하고, 알빙 부인이 죽은 남편으로 상징되는 '유령의 집'에서 질식당해 죽어가고 있는 상황을 비판적으로 그리고 있는 것처럼, 그리고 김우진의 〈난파〉1926에서 할아버지와 할머니, 아버지와 어머니, 제1계모와 제2계모가 줄줄이 나오는 봉건적이고 유교적인 가족 구조 속에서 방황하는 주인공 '시인' 이 모든 것은 몰락뿐임을 선언하고 자기 파괴적인 '난파' 상태를 선언하는 것과 같이, '운명'의 제목 또한 주의 깊게 다시 읽을 필요가 있다.

실제로 〈운명〉에서 정작 "모든 것은 운명이올시다"를 반복적으로 외치고 있는 것은 남성 인물 이수옥洪아론 분이다. 박메리양서 빈 분의 옛 연인 수옥은 메리의 상황을 가리켜 "사진결혼의 폐해" 이자 "사기결혼", "썩어진 유교의 독즙", "인생의 두려운 마취제" 라고 말하지만 정작 자신이 결정하는 행동은 없다. 수옥은 "나로 서는 알 수 없습니다", "자기가 뿌린 씨는 자기가 거두어야만 한다", "숙명"이라는 말만 무력하게 되풀이할 뿐이다.

그런데 흥미로운 것은 메리의 '태도'와 '행동'이다. 메리는 1장에서 하와이의 자신의 집을 찾아온 수옥에게, 그리고 2장에서 쏟아지는 열대성 강우를 피하기 위해 공동묘지 대피소에서 다시 만난 수옥에게 거듭 "나의 이야기를 들어 달라"고 말한다. 일반적인 드라마 구조에서는 낯설 수도 있는 긴 대사들이 1장과 2장 모두에서 중요하게 들어가 있다. 메리는, 육肉이 아니라 "영靈으로 살으십쇼" 충고하는 수옥에게 "육으론 죽어버리고 영으로만 구함을 받는 것은 필경 병신밖에 안 된다", 그것은 "불구" 상태일 수밖에 없다, 대답한다. 이들의 대화는 꽤 긴 분량으로 토론의 양상을 띠며 진행된다. 〈인형의 집〉 마지막 장면에서 노라와 남편 헬머의 논쟁 장면이 떠오른다. 노라는 헬머와의 대화에서 남편의 위선과 가족 이데올로기의 허위를 냉정히 깨닫는다. 곧 이 작품이 고학생 단체의 연극으로, 입센의 〈인형의 집〉과 함께 공연되었다는 사실은 수옥과 메리의 논쟁이 중심인 이 극의 구조를 이해하게 해준다.

강연회와 연극은 1910, 20년대 학생운동과 연극운동에서 중요한 역할을 했다. 수옥과 메리의 대화는 옛 연인들의 회한에 찬 사적 대화이기보다는 메리의 처절한 자기반성을 수반한 공적 고백의 성격을 띠고 있다. 메리는 "그릇된 도의의 관념", "서양을 동경하는 허영"이 초래한 결과를 인정한다. 〈난파〉에서 "전체는 허위다"마르크스의 '허위의식으로서의 이데올로기'의 태도에서 모든 것을 부정하고 자기 파괴를 감수하고 '난파'를 선언했던 것과 같은 파국의 힘을 갖는다. 2장 메리의 대사들이 묘지 앞에서의 고백이라는 점은 〈난파〉의 마지막 죽음의 장면과도 겹쳐지는 대목이다.

메리의 갑작스러운 살해의 결말 또한 메리의 자기 각성 이후의 '행동'으로 새롭게 주목해볼 필요가 있다. 비록 원작 희곡 대본에서 극적으로 충분히 설득력 있게 보여주기보다는 갑작스러운 결말로 제시되고 있지만, 메리는 '피해자의 피해자다움'의 수동적 여성 역할에서 벗어나 자기비판과 각성을 동반한 '행동'을 보여주고 있다. 수옥의 운명론을 거부하며 자기 고민과 각성을 보여주는 생생하게 살아있는 여성 주인공 메리의 '태도의 연극'

을 기대하게 한다. 〈운명〉은 근대희곡 초기 대본으로 비록 구멍이 숭숭 뚫린 텍스트이긴 하지만, 그만큼 공연팀을 자극하는 새로운 여성 인물을 보여주고 있다.

김낙형의 〈운명〉
—메리의 행동은 거세되고, 메리와 수옥의 이야기는 신파가 되었다

이번 김낙형 연출의 공연 〈운명〉은 많은 미덕을 보여주고 있다. 우선 근대희곡에 익숙하지 않은 관객에 대한 배려로 역사적 사실을 충실히 보여주고자 노력했다. 공연 첫 장면에서 하와이 이민 구술자료의 일부를 자막처리와 함께 보여주기도 하고, 사탕수수 농장 일꾼들의 움직임 장면을 도입부에 새롭게 삽입하기도 하고, 사진결혼 신부의 역사적 사실을 보여주기 위해 1장 도입부에 잠깐 단역으로 나오는 인근 여인 갑과 을을 극 중간중간에 계속 등장시켜 코러스처럼 활용하기도 한다. 여인 갑과 을 또한 사진신부로 설정하여, 요코하마 신체검역소 검역 장면을 보여주기도 하고, 아이들에게 젖을 먹이며 고기를 굽는 장면을 삽입하는 등 공연의 중요한 중심축으로 활용하고 있다. 여인 갑과 을을 맡은 배우 이수미와 주인영은 각각 갓난아이를 하나와 둘씩 업고 나와 그 자체로 해학적인 질감을 더해주고 있다. 1장 도입부의 인근 여인 갑과 을의 쥐꼬리 에피소드는 원작에도 있는

장면으로, 마치 야담처럼, 만담 커플 장면처럼 흥미롭게 제시되고 있다.

반면에 문제적인 인물인 메리와 수옥의 장면은 논리적 개연성을 위해 극 후반부 김낙형 연출이 직접 많은 대사들을 보완하고 있지만, 오히려 메리를 이해하는 방향에서 혼선을 낳고 있다. 메리는 "아, 제가 무엇을 해야 할지" 모르겠다고 혼란스러워하고, 수옥은 "메리씨⋯⋯ 제가 보고 있겠습니다. 앞으로 계속 나아가는 겁니다"라는 설교의 태도를 보인다. 원작에서 메리의 각성 이후 장면에 덧붙여진 긴 분량의 수옥의 대사는 우월적인 위치에서의 설교로 들리고, 결과적으로 메리의 각성을 무색하게 하고, 연인에게 의존적인 수동적인 모습으로 비춰지기까지 한다. 수옥이 메리를 위해 앉을 자리에 깔아주었던 손수건은 반대로 메리가 수옥의 앉을 자리를 위해 깔아준 손수건으로 변경되고, 마치 데스데모나의 손수건처럼 남편 양길삼에게 부정의 증거로 발각되는 장면은 또 어떻게 이해해야 할까.

메리가 남편 양길삼을 우발적으로 살해하는 묘지 장면에 앞서 교회에서 다시 재회하는 메리와 수옥 장면을 삽입한 것 또한 묘지 장면의 메리의 살해 장면을 단지 우발적인 사건 사고처럼 보이게 만들었다. 그리고 공연 장면에서 메리는 칼을 든 양길삼과 실랑이 끝에 칼을 들게 되고, 메리가 칼로 찌르는 것이 아니라 양길삼이 칼로 달려드는 것으로 살해 장면을 처리했다. 마지막까지 메리는 행위의 주체로 표현되지 못하고, '행동'은 거세당했다.

김낙형 연출은 프로그램북의 인터뷰 글에서, "메리와 수옥이 신파를 담당한다면 두 여인은 풍자와 해학을 담당"했다고 설명하고 있다. "우선 작품 속 메리의 운명이 조선의 운명 같다고 생각했다. 원치 않는 남자와 사는 것이 일본과 원치 않게 함께 가고 있는 당시 조선과도 같다"고 생각했다고 밝히고 있다. 김낙형 연출의 〈운명〉에서 해석된 메리는 신파의 여주인공이고, 메리의 현실은 조선의 운명으로 번역되었다. '여성의 현실'보다 1910, 20년대 조선의 민족 현실이 더 이해가 쉬웠던 연출가의 입장을 보여준다. 메리와 수옥이 신파를 담당하는 것이 아니라, 〈인형의 집〉의 노라와 헬머의 논쟁으로, 1910, 20년대적 상황에서 모던 보이 수옥의 허위와 연애의 허약함을 깨닫고, 메리 양서빈 배우가 고선웅 연출작 〈홍도〉에서 보여주었던 것처럼 기생 주인공이면서 당당함을 유지하고 있었던, 〈홍도〉 이후에 더 성장한 여성 캐릭터를 기대했던 것은 과연 그토록 무리한 일이었을까. 〈운명〉의 이화학당 출신 신여성 메리는 홍도보다 가련한 화류비련극의 신파 여주인공으로 남았다. 지금 현재 관객들이 쉽게 이해할 수 있는 '보편적 설명'의 극으로서는 성공했다 하더라도, 1920년대의 문제적 주인공의 작품을 문제적으로 제기하는 특별한 기회로 살리기에는 아쉬운 결과이다.

그 개와 그 곡과 ㄱ 신녀

〈그 개〉·〈오렌지 북극곰〉

〈그 개〉

일시 2018년 10월 5일~10월 21일 **장소** 세종문화회관 M씨어터 **제작** 서울시극단 **작** 김은성 **연출** 부새롬 **예술감독** 김광보 **무대** 김다정 **조명** 최보윤 **영상** 정병목 **작곡** 황현우 **음향** 임서진 **움직임** 금배섭 **의상** 김지연 **분장** 장경숙 **조연출** 조예은 **제작감독** 이재진 **기획** 장인정 **기획·홍보지원** 제나영, 임주희 **출연** 윤상화, 유성주, 김훈만, 박선혜, 신정원, 안다정, 이지혜, 장석환, 유원준, 조용진, 오재성, 김유민, 신정웅, 이나영, 이상승, 김민재, 김민혜, 이 경우

〈오렌지 북극곰〉

일시 2018년 10월 11일~10월 21일 **장소** 백성희장민호극장 **제작** 국립극단+버밍엄레퍼토리씨어터+한영씨어터 **작** 고순덕, 에반 플레이시 **연출** 피터 윈 윌슨 **아트디렉터** 여신동 **조명** 사이먼 본드 **음악** 장영규 **사운드** 임서진 **움직임** 이윤정 **영상** 정병목 **영상기술** 윤민

철 의상 나누리, 케이 월튼 소품 권민희 교육감독 김미정 출연 김민주, 강정임, 홍아론, 라사쿠 쿠코이, 타히라 사리프, 마이클 코드위

세상이 바뀌었다고 하지만 뭐가 바뀌었느냐는 반문이 많다. 촛불혁명이 있었고, 미투혁명도 있었다. 남북관계의 새로운 전환도 맞고 있다. 그러나 일상에서 느끼는 변화의 속도는 느리다. 역사라는 기차 안에서 바라보는 창밖 풍경은 빠르게 스쳐지나가지만 내가 앉은 자리는 단 한 발자국도 앞으로 나간 것 같지 않은 착시현상 때문에 멀미가 나기도 한다. 몸에는 단 한 발자국의 감각이 더 중요한 것이다. 그러나 기차는 달리고 있고 시간도 달리고 있다. 연극계에서 가장 먼저 눈에 뜨이는 현상은 세대교체이다. 블랙리스트 진상조사 결과 드러난 협회들의 순응과 무능력도 비판되고 있다. 새로운 세대의 목소리를 통해서이다. 〈그 개〉와 〈오렌지 북극곰〉, 개와 곰의 이야기가 서울시극단과 국립극단 청소년극으로 무대에 올라갔다. 두 공연 모두 16살 중학생 소녀가 주인공이다.

그 개와 민주시민

〈그 개〉는 두 마리 개 이야기다. 무스탕은 해일이 우연히 만난 유기견이다. 보쓰는 제약회사 회장 장강의 개, "보쓰의 개"이

다. 해일이지혜 분은 말끝마다 욕이 튀어나오는 틱 장애로 학교에서 왕따를 당하고 있다. "씨발!" 해일은 자신의 의지와 상관없이 튀어나오는 욕 때문에 학교에 가기도 두렵다. 아빠는 장강의 운전수이다. 장강윤상화 분은 육사 출신으로 대대장으로 예편을 하고 대형병원 로비를 통해 성장한 제약회사 회장이다. 장강은 성공한 기업인이지만 아내와도 별거 중이고, 자식도 미국에 살고 있다. 장강 옆에 있는 유일한 존재는 독일 셰퍼드 보쓰이다. 장강도 보쓰도 넓은 집에서 홀로 외롭다. 보쓰는 장강과 왈츠도 추고 말도 한다. 무스탕도 해일과 말을 한다. 무스탕의 원래 이름은 바닐라였다. 해일은 "그런 달달한 이름으로 어떻게 험한 세상을 사느냐" 걱정하며 야생마라는 뜻의 무스탕이라는 새 이름을 지어주었다. "우리 모두는 유기견이야." 해일은 무스탕과 자신을 동일시한다. 엄마와 아빠는 이혼을 했고, 다른 아저씨와 사는 엄마에게 자신이 버려졌다고 생각한다.

무스탕과 보쓰는 개의 몸짓을 흉내 내지 않고 사람처럼 행동한다. 해일이 사는 빌라에 이사 온 젊은 부부 영수와 선영의 아들 별이는 성인배우가 배냇모자를 쓰고 등장해서 갓난아이를 연기한다. "나 언제 뒤집어? 나 언제 말해? 근데 이유식이 왜 이래? 집은 왜 이렇게 좁아? 우리 집 가난해?" 말들을 쏟아내며 별이의 옹알이를 대신한다. 해일과 무스탕, 장강과 보쓰, 영수와 선영 부부의 이야기가 교차되면서, 짧고 위트 있는 장면들이 빠르게 지나간다. 대사 하나로 장면과 감정을 전환시키는 뮤지컬과 같은 빠른 전개이다.

그런데 해일이 그리는 애니메이션 동화 그림에서처럼, 어느 날 갑자기 "세상 모든 공기가 물로 변"하듯 사람들이 깊은 침묵에 잠기게 된다. 선영은 미술공모전 입상으로 받은 상금 때문에 3만 원이 인상된 건강보험료를 내지 않기 위해 보험공단과 미술공모전을 주최한 신문사와 문화재단을 뛰어다니며 해촉증명서를 떼기 위해 잠깐 집을 비운 사이 해일과 함께 장강의 정원에 들어간 별이가 보쓰에게 물려 죽는 사고가 생긴다. 선영은 그동안 빨리 돈을 모아 전셋집으로 들어가기 위해 아꼈었던 돈의 목록을 끝없이 외우며 자신을 자책한다.

'그 개'를 죽이는 결정이 내려지지만, '그 개'는 보쓰가 아니라 무스탕이 된다. 직장에서 잘리지 않기 위해 아빠는 해일에게 무스탕의 안락사 합의서에 지장을 찍게 한다. 해일은 자신이 갑자기 어른이 되었다는 것을 깨닫는다. 어른이란 나쁜 사람이 되는 것이다. 해일은 무스탕과 함께 바닷가에 가서 무스탕을 풀어주고 뒤돌아선다. 공연의 마지막 장면에서 모든 인물들이 혼자 있거나, 누군가 옆에 있거나, 모두 외롭다. 선영과 영수 부부는 해일이 처음으로 만난 "멋진 어른, 민주시민!"이었다. 민주시민은 가난한 시민이었을 뿐이고, 늙었지만 여전히 강한 이빨을 가진 사나운 '그 개'는 어디선가 사람들을 계속 물어뜯고 있을 것이다.

그 곰과 이주민

〈오렌지 북극곰〉은 새로운 시도의 연극이다. 국립극단 어린이 청소년극연구소와 영국 버밍엄 레퍼토리 씨어터, 영국과 한국어 이중언어 연극 극단인 한영씨어터 공동제작 작품이다. 영국 연출 가 피터 윈 윌슨, 작가 에반 플레이시와 한국 작가 고순덕, 그리 고 한국과 영국 십대 청소년이 참여한 2014년 워크숍을 공연으 로 발전시켰다. 그리고 2016년 초연에 이어 두 번째로 공연되는 것이다. 2016년 공연이 한국 배우들의 한국어 공연이었다면, 이 번 공연은 한국과 영국 배우들이 참여해서 각자의 모국어로 공연 하는 이중언어 연극이다. '오렌지'와 '북극곰'의 조합만큼이나 예측불허의, 낯설고 새로운 공연이다.

지영과 윌리엄은 떠내려가는 빙하의 북극곰처럼 "표류하는 중이다". 지영김민주 분은 2살 때 엄마와 아빠가 이혼을 해서 엄마 에 대한 기억이 없다. 대신 할머니가 지영을 키웠다. 중3이 되면 서 지영은 여자의 몸이 되가고 있다. 지영의 친구 태희는 중1이 되자 몸이 달라지기 시작하더니 중3이 되자 이미 여자가 되어 '여신'으로 군림하고 있었다. 지영은 아직 화장은 어색하지만 화 장품 냄새를 맡을 때마다 엄마 기억이 난다. 지영에게는 할머니 가 아니라 엄마가 필요한 나이다. 윌리엄라쿠 쿠코이 분은 이주민 이다. 2살 때 아빠가 사라지고 엄마와 영국에 왔다. 윌리엄의 엄마는 "이민자들은 모두 자기 나라로 돌아가야 한다고 떠드는 늙은 사람들의 엉덩이를 닦아주는" 간병인 일을 하고 있다. 엄마는 윌리엄이 영국 사람처럼 보이기를 원해 윌리엄에게 매번 '코코팝스'를 사준다. 윌리엄은 아무도 없는 집에서 매일 아침 혼자 코코팝스 시리얼을 먹는다. 윌리엄의 친구 아더도 이주민이었다. 아더의 원래 이름은 에요턴디다. 윌리엄도 원래 자기 이름이 있었다. 그러나 에요턴디는 아더가 되었고, 윌리엄도 영국식 이름을 가지게 되었다.

지영은 할머니가 알려준 집주소로 엄마를 찾아갔지만 문 앞에서 발길을 돌리고, 윌리엄은 자해와 자살을 시도하는 친구 사라의 부모님께 편지를 쓰며 자신이 너무 늦지 않았기를 바란다. 지영과 윌리엄은 어른에게서 위로 받지 않고 스스로를 구하기 위해 노력한다. 한국과 영국 공동제작의 복잡한 과정만큼이나 아직 선명한 중심 이미지 하나로 공연이 압축되는 것은 아니지만, 한국과 영국 십대들의 자기 이야기들이 날것 그대로 부딪치면서 만들어내는 낯선 지점들이 흥미롭다. 〈그 개〉의 해일과 〈오렌지 북극곰〉의 지영과 윌리엄은 각자 자신의 바다에서 표류 중이지만 지금까지와는 다른 자신, 어른이 된 자신들의 모습을 본다.

류장현은 공옥진을 '주름이 많은 소녀'라고 부른다

〈주름이 많은 소녀〉

〈주름이 많은 소녀〉

일시 2018년 12월 6일~12월 30일 **장소** 정동극장 **제작** 정동극장

연출·안무 류장현 **작창·음악감독** 이자람 **드라마투르기** 염혜원 **무대**

박상봉 **조명** 강지혜 **의상** 배경술 **편곡·악사** 김정민 **조연출** 이연우

출연 소리꾼 이나래+무용 송재윤, 윤일식, 오진민, 이원준, 황석진

공옥진의 춤을 다룬 공연 두 편이 연속해서 올라갔다. 지난 2018
년 10월 남산예술센터의 〈이야기의 방식, 춤의 방식 — 공옥진의
병신춤 편〉이하 〈이야기의 방식〉과 12월 정동극장의 〈주름이 많은 소
녀〉가 그것이다. 극단 그린피그의 〈이야기의 방식〉윤한솔 연출에는
공옥진의 수제자로 설정된 여배우 일곱 명이 출연해서 공옥진의
대표적인 레퍼토리인 병신춤이하 장애춤을 재연했다. 현대무용 프
로젝트 그룹 류장현과 친구들의 〈주름이 많은 소녀〉류장현 연출, 이
자람 음악감독에는 남자 무용수 다섯 명이 출연해서 공옥진의 장애

춤과 동물춤을 새롭게 재해석한 무대를 보여주었다. 연극과 무용으로, 각기 다른 방식이지만 현대적인 감각으로 만나는 공옥진 춤 공연들이다. 새삼 공옥진 춤의 현대적 가치를 발견하는 기회였다.

공옥진 춤은 1980, 90년대에 대중적으로 큰 인기를 끌었었다. 텔레비전 방송에서, 대학로 공연장에서, 혹은 대학가 집회현장에서 어김없이 사람들을 모여들게 했고 다함께 웃고 울게 했다. 온몸을 비틀고 어긋난 관절을 표현하는 장애춤, 천연덕스럽게 원숭이 흉내를 내며 관객들의 웃음을 뽑아내던 동물춤은 해학과 슬픔을 동시에 표현하고 있었다. 공옥진 춤은 병들고 늙은 몸을 표현한다. 예술은 '미와 추美醜'를 다루는 세계라고 말하지만 사실 우리가 예술에서 주로 보아온 것은 아름다움이다. 그런데 공옥진 춤은 고통을 보여준다. 우리 모두 병들고 늙고 고통스러움 앞에 자유롭지 않음을 말해준다. 그러면서 병듦과 죽음에 주눅 들지 않고 웃음으로 툭툭 털고 일어서는 생명력을 보여준다. "주름은 냉소적이면 안 생긴다. 웃거나 울어야 생기는 것이 주름이다." 류장현이 덧붙이는 공옥진 춤의 새로운 해석에 크게 고개가 끄덕여진다.

〈주름이 많은 소녀〉는 빈 무대에서 시작된다. 공옥진이 무대에 설 때 주로 입었던 하얀 무명 치마저고리처럼 하얀 무대이다. 공연은 소리를 사랑한 장노인과 유노인의 오프닝 나래이션으로 시작한다. 그들은 천당에서도 판을 벌이고 소리를 하고 싶어 그곳에도 판이 있는지 궁금하다. 그래서 서로에게 약속을 한다. 둘 중에 먼저 죽는 사람이 천당에 갔다가 보고 와서 꿈속에 나타나서 알려주기로. 마침내 장노인이 먼저 세상을 떠나고, 유노인의 꿈속에 찾아와 말한다. 그곳에도 판이 있다고. 그런데 내일 판에 나오기로 한 손님이 바로 자네라고.

이어서 거리의 사람들, 아이들 소리, 바람소리, 겨울 칼바람 소리가 들리고, 흰 무명옷 입은 소리꾼 하나가 걸어 나온다. 소리꾼 이나래다. 추운데 오시느라 고생 많으셨다, 인사말을 한다. 유노인의 저승길을 열며 방금 불렀던 노래가 공옥진이 잘 불렀다는 〈심청가〉의 한 대목인 '범피중류'라는 것도 알려준다. 심청이가 인당수 바다 한복판에서 부르는 노래라는 설명이다. 다섯 명의 무용수들은 심청이를 바다로 실어 나르는 배도 되었다가, 오방색의 쫄쫄이 원피스를 입고 개구리와 메뚜기와 늑대와 닭의 몸짓을 흉내내기도 한다. 알 수 없는 외계생명체와 같은 모습을 흉내내기도 한다. 공옥진이 잘 추었다는 동물춤을 새롭게 표현한 것이다. 모든 살아있는 것들을 춤으로 표현한 공옥진의 익살과 해학이 저절로 떠오른다.

그런가 하면 장애춤과 동물춤의 모티브는 무용수들의 일상의 이야기로도 중요하게 변환되어 이야기된다. 허리디스크로 갑자기 일어날 수 없어 3개월 동안 휠체어에 앉아 있을 수밖에 없었다는 이야기, 무용학원 다닐 돈을 벌기 위해 배달 알바하느라고 항상 무거운 짐을 짊어지고 있는 모습을 하고 있었다는 이야기에서 아무리 시대가 변했다 하더라도 고통스럽고 외롭고 무거운 짐을 진 채 구부러진 몸으로 살고 있는 우리들의 모습을 다시 돌아보게 한다.

제3부

드라마투르그
노트

—

국내 창작극

—

외국 원작극

—

국내 창작극

로맨틱하고 감상적이고 희극적이고 비극적인 연극

〈국물 있사옵니다〉

〈국물 있사옵니다〉

일시 2016년 4월 6일~4월 24일 장소 백성희장민호극장 제작 국
립극단 작 이근삼 연출 서충식 드라마투르기 김옥란 무대 박동우 조
명 이현지 의상 임예진 음악 박소연 소품 김상희 분장 최유정 동작구
성 남궁호 음향 최환석 화술지도 김선애 프로덕션매니저 김현희 제
작피디 지민주 예술감독 김윤철 출연 박완규, 유순웅, 이선주, 유연
수, 김정호, 이종무, 김희창, 박지아, 임영준, 우정원, 황선화 동아
연극상 연기상 박완규

국립극단 '근현대 희곡의 재발견' 네 번째 공연으로 이근삼의
〈국물 있사옵니다〉가 올라간다. 이근삼은 1960년대의 대표적인
작가이다. 이근삼은 〈원고지〉1960, 〈대왕은 죽기를 거부했다〉1961,
〈데모스테스의 재판〉1964, 〈제18공화국〉1965, 〈국물 있사옵니다〉
1966, 〈아벨만의 재판〉1975 등의 작품을 통해 현대적인 언어 감각

과 새로운 시공간의 공연을 통해 한국연극에서 현대극의 신호탄을 올린 작가이다.

이근삼, 한국현대연극의 출발점

이근삼은 영문학자이다. 미국 유학을 계기로 희곡을 쓰고 공연 활동을 시작했다. 1957년 유학 당시 미국은 브레히트 서사극과 부조리극의 절대적인 영향을 받고 있었다. 이근삼 또한 마찬가지다. 이 시기는 이근삼이 브레히트와 이오네스코뿐만 아니라 유진 오닐과 같은 미국 현대극 작가, 버나드 쇼, 셰익스피어, 그리스극에 심취하고 공연제작과정을 현장에서 체험한 시기였다.[1] 이근삼은 유학 이후 본격적으로 극작 활동을 시작했다. 따라서 그의 작품에서 현대극의 연극문법이 확실한 것은 자연스러운 결과였다.

이근삼은 기성 연극과의 단절의식도 매우 뚜렷했다. 한국연극은 이전까지 꽉 짜인 4막 혹은 5막 구조의 사실주의극이 중심이었다. 이근삼의 서사극과 부조리극적 연극문법은 기존 한국연극의 문법과는 완전히 다른 것이었다. 이근삼 희곡에는 막 구분은 물론 장 구분도 없다. 이는 기존 사실주의극의 견고한 막 구분을

---

1   서연호 대담, 「극작가 이근삼의 창작활동과 작품세계」, 『이근삼 교수 정년퇴임기념논문』, 1994.

피하기 위한 의식적인 노력으로 보인다.

이근삼의 기성 연극과의 단절의식을 찾아볼 수 있는 또 하나의 특징으로 희극 창작을 들 수 있다. 이근삼은 〈거룩한 직업〉1961, 〈위대한 실종〉1963 등 창작활동 초기부터 희극 창작을 고집했다. 이근삼이 초대 대표로 있었던 민중극단은 "레퍼토리로 코미디만을 공연하겠다는 기치를 들고 출발"[2]했다고 밝히고 있을 정도이다. 〈국물 있사옵니다〉 초연 기획자인 최명수는 당시 연극계는 퍽 침체되어 있었고 레퍼토리 또한 비극 일변도여서 이근삼과 민중극단의 일련의 희극 작품들은 일반 문화계의 큰 주목을 받았다고 회고한다. 이근삼 본인도 희극 창작이 "신성한 극장에서 엉터리 같은 코미디를 한다"[3]며 당시 연극계 원로들이 불쾌해하고 문공부에 항의할 정도로 기성 연극계와는 이질적인 것이었다고 말한다.

따라서 이근삼 희곡의 현대극적 의의는, 기존의 연구사에서처럼 서사극과 부조리극적 연극문법의 새로움 못지않게 희극성에서 찾아볼 필요가 있다. 사실 부조리극의 세계관이란 희극과 비극의 이질적인 세계가 공존하는 생의 감각이다. 부조리극의 희비극적 세계관, 서사극의 새로운 세계로의 개혁의지는 전후 실

---

2   최명수, 「국물이 많은 연극」, 『이근삼 교수 정년퇴임기념공연 〈국물 있사옵니다〉 프로그램북』, 서강대 신방과 동문 합동공연, 1994.

3   서연호 대담, 위의 글, 72쪽.

존주의와 함께 대표적인 전후 감각들이다. 이근삼 희곡이 위치하는 곳은 바로 여기이다. 이근삼의 희극성은 세상을 이전과는 다른 부조리한 세계로 인식하고, 일상의 인물들에게서 희비극적 전도가 일어나는 기이한 세계이지만, 실존의 감각을 유지하고자 애쓰는 윤리적 태도를 포기하지 않는다.

<국물 있사옵니다>, 1960년대와 희극의 윤리학

〈국물 있사옵니다〉는 이근삼의 대표작이자 1960년대의 대표작이다. 이 작품은 1966년 민중극단의 양광남 연출에 의해 국립극장현재 명동예술극장에서 초연되었다. 이 작품은 이근삼의 희극적 특성을 가장 잘 살펴볼 수 있는 것으로, 5·16 이후 정치현실에 대한 냉소적 시각으로 창작된 〈제18공화국〉1965 다음 해에 쓰여졌다. 정치 풍자극은 이근삼 희곡의 중요한 특징 중의 하나이다. 이근삼의 "작은 인간들의 집단의 역사"라는 희극적 풍자의 방식은 1930년대 채만식 소설과 송영 희곡, 함세덕의 〈고목〉1947의 계보를 잇는 것으로 문학사적·연극사적 의의도 크다.[4]

웹툰과 드라마 〈미생〉의 인기에서처럼 '평범하고 작은 인간들의 드라마'는 어느 시대에나 대중들의 폭넓은 공감과 사랑을

---

4 김문환, 「연극과 정치현실」; 양승국, 「빈정거림의 미학, 인간적인 것에의 갈망」, 한국극예술학회 편, 『극작가총서7 이근삼』, 연극과인간, 2010.

받는 주제다. 〈국물 있사옵니다〉의 주인공 김상범 또한 마찬가지이다. 그의 이름 '상범'은 평범한 사람을 뜻하는 '범상凡常'이라는 말을 뒤집은 것이다. 〈미생〉의 주인공이 미생未生에서 완생完生을 향해 나아가듯, 상범은 회사 내에서 승진과 출세를 위해 갖은 노력을 다 한다. 그렇게 상범은 초고속 승진과 출세의 아이콘이 된다. 제목인 '국물 있사옵니다' 또한 희극적 역전의 장치이다. '국물 있사옵니다'라는 말은 당시 유행어였던 "국물도 없어!"라는 말을 극존칭의 반어법으로 비튼 것이다.

또한 이 작품은 1960년대 서울의 일상풍경을 담고 있다. 종로에 있는 제철회사의 임시사원 김상범은 서른 한 살의 노총각이다. 그는 주말이면 영화구경을 하고 종로 천일은행 뒷골목에서 미국 포르노 잡지를 사고, 여자를 구경하러 교회를 기웃거린다. 그는 1960년대에 서민들에게 싼값에 제공한 시민아파트에 살고 있으며, 위층에 사는 성가대 여자 박용자와 은근한 연애도 즐기고 있다. 그런가 하면 아버지 환갑잔치에 필요한 돈 3만원이 없어 말단직원의 박봉을 한탄한다. 월급날은 매달 25일이다. 지금처럼 계좌이체가 아니라 매달 현금이 든 월급봉투를 받았다. 상범은 회사의 돈이 오고가는 경리부의 말단직원이다.

상범의 회사 사장은 교회 장로이다. 사장은 권투광에 사냥광이다. 당시 사냥은 상류층의 고급 스포츠였다. 상범은 신임을 얻어 사장의 벨기에제製 엽총을 손질하게 된다. 상범은 임시사원이고 정식사원도 아니다, 당시 임시사원의 비율이 높아 사히저으로 뇌물과 각종 비리가 횡행했다. 상범은 사장의 스파이 노릇을 하며 회사 내의 동태를 살피고 있다. 당시 유머만화와 명랑만화 〈코주부〉와 〈꺼벙이〉처럼 1960년대 서울의 평범한 도시민들의 일상의 풍속도가 웃음과 함께 경쾌한 속도감으로 빠르게 스케치되고 있다. 1960년대 일상에 대한 만화경과 같은 풍속도는 희극이기에 가능한 일상의 장면들을 포착하고 있다.

그런데 주변머리 없는 노총각 샐러리맨 상범의 초고속 승진과 출세가 무언가 비정상적이다. 상범은 2달만에 임시사원에서 정식사원이 되고, 1달만에 경리과장이 되고, 2달만에 상무로 특진되는 초고속 승진을 한다. 의뭉스럽게도 상범은 이 모든 상황이 싸구려 5원짜리 국산휴지로부터 비롯되었다고 말한다. 상범의 손에는 항상 사장의 엽총이 들려있고 먹잇감을 노리는 사냥꾼처럼 누군가를 겨누고 있다. 원래 이 작품의 원제는 〈엽총〉이었으나, 초연 당시 배우들에 의해 좀더 대중적인 제목으로 변경된 것이라고 한다.

이 작품의 시간적 배경은 가을부터 겨울까지이다. 마지막 장면에서 상범은 눈보라가 휘몰아치는 날 홀로 기차에 오른다. 상범은 여전히 엽총을 들고 있다. 이 작품의 마지막 장면은 폭주기관차의 발사된 총알과 같은 이미지이다. 상범은 발사된 총알처럼 끝없는 겨울 속으로, 동토凍土 속으로 추락한다. 이 가련한 인간에 대한 구원이나 동정은 어디에도 없는 듯하다. 희극의 윤리는 평범한 보통 사람들의 소박한 꿈과 욕망에 대해서는 한없이 따뜻한 공감의 웃음을 나누지만 그의 부정직과 일탈에 대해서는 가차 없는 냉소를 보내는 것이다. 희극의 윤리는 냉정한 균형감각을 갖추고 있다. 온갖 부정부패와 건설비리로 지어진 시민아파트 와우아파트의 붕괴1970처럼 상범의 '새 상식'은 부실이었다. 이근삼 희극의 촌철살인의 논평은 버나드 쇼의 언어와, 냉정한 희극적 균형감은 몰리에르와 견줄만하다.

개인의 행복과 사회의 행복

이번 공연은 '근현대 희곡의 재발견'의 취지에 따라 원작의 의의를 최대한 살리고자 했다. 원작의 의의를 살리는 방향은 크게 두 가지이다. 1960년대의 시대성을 살리는 것과 희극성을 어떻게 구현할 것인가이다. 우선 무대 이미지는 사실주의 무대가 아닌 추상적인 중립 공간을 설정했다. 대신 시대성은 의상과 소품, 음악을 적극적으로 활용했다. 계단 이미지의 중립적인 무대 공간은 빠른 등퇴장, 중첩된 무대 이미지, 다양한 장면 만들기를 가능하게 했다. 그리고 이 작품은 당대의 일상감각이 중요한 작품이기 때문에 연습기간 내내 1960년대 유행가와 만화와 영화 등 대중문화의 참고자료들을 적극적으로 찾았다.

실제로 공연에서는 〈사랑을 하면은 예뻐져요〉, 〈임신바는 사랑〉, 〈귀여운 베이비〉, 〈키다리 미스타 김〉, 〈러브 미 텐더〉, 〈눈이 내리네〉 등 당시 유행가가 나온다. 그리고 상범이 만나는 3명의 여성인물들을 위해서는 영화의 전형적인 클리셰 장면들을 활용하였다. 박용자에게는 올리비아 핫세의 〈로미오와 줄리엣〉1978, 현소희에게는 마를린 먼로의 〈7년만의 외출〉1957, 성아미에게는 비비안 리의 〈바람과 함께 사라지다〉1957의 장면들이 패러디되었다. 오프닝 장면의 군중씬에서는 "종이 울리네, 꽃이 피네, 새들의 노래……"의 〈서울의 찬가〉1966도 들린다. 파고다 공원 장면에선 〈007〉1965의 성우 더빙체도 패러디되었다.[5] 상학과 상범과 상출의 삼형제 장면은 못난이 삼형제 인형을 연상하게 했다. 이 공연의 인물들은 모두 속없이 웃는다. 미안해서도 웃고, 행복해서도 웃고, 외로워서도 웃고, 할 말이 없어서도 웃는다.

무엇보다 시대적 분위기를 강력하게 환기하는 것은 1960년대 대중가요들이었다. 1960년대 대중가요들은 명랑하고 유쾌했다. 1960년대 대중가요와 영화의 내용들은 말단 월급쟁이, 돈과 출세의 욕망에 솔직한 소시민과 상인, 발전하는 서울에 대한 미화 등을 표현하고 있다. 이는 1960년대 군사정권의 경제개발과 발

---

5   그러나 스파이 영화 〈007〉 패러디 장면은 다소 과하다는 내부 의견에 따라 조정, 생략되었다.

전에 대한 낙관적 역사관과 동일한 감정구조를 보여주는 것들이다.[6] 영어 가사가 많은 미군 부대 음악과 AFKN 라디오의 팝음악 등은 1960년대 이후 미국화 경향이 강해진 국내 상황을 환기시킨다.

그리고 이 명랑하고 건전한 음악들은 상범이 출세가도를 달리면서 점점 개인의 비극으로 떨어지는 것과 강한 대조를 이룬다. 이근삼의 〈국물 있사옵니다〉는 1960년대 근대화 개발의 출발점에 선 개인들이 국가적 비전인 경제개발 논리 속에서 얼마나 소외되어 있었는지, 비윤리적 선택들 앞에 얼마나 쉽게 무너져왔는지 씁쓸한 초상을 보여준다. 상범은 매번 '새 상식'을 선택하겠다고 호언장담하지만 그의 행동은 실제로는 우연에 의한 해프닝으로 희화화되고 있다. 상범의 개인적 불행의 결말은 그의 부도덕한 행동에 대한 극적 응징이면서 '개인의 행복'과 '사회의 행복'에 대한 뼈아픈 질문을 던진다. 상범은 신혼여행의 호텔방으로 찾아온 배과장에게 자신의 처지를 로맨틱하면서 감상적이고 희극적이면서 비극적이라고 자조적으로 말한다. 이러한 상범의 '부조리'는 1960년대 근대화의 출발지점이 개인들의 행복을 희생한 채 폭주기관차의 속도를 점점 더 높여갔던 것이었음을 깨닫게 한다.

---

6   박명진, 「이근삼 희곡의 일상성과 근대성」, 『극작가총서7 이근삼』, 연극과인간, 2010.

〈국물 있사옵니다〉와 서울과 돈

근현대극 심포지엄 – 근현대 희곡의 재발견 시리즈를 말한다

〈국물 있사옵니다〉

일시 2016년 4월 6일~4월 24일 **장소** 백성희장민호극장 **제작** 국립극단 작 이근삼 **연출** 서충식 **드라마투르기** 김옥란 **무대** 박동우 **조명** 이현지 **의상** 임예진 **음악** 박소연 **소품** 김상희 **분장** 최유정 **동작구성** 남궁호 **음향** 최환석 **화술지도** 김선애 **프로덕션매니저** 김현희 **제작피디** 지민주 **예술감독** 김윤철 **출연** 박완규, 유순웅, 이선주, 유연수, 김정호, 이종무, 김희창, 박지아, 임영준, 우정원, 황선화 동아연극상 연기상 박완규

〈국물 있사옵니다〉는 이근삼의 대표작이자 1960년대의 대표작이다. 국립극단 '근현대 희곡의 재발견' 네 번째 공연으로 서충식 연출에 의해 백성희장민호극장에서 공연되었다. '국물 있사옵니다'의 제목은 "국물도 없다"는 당시 유행어를 비튼 말이다. 이번 공연에서는 "국물도 없는 인생들을 위한 국물처세술"이라

는 말로 다시 한번 더 패러디의 의미를 살렸다. 개인의 이익만을 추구하는 사회 풍속의 처세술을 풍자하는 한바탕 희극이다.

십자가와 엽총

그런데 이 작품은 김상범이라는 대한민국 서울의 평범한 노총 각 개인에 대한 희극적 특성뿐만 아니라 1960년대 경제개발 신화를 이루고 있었던 발전하는 대한민국의 근대적 일상 풍경에 대한 세태 풍자라는 사회극적 측면 또한 강하다. 이 작품은 교회 종소리와 함께 시작된다. 상범은 여자 구경하러 간 교회에서 우연히 회사 사장과 마주친다. 종로에 있는 제철회사 사장은 교회 장로이다. 상범은 어수룩한 말투로 "돈과 종교는 표리일체로 붙어 다닌단 말입니까?" 반문한다. 회사 사장의 취미는 사냥이다. 총기 오발사고로 죽은 상범의 둘째 형님의 미제 엽총을 살펴보던 사장은 동물을 쏘라고 만든 "이 엽총은 어째서 사람을 쐈나?" 라고 반문한다.

상범은 회사 사장의 눈에 띄어 하루아침에 임시 사원에서 정식 사원이 되고, 시대의 '새 상식'을 받아들이기로 결심한다. 상범은 자신의 아파트에 십자가를 걸어놓고, 회사에선 사장의 엽총을 손질하며 출세 기회를 노린다. 십자가와 엽총은 상범의 출세라는 '새 상식'을 무대 위에서 계속 보여주는 장치이다. 돈과 종교가 표리일체로 붙어 다니는 세태가 새로운 시대의 상식인가 반문되고 있듯이, 십자가와 엽총은 한데 어울리기 힘든 것들이다. 십자가와 엽총은 상범의 말과 행동의 표리부동의 부조리를 보여주는 장치로 반복해서 사용된다.

상범은 십자가 아래에서 범죄를 계속 저지른다. 상범은 아파트 관리인이 심장마비로 죽자 죽기 전에 맡겨놓은 돈 5만원을 남몰래 가로채고, 상무로 특진한 후에는 성아미를 아파트로 호출해 협박한다. 성아미는 사장의 비서이자 며느리이고, 죽은 남편의 막대한 유산 상속자이다. 상범에게 성아미는 신분상승의 미끼이다. 상범의 손에는 항상 사장의 엽총이 들려있고 장난삼아 누군가를 겨누고 있다. 그리고 상범은 강도로 돌변한 탱크를 쏘아 죽이고 상무로 특진한다. 마지막 장면에서 부산행 열차에 몸을 실을 때도 상범의 옆에 있는 것은 막 결혼한 신부인 성아미가 아니라 엽총이다.

이 작품의 원래 제목은 '엽총'이었다. '국물 있사옵니다'는 초연 당시 공연에 참여했던 배우들에 의해 변경된 제목이다. 실제로 이 작품에선 상범이 사장의 엽총을 손질하면서 회사 안에서 사장의 스파이 노릇을 하고 출세의 기회를 노리다가 출세를 한다. 상범은 임시사원에서 정식사원이 되고 경리부장이 되고 대기업 제철회사의 상무로 승승장구한다. 마지막 장면에서는 드디어 사장을 대신해서 부산에 있는 제3 제철공장 건설 계약을 하러 부산행 열차에 오른다. 사장을 대신해서 내려가는 부산행 열차는 상범의 출세의 정점의 순간이다.

그런데 그 순간 그는 외롭다. 폭주하는 기관차 안에서 그의 곁을 지키고 있는 것은 엽총뿐이다. 폭주하는 기관차의 굉음소리와 눈보라의 폭풍소리는 마치 엽총에서 발사된 총알처럼 느껴진다. 폭주하는 열차 안에서 상범이 겨누는 총은 누구를 겨누는지 알 수 없다. 폭주하는 미친 기관차에서 그 총은 자신을 쏠지도 모른다. 상범은 전날 먹은 술로 머리가 깨질 듯이 아프고, 왜 그런지 불안해 엽총을 손에서 놓지 못한다.

<서울의 찬가>와 <키다리 미스타 김>

이번 공연은 원작의 의의를 살려 최대한 원작 그대로를 무대 위에 올렸다. 공연은 조용한 일요일 아침의 교회 종소리로부터 시작되고 마지막에 폭주기관차의 굉음소리와 함께 끝난다. 어느 평범한 일요일 아침 거리의 일상 장면에 등장하는 군중들은 〈서울의 찬가〉의 명랑한 음악 소리에 맞춰 분주히 무대를 지나쳐 간다. 마지막 장면에서 상범이 부산행 열차에 몸을 실을 때 1960년대 근대화의 열차에 함께 몸을 실었던 군중들의 장면이 반복된다. 〈눈이 내리네〉의 느린 음악과 함께 군중들의 움직임은 느리고 잠시 방향을 잃은 것 같다. 폭주기관차 홀로 맹렬히 속도를 높인다. 상범은 이미 발사된 총알처럼 자신을 멈출 수 없다. 〈서울의 찬가〉와 함께 시작된 공연은 〈귀여운 베이비〉, 〈키다리 미스타 김〉을 명랑하게 노래하고 응원하지만 그는 얼어붙은 동토 속으로 추락하고 있다.

공연은 1960년대 근대 도시 서울의 일상을 동시대 관객들에게 가깝게 보여주기 위해 1960년대 대중가요의 익숙한 음악들을 공연의 정서적인 결로 덧붙이기 위해 많은 공을 들였다. 부정적 인물의 부정적 행동에 대한 희극적 징벌과 풍자가 평범한 대한민국 소시민 김상범에게 어쩌면 가혹할지도 모른다. 세상 사람들의 변해가는 새 상식에 나만 홀로 피해만 보고 살 수는 없지 않느냐, 나는 억울하다, 김상범의 논리가 가련하기도 하다. 상범은 자신의 악행의 순간들마다 장광설의 변명의 대사를 늘어놓는다.

그런데 서충식 연출은 공연의 마지막에 숨 가쁘게 달려온 속도를 잠시 멈추고 느리게 함께 걸어가는 사람들을 바라보게 한다. 상범의 초고속 승진의 정점이라 할 수 있는 성아미와의 결혼식 장면에선 〈결혼행진곡〉과 같은 행진곡이 아니라 〈눈이 내리네〉의 쓸쓸한 노래가 들려온다. 결혼식 장면의 무대 뒤편엔 미8군 부대 무대에서 인기 있었던 김 시스터즈가 경쾌하게 춤을 추고 있지만 무대엔 하얗게 눈이 내린다. 공연은 상범의 폭주기관차의 한 순간을 보여주면서도 잠시 속도를 늦추고 폭주기관차의 굉음소리를 가라앉히고 맑은 피아노 음악으로 공연을 끝맺는다. 잠시 멈춰서 자신을 돌아보는 시간을 준다. 반면에 원래 이근삼 원작에선 "폭풍소리가 더욱 요란해지며 기차는 속력을 최대한으로 내는 듯 기적이 목이 쉬어라 절규를 할 때 서서히 막이 내린다".

이 공연이 처음 올라갔던 1966년의 시점에서 폭주기관차의 절규는 당시 근대화 도시 서울의 일상인들이 느꼈을 아찔한 속도의 현기증을 전해준다. 1960년대 군사정권의 일사불란한 경제개발과 발전의 속도는 급속히 달라지는 시대 속의 개인들에게 '새 상식'의 비윤리적인 선택을 강요하고 있다. 비윤리적 선택의 옳고 그름을 생각할 시간 대신 정당화 논리와 명분만을 찾는 장광설이 길어진다. 이번 공연에서는, 1966년 원작을 2016년 현재 시점에서 새롭게 올리면서 50년의 시간차를 두고 지난 시대를 되돌아보는 시선을 마련하고 있다. 상범은 성공의 최정점에서 스스로에게 묻는다. "그래 행복하오?"

1966년과 2016년의 자본주의적 삶과 폭주기관차

이 극에서 근대화의 도시와 일상의 사람들을 풀어가는 방식은 익숙하고 친근하다. 1960년대 서울의 도시와 일상의 풍경은 지금 우리의 그것과 크게 다르지 않다. 이 공연에 대한 관객들의 반응 또한 지금 우리의 현실과 너무나 똑같다는 것이다. 이 공연이 지금의 관객들에게 우리의 현실의 이야기로 가깝게 느껴지는 것은 지금의 서울의 거리와 오버랩되는 1960년대 서울의 거리의 모습뿐만 아니라 매일매일 먹고 살고 돈 걱정하며 살아야 하는 자본주의적 일상의 묘사가 정밀하기 때문이다. 진지한 극들에서는 쉽게 포착되지 않는 일상의 모습들이 이 극의 희극적 장치를 통해 풍부하게 묘사되고 있다. 그때나 지금이나 박봉의 월급으로 살아가며 저축을 하고 결혼을 준비하고 아이를 낳고 승진을 걱정하는 도시 노동자, 직장인들의 일상은 이 극이 어느 극보다 우리의 현실 가까이 느껴지게 한다.

〈국물 있사옵니다〉는 일상인들이 매일을 살아가며 걱정하는 돈 문제로 1960년대의 문제를 풀어가고 있다. "국물도 없다"의 유행어 자체가 금전적인 이득과 요행을 바라는 사회 풍조를 담고 있다. 상범은 극 초반 박용자와 데이트를 앞두고 5원짜리 동전을 던져 같이 보러갈 영화가 재미있을지 없을지 점을 쳐본다. 그런가 하면 아버지 환갑잔치에 쓸 돈 3만원이 없어 쩔쩔 맨다. 상범의 형 상학은 인천에 있는 공과대학 교수이지만 월급이 1만원밖에 되지 않는다. 상범은 죽기 직전 자신에게 맡긴 아파트 관리인의 돈 5만 원을 가로채 아버지 환갑잔치 비용을 마련한다. 회사 사장의 며느리이자 비서인 성아미는 회사 공금 6만 2천 원을 횡령하고 있고, 상범을 협박하고 있는 다방 여자 현소희는 상범에게 위자료 50만 원을 요구하고 있다. 상범의 회사는 월급날 직원들에게 지불할 420만 원을 책상에 쌓아놓고 있다. 현소희는 돈 50만 원을 요구한 덕분에 목숨을 잃었고, 탱크 또한 돈 420만 원을 들고 도망가다 목숨을 잃었다.

1966년과 2016년의 50년의 시간 차이는 100배의 화폐가치의 차이를 보여준다. 상학의 대학교수 월급은 1백만 원, 아버지 환갑잔치에 필요한 돈은 3백만 원, 관리인이 맡긴 돈은 5백만 원, 현소희가 협박하는 금액은 5천만 원 등을 대입하면 된다. 그때나 지금이나 평범한 월급쟁이들은 이런 돈 저런 돈 걱정하면서 사는 삶이 어렵다. 게다가 상범은 임시직원이었다. 요즘으로 치면 비정규직 노동자인 셈이다. 50년 전이나 지금이나 사회 전반에 비정규직의 비율이 높아 비리와 뇌물이 횡행했던 사실은 씁쓸하기까지 하다. 상범은 대기업 제철회사의 경리부 직원이고, 경리부는 회사의 돈이 오고가는 곳이다. 다른 어떤 곳보다 회사의 비리가 잘 보이는 위치에 있다. 그만큼 회사의 온갖 비리에 쉽게 물들 수 있는 위치이기도 하다. 화폐가치는 100배가 되었지만 우리의 삶은 100배로 행복할까? "그래 행복하오?" 상범이 마지막에 던지는 질문은 지금도 여전히 울림이 크다.

50년 후에도 우리는 여전히 경제적으로 힘든 시기를 지나고 있다. 사회적으로, 경제적으로, 전 세계적으로 장기불황을 거치면서 자본주의적 삶에 대한 성찰과 반성의 시선들도 많다. 그래서일까? 공연을 준비하면서 〈국물 있사옵니다〉와 같은 희극이 절실히 필요하다는 생각이 든다. 힘드니까 웃음으로 견디며 건너갈 힘이 필요하다. 마지막 장면에서 폭주기관차에 올라탄 상범이 느끼는 마지막 느낌은 부조리이다. 세상이 이상하다는 감각이다. 임시사원 김상범은 드디어 대한민국 대기업 제철회사의 사장 직위를 바로 눈앞에 두고 있다. 그런데 그는 하나도 행복하지 않다. 그는 머리가 깨질 듯이 아프고 왠지 불안하고 억지로 웃어보려고 한다. 부조리의 궁극적인 감정은 공포이다. 희비극을 통해서 마지막에 도달하는 감정은 공포다.

서울과 부산을 잇는 경부고속도로는 제2차 경제개발 5개년계획에 의해 1968년 2월에 착공되어 1970년 7월에 완공되었다. 1966년도에 출발한 상범의 부산행 열차는 경부고속도가 완공되기 이전이다.(1944년 10월 경부선 철도가 준공되었고, 1970년 경부고속도로가 완공되었다) 상범은 기차를 여러 차례 갈아타고 부산행 열차에 몸을 싣는다. 지금 현재 경부고속도로에는 시속 300km의 KTX가 달린다. 상범의 부산행 열차의 속도는 그 이후 계속 속도를 높여왔다. 부산과 서울을 2시간 안에 달리는 놀라운 속도다. 그런데 지금 우리는 우리가 어디를 향해 달리고 있는지 잠시 멈추고 생각해야 할 때가 아닐까. 폭주기관차의 절규, 상범의 절규의 목소리들이 여전히 멈추지 않고 있다.

달밤에 취했다, 아으 동동다리!

〈동동〉

〈동동〉

일시 2017년 11월 9일~11월 26일 **장소** 정동극장 **제작** 정동극장
워아 박소정 **작·연출** 육지 **무대** 김대한 **의상** 우영주 **탈디자인** 우영
주·손재린 **조명** 이경은 **음향** 정윤석 **드라마투르기** 김옥란 **출연** 송
민화, 김용남, 이재현, 조은, 정현철, 박현철, 전애현, 최다빈, 김원
영, 안영현, 김강산, 재정웅, 조재웅, 기무간, 김기인, 허종 그리고
악사 남용우, 이기수

　창작탈춤극 〈동동〉은 고려 가요 〈동동〉에서 제목을 따왔다.
신라 향가와 고려 가요는 민간에서 불리던 노래다. 이 노래들은
중국 한자를 빌려와 우리말로 표기한 이두나 향찰로 기록되거나
구전으로 전해오다가 조선시대에야 비로소 문자로 기록되었다.
"아소 님하", "아으 동동다리", "얄리얄리 얄라셩 얄라리 얄라"
등 고려 가요의 후렴구들은 마치 재미있는 주문처럼 한번 들으

면 잊혀지지 않고 입에서 술술술 나오다. 문자 이전의 노래기 사람들의 입에서 입으로 전해져 지금도 아리고 아린 마음을, 어지러운 인생사의 한 고비를 "얄궂다, 얄궂다!" 허허 웃으며 비껴가게 한다. 그런가 하면 신라 향가와 고려 가요의 명칭을, 중국의 노래와 다르다는 뜻에서 '향가鄕歌'와 '별곡別曲'이라고 불렀다는 대목에서는 우리 민족의 문화적 자부심이 보통이 아니었음을 짐작하게 한다.

고려의 노래와 탈춤의 춤, 창작탈춤의 새로운 시도

창작탈춤극 〈동동〉은 고려가요를 소재로 한 창작 탈춤 공연이다. 고려 가요와 조선 후기 탈춤의 만남, 이질적인 조합이다. 남녀간의 사랑과 이별, "청산에 살어리랏다" 풍류의 내용과 욕설이 질펀한 노골적인 저항과 풍자의 양식인 탈춤과의 만남. 전통을 소재로 한 새로운 연극적 실험이다. "이게 될까?" 연습 과정 내내 계속 머리를 갸웃거렸던 것도 사실이다. 신인 연출가 육지는 전통음악 전공자이면서 뮤지컬 작가와 연출가이기도 하다. 오랫동안 김덕수 사물놀이 공연 조연출 경력을 쌓아왔으며, 서울시 국악관현악단 연출, 창작뮤지컬 연출 경력을 가지고 있다. 젊지만 심지가 굳다.

매일매일 연습실에선 판소리의 북 장단, 탈춤의 장구, 굿의 징

소리가 한데 섞여서 들렸다. 프로덕션 넘버인 〈동동〉은 민요풍의 뮤지컬 음악이지만 탈춤의 강렬하고 코믹한 춤이 함께 한다. 현종의 호위무사 월의 죽음 장면에선 씻김굿 장단에 탈춤의 독무를 과감하게 배치했다. 탈춤을 중심에 놓고 굿과 판소리와 뮤지컬을 과감하게 끌어들이고 있다. "이게 될까?" 싶었던 부분들이, "이게 되는구나!" 발견하는 과정으로 바뀌었다. 고려 가요의 깊은 속마음의 아린 감정들이 눈 부릅뜨고 잔뜩 주름진 탈 쓴 얼굴들을 휘휘 내젓는 탈춤 동작들과 만나 더 깊은 감정으로 표현되었다. 발을 구르고 하늘로 손을 뿌리는 탈춤 동작에서 달밤에 횃불 밝히고 춤을 추는 남성 군무의 생생함이 느껴진다. 탈춤이라는 장르가 전통 양식 중 가장 젊은 장르라는 점도 새롭게 상기되었다. 신인 연출가 육지의 새로운 가능성도 함께 발견되는 순간이었다. 누군가는 일을 저질러야 한다.

이렇듯 이 공연의 전통은 단지 '고증'의 방식이 아니라 현대적 시각에서 자유롭게 전통을 섞는 자유분방한 '결합'의 방식이다. 서태지 〈하여가〉의 태평소 소리, 싸이 〈강남스타일〉의 말춤이 사랑받았던 방식이다. 한편, 그렇다고 해서 이 공연이 전통의 '고증'을 무시하고 있지는 않다. 오히려 각 분야 전문가들의 협업에 의해 공연이 탄탄하게 뒷받침되고 있다. 중요무형문화재 고성오광대 이수자 허창열의 탈춤, 김재승의 안무, 작곡가 황예슬의 서정적이며 감각적인 음악이 작품 전체를 안정적으로 받쳐

주고 있다. 고려 가요 〈동동〉 〈달아 높이곰 도다사〉, 〈청산별곡〉이 작가에 의해 다듬어지고, 황예슬 작곡에 의해 새롭게 가락을 얻었다.

노장과 취발이, 소무, 양반, 상좌중, 소년, 그리고 용신 등 기존의 탈을 응용한 새로운 탈도 제작되었다. 새로운 창작대본의 캐릭터에 맞춘 탈들이다. 탈이 연습실에 들어왔을 때, 공연의 많은 부분들이 바로 해결되는 것이 느껴졌다. 캐릭터 구축과 설명을 위한 많은 부분들을 생략하고 바로바로 장면으로 들어가는 것도 가능했다. 이 공연은 배우들이 공연 내내 탈을 쓰고 연기하지는 않는다. '탈-가면 쓰기' 또한 연극적 장치로 적극적으로 가져와 탈을 쓰고 있을 땐 속마음을 이야기하고, 탈을 벗고 있을 땐 오히려 거짓말이라는 보이지 않는 가면을 쓰고 이야기하는 장면들도 많다. '가면 쓰기'와 '가면 벗기'는 매일매일 일상의 드라마에서 우리에게 익숙한 것이다.

고려판 〈한여름밤의 꿈〉, 사생아 어린 왕, 고려 최고의 성군이 되다!

고려판 〈한여름밤의 꿈〉 — 공연에 대해 연출이 던진 최초의 아이디어는 이것이다. 고려 가요 〈동동〉은 사랑 이야기다. 일월 보름달, 이월 보름달, 삼월 보름달, 그리고 시월 보름달 아래 님 없이 홀로 잠 못 이루는 심정을 노래에 담고 있다. 셰익스피어

〈한여름밤의 꿈〉 또한 사랑 이야기다. 젊은 연인 허미어와 라이센더는 아버지의 결혼반대를 피해 숲속으로 달아나고, 그 둘을 사랑하는 또 다른 연인 헬레나와 드미트리우스도 숲속으로 따라 들어간다. 숲속에서 두 쌍의 연인은 마법에 취해 서로 길을 잃고, 짝을 바꿔 사랑하게 되고, 사랑하는 사람을 잃은 누군가는 지옥 같은 감정을 겪게 된다. 그리고 마법이 풀리고 모두들 다시 제자리로 돌아온다. 모두 숲속의 요정 오베론 왕과 티타니아 여왕의 장난 때문이다. 티타니아 또한 오베론의 마법에 의해 당나귀로 변신한 직공 보텀을 사랑했다가 깨어난다.

창작탈춤극 〈동동〉의 사랑 이야기에서 마법의 장치는 탈이다. 때는 현종 즉위 1년, 고려 최대의 축제 팔관회가 시작된다. 팔관회는 연등회와 함께 불교 축제이기는 하지만, 부처 대신 천지신명과 용신을 섬기는 민간 신앙의 성격이 강하다. 극중에서 팔관회 의식에 의해 용신이 불려나오고, 왕이 되기 싫은 현종은 자기 얼굴의 탈을 잃어버리고 대신 강감찬 장군의 탈을 빌려 쓰고 하룻밤 동안 용신에게 붙들려 이리저리 길을 잃는다. 원정왕후와 팔관회 의식의 코끼리 수레를 끄는 승랑 호두의 사랑, 떡집남자 떡남과 감나무집 여자 감녀의 사랑과 그들의 비밀의 아이가 용신의 꼬리를 붙잡고 나와 잠시 어미와 아비를 만나고 죽음의 세계로 돌아간다. 팔관회가 치러지는 단 3일, 살인, 도둑질, 음행, 거짓말, 음주, 가무, 높고 편한 잠자리를 금하는 8계를 지켜야

하지만 용신이 나타나 하룻밤 사이 모든 것이 뒤집어진다. 그리고 벽란도 바닷가의 파도 소리가 들리고 아침 해가 뜨자 모든 것이 제자리로 돌아간다.

그런데 현종은 왜 이런 하룻밤 사이의 판타지에 끌려들어가고 있는 것일까? 현종은 우리 역사상 유일한 사생아 출신의 왕이다. 현종은 고려 제8대 왕이다. 태조 왕건의 여덟 번째 아들 왕욱의 사생아이다. 왕욱은 조카딸 뻘인 헌정왕후와 사통한 이후 아들을 낳았고, 헌정왕후는 현종을 낳다가 죽고, 왕욱 또한 귀양길에서 죽고, 현종은 고아가 되었다. 설상가상으로 목종의 섭정을 맡았던 천추태후의 미움을 받아 절에 맡겨진 이후 암살의 위협 속에서 유년기를 보냈다. 1009년 강조의 정변으로 목종이 폐위되고, 현종은 하루아침에 왕이 되었지만 백성들로부터 신망을 얻지도 못했다. 현종 즉위 1년 1010년 11월 40만 대군이 몰려온 거란 2차 침입 당시, 현종은 전라도 나주까지 피난하였고 백성들로부터 공격을 받을 정도로 비참한 피난길을 겪었다고 한다.

부패했던 왕실의 권위는 이미 땅에 떨어졌고, 대외적으로는 송과 거란이라는 강대국의 위협을 받고 있었다. 이럴 때 18살 어린 나이로 갑자기 왕이 된 것이 현종이다. 거란은 993년 서희가 외교적 담판으로 강동 6주를 얻은 이후 1010년, 1018년 두 차례나 더 고려를 침략했고 다시 강동 6주를 돌려주기를 요구했다. 현종은 강동 6주를 끝내 돌려주지 않고 버티면서 강감찬을 발탁하고, 거란 3차 침입 당시 강감찬 장군은 귀주대첩으로 거란을 크게 물리쳐 비로소 거란과 힘의 균형을 이루었다. 오랜 전쟁을 끝내고 고려와 거란과 송이 힘의 균형을 이루고, 동북아시아의 평화를 유지하며, 송과의 경제교류 또한 활발했다. 고려의 국제 무역항 벽란도는 개경과 가까운 예성강 하류에 있었으며, 중국 상인뿐만 아니라 이슬람대식국 상인들도 자주 드나들고, 이때 고려청자와 함께 '코리아'의 이름으로 고려가 세계에 이름을 알렸다.

사생아에서 하루아침에 왕이 되고, 왕이 된 이후에도 주변 강대국의 침입으로 비참한 피난을 가야 하는 등 현종은 개인적으로는 파란만장한 삶을 살았지만 현명한 왕이 되었다. 외교력과 함께 군사력을 강화함으로써 동북아시아의 평화를 유지하고, 무역이 발달하게 하고, 거란의 2차 침입 당시 국력을 모으기 위해서 고려 대장경을 간행하고, 그동안 폐지되었던 연등회와 팔관회를 부활시켜 국민적 화합에도 각별한 신경을 썼다. 사생아에서 고려 최고의 왕이 되기까지 현종의 일대기 자체가 드라마틱하다.

이 작품은 현종 즉위 1년 팔관회를 다시 부활시키고, 용신을 불러낸 현종이 하룻밤 겪는 일이다. 용신의 조화 속에서 현종은 어린 왕의 탈 대신 용맹한 강감찬 장군의 탈도 대신 써보고, 원정왕후와 호두의 금지된 사랑도 지켜보고, 감녀와 떡남의 잃어버린 아이에 대한 속 깊은 한탄도 들으면서 달이 동동 뜬 달밤에 술에 취해, 인생에 취해, 그래도 살아가야 하다는〈처사별곡〉의 노래를 듣는다. 아마도 현종은 사생아로 태어난 자신의 운명이 싫고 어미 아비가 미웠나 보다. 고려가요의 절절한 사랑 노래와 애달픔 속에서 현종은 비로소 자신의 잃어버린 얼굴을 되찾는다.

극중에 월의 죽음 장면에 나오는 진관의 노래는 현종이 직접 쓴 시이다. "바위 아래 샘물이라 업신여기지 말아라. / 머지않아 용궁에 다다를 물이다. / 화원난간 또아리 튼 작은 뱀 한 마리 / 하루나절 용 되기 어렵지 않다." 곧 이 작품은 하룻밤 판타지 속에서 한 마리 작은 뱀이 허물을 벗고 용이 되는 이야기이다. 동시에 벽란도 푸른 파도 아래서 천년을 잠들어 있던 용이 깨어나 사람들과 섞이고 함께 살아가게 되는 이야기이다. 월의 죽음, 감녀와 떡남의 아이의 죽음에서 현종은 "살아야지, 살아야 하지, 청산에 살아야하지."〈청산별곡〉노래를 부른다. 하루아침에 뒤집어진 세상, 숨어있던 동굴 속에서 나와 갑자기 왕이 된 현종. 그러나 그는 오랜 시간 마음을 다해 현명한 왕이 되었다. 우리도 세상이 뒤집어졌다. 갑자기 뒤집어지긴 했지만, 그냥 뒤집어진 것은 아니다. 우리에게도 〈청산별곡〉의 노래를 부르며 오래 마음을 다하는 시간이 필요하다.

도깨비놀음, 〈깨비가 잃어버린 도깨비 방망이〉가 공연으로 올라가기까지

〈깨비가 잃어버린 도깨비 방망이〉

〈깨비가 잃어버린 도깨비 방망이〉

일시 2018년 2월 2일~2월 11일 장소 아르코예술극장 소극장 제작 극단 하땅세 작 정승진 연출 윤시중 드라마투르기 김옥란 무대 윤시중 작곡·음악감독 서상권 움직임 양승희 의상 김상희 조명 최정환 영상 이주광 오브제 최수라 홍보디자인 김혜원 조연출 김경식 기획 권제인 출연 문숙경, 유독현, 최병준, 김윤미, 김지환, 신민규, 김채연, 구자휘, 오완우, 이은주, 이동인

〈깨비가 잃어버린 도깨비 방망이〉이하 〈깨비〉는 2017 창작산실 연극 작품이다. 정승진 작가와 극단 하땅세가 함께 하는 두 번째 아동극이다. 정승진 작가의 첫 번째 작품 〈거인 이야기〉는 2017년 7월 20일~23일 알과핵 소극장에서 초연되었고, 2018년 1월 27일~28일 아르코예술극장 소극장에서 제14회 서울아시테지

겨울축제 공연으로도 올라갔다. 정승지 작가의 두 번째 기픔 〈깨비〉가 일주일 만에 같은 공간에서 다시 올라간다.

도깨비는 누구인가?

〈거인 이야기〉는 아빠와 아들 이야기다. 아빠는 회사에서 매일 늦고, 아들은 작은 스마트폰 속 세계에만 빠져 산다. "넌 거인이 될 거야!" 하룻밤 신나는 놀이를 통해 아빠는 아들과 즐거운 친구가 되고, 아들은 아빠에게서 비로소 산처럼 큰 거인을 느낀다. 〈깨비〉는 할아버지와 손주 이야기로부터 시작했다. 할아버지는 손주에게 도깨비 이야기를 해준다. 그런데 손주는 도깨비가 누구인지 모른다.

〈거인 이야기〉의 아들 이준이는 정승진 작가의 아들 이름이다. 〈깨비〉의 손주 석우는 윤시중 연출가의 아들 이름이다. 이외에도 〈깨비〉에는 여러 인연들의 이야기가 함께 담겨 있다. 실제 석우의 할아버지는 지난 해 10월 작고한 극작가 윤조병이다. 정승진 작가는, 과천시민극장 희곡교실을 진행한 윤조병 작가의 마지막 제자 중 한 사람이다. 〈깨비〉의 창작산실 쇼케이스가 진행된 것은 지난 해 4월이다. 이 작품이 정식 무대에 오르기까지 많은 일들이 있었다. "깨비가 잃어버린 도깨비 방망이" — 도깨비 방망이를 찾아가는 이야기는, 도깨비 방망이를 찾아 떠난 할

아버지를 찾아 떠나는 석우의 이야기가 되어 갔다. 〈깨비〉 공연의 아이디어에는 윤조병 작가를 떠나보낸 윤시중 연출가와 극단 하땅세 배우들의 실제 감각들이 그대로 반영되었다. 작가는 매일매일 연습실을 지키며 수정본을 쓰고, 또 썼다.

도깨비는 누구인가? 도깨비 이야기를 다루면서 어려움도 많았다. 드라마 〈도깨비〉tvN, 2016.12~2017.1가 대히트를 친 직후였지만, 여전히 도깨비는 누구인지 감이 잡히지 않았다. 도깨비 관련 책도 찾아보고, 이미지들도 찾아봤지만, 도깨비를 찾아서 무슨 이야기를 할 수 있을지 쉽게 감이 잡히지 않았다. 윤시중 연출가는 도깨비가 나오는 수많은 아동극들을 보아왔지만 재미없었다고 말한다. 석우 또한 도깨비 이야기에 별 흥미를 느끼지 않는다고 말한다. 도깨비 이야기를 만들되, 익숙한 도깨비 이야기로 만들지는 않겠다고 말한다. 하땅세 배우들은 즉흥연기와 연극 만들기에 익숙하다. 다양한 시도가 거듭되었지만, 도깨비를 쉽게 찾을 수는 없었다. 이야기가 엎어지길 여러 차례, 이 작품은 공연 전날에야 완성될 것이라는 윤시중 연출가의 호언장담 혹은 무서운 예언은 점점 사실이 되어 갔다.

어느 날 연습실에 요강이 들어왔다. 도깨비를 표현하는 전형적인 소품은 사용하지 않겠다는 규칙을 깨고 요강도 들어오고, 지팡이도 들어왔다. 또다시 다양한 시도가 거듭되었다. 음악감독 서상권 선생님은, 이번 작품에서도 극장의 소리에 대한 실험을 계속하고 있었다. 〈위대한 놀이〉에서 소리로 공연을 세우는 데에 많은 영감을 주셨던 바로 그 분이다. "이 요강이 소리를 잡아먹을 수도 있다." 서상권 음악감독의 한 마디다. "요강이 잡아먹는 소리는 무엇일까?" 질문을 던졌다. "엄마의 잔소리!" 작가의 대답이다. 이 공연의 소리 도깨비의 아이디어가 탄생하는 순간이다. 배우들은 소리 도깨비가 되어 객석에서 관객들과 함께할 것이다. 요강은 엄마의 잔소리도 잡아먹고, 아빠의 잔소리도 잡아먹고, 사람들의 시끄러운 소리도 잡아먹는다. 소리가 사라진 세상 속에서 석우는 혼자다. 무섭다.

하땅세 배우들의 도깨비놀음

도깨비는 옛날이야기에 흔했다. 연습을 보러 오셨던 분들 중에서도, 어렸을 적 고개 넘어오던 아저씨가 밤새도록 도깨비와 씨름을 했다는 이야기를 해주시는 분이 계셨다. 깜깜한 밤에 만나는 무서운 것들이 어디 도깨비뿐일까? 옛날이야기 중에는, 깜깜한 밤 고개를 넘어오다가 여우도 만나고, 호랑이도 만나는 이야기가 많다. 모두 다 무서운 존재들이다. "떡 하나 주면 안 잡아먹지!"의 호랑이는 가련한 엄마를 잡아먹기까지 했다. 무서운 밤과 싸우는 이야기는 형태만 다를 뿐이지 다른 나라의 이야기들에도 많다.

무서운 존재는, 곧 신적神的 존재의 다른 이름이다. 우리 이야기는 도깨비들에게 방망이도 들려주고, 씨름도 좋아하고, 여자도 좋아한다는 친근한 이야기를 덧붙여주긴 했지만, 그래도 도깨비는 무서운 존재이다. 단 한번 휘두르기만 하면 모든 일이 해결되는 도깨비 방망이는 영화 〈반지의 제왕〉에서 골룸이 그렇게도 가지고 싶어 했던 '절대반지'를 닮았다. 도깨비는 도깨비 방망이를 휘둘러 혹부리 영감의 혹도 떼어주고, "금 나와라, 뚝딱!" 금은보화가 쏟아지게 하고, 농부에게 속아서 밤새 똥지게를 지고 논에 거름을 주기도 한다. 도깨비는 일상에서 친숙한 신이다. 인간에게 장난도 걸고, 심술도 부리고, 속기도 하고, 욕심도 많다. 위반하고, 넘어서고, 욕망으로 가득차고, 똥으로도 가득 찬 존재가 도깨비다.

"도깨비가 도깨비 방망이를 잃어버리면 어떻게 될까?" 정승진 작가의 상상력이 시작된 곳이다. "도깨비 이야기지만, 도깨비 방망이가 없는 것이 마음에 든다." 윤시중 연출가가 이 작품에 대해서 맨 처음 보인 관심은 이것이다. 실제로 지금 아이들에게 도깨비 이야기는 멀다. 서양이나 일본 판타지에 기대지 않고 우리 도깨비 이야기를 쉽게 이야기할 수 있을까? 지금은 밤새 고개를 넘어오는 아저씨도 없고, 밤새도록 도깨비와 싸웠다는 이야기도 없다. 실제로 도깨비도, 도깨비 방망이도 잃어버린 채 우리는 살고 있다. 대신 트랜스포머, 엘리베이터 귀신, 빨간 마스크, 일본

영화 〈럼〉의 부토 의식, 미야자키 하야오 애니메이션에 나오는 가오나시가 있다. 결국 도깨비 이야기를 만들기 어려웠던 것은 도깨비 이야기의 전형성 때문이 아니라 실제로 우리가 도깨비를 잃어버리고 살기 때문이 아니었을까?

이쯤 되니, 문득 도깨비가 그립다. 그런가 하면 여전히 우리 주변에서 도깨비 같은 사람들을 만나는 때가 있다. 위반과 일탈의 괴짜들, 신기하기도 하고 두렵기도 한 존재들. 도깨비가 생각나는 사람들이 있다. 백남준도 그랬고, 윤시중 연출가도 그렇고, 하땅세 배우들도 그렇다. 도깨비를 찾아 나서고, 잃어버린 도깨비 방망이를 찾기 위한 이 모든 일들이 도깨비놀음처럼 느껴진다. 하땅세 배우들과 〈위대한 놀이〉를 함께 했다. 하땅세 배우들이 찾았던 도깨비는 결국, 하땅세 배우들이었다. 이 작품은 하땅세 배우들이 벌이는 또 다른 도깨비놀음이다. 하땅세 도깨비들은 요강으로 변하기도 하고, 쏟아지는 동전 눈물을 흘리기도 하고, 밤하늘을 울리는 윙윙 채찍소리 속에서도 길을 잃지 않는다. 깜깜한 밤, 혹은 부재不在를 건너오는 방법은 도깨비와 밤새 힘겨운 씨름을 벌이더라도, 왼쪽 다리 하나를 찾아내어 간신히 이기는 방법밖에 없다.

낙하하는 경성 사람들과 소설가 구보씨의
새로운 창작방법론

〈소설가 구보씨와 경성사람들〉

〈소설과 구보씨와 경성사람들〉

일시 2018년 10월 18일~10월 27일 **장소** CKL스테이지 **제작** 제12 언어연극스튜디오 **원작** 박태원 **극본·연출** 성기웅 **드라마투르기** 김 옥란 **자문** 박재영 **무대** 서지영 **조명** 최보윤 **의상** 김미나 **소품** 박현 이 **분장** 이지연 **영상·기술감독** 강경호 **작곡·음악** 변준섭 **음향** 임서 진 **무대감독** 김유민 **조연출** 김태령, 배하늘 **기획·홍보** 염시정, 권미 진 **출연** 강희제, 박경찬, 박경구, 강혜련, 김민하, 조재영, 정혜지, 최건우, 한새롬

성기웅은 지난해 공연 〈20세기 건담기〉를 통해 '소설가 구보 씨' 연작 4편을 마무리했다. 〈소설가 구보씨와 경성사람들〉^{예술의} ^{전당 자유소극장, 2007,} 〈깃븐우리절믄날〉^{두산아트센터, 2008,} 〈소설가 구 보씨의 1일〉^{두산아트센터, 2010} 그리고 〈20세기 건담기〉^{두산아트센터,}

2017 4편을 10년에 걸쳐서 공연했다. 작가 스스로 "10년 동안의 소원"을 이루었다고 말한다.〈20세기 건담기〉프로그램북,「작가노트」중에서 '소설가 구보씨' 연작의 첫 번째 작품〈소설가 구보씨와 경성 사람들〉이 제12언어연극스튜디오 창단 12주년 기념작으로 다시 무대에 오른다. 11년 만의 재공연이다.

소설가 구보씨 연작과 연출가 기웅씨의 연극 문법

사실 이 작품은 성기웅의 한국예술종합학교 연극원 전문사 졸업작품2006이다. 뒤돌아보니, 성기웅 연극의 스타일이 매우 이른 시기에 확고한 형태로 이미 모습을 갖추고 있었음을 깨닫게 된다. 소설을 낭독하는 방식의 배우 대사법, "콤마와 피리어드"의 문장부호까지 배우의 발화로 활용하는 언어의 연극성, 인터넷 링크연결처럼 그때그때 연결되는 주석과 영상자료의 활용 등 기존 연극 문법과는 다른 성기웅만의 스타일을 만들어왔다. 지금은 익숙한 다큐멘터리나 다양한 매체를 활용하는 방식을 이른 시기부터 근대 소설을 연극화하는 작업에 활용해온 것이다.

〈소설가 구보씨와 경성사람들〉과〈소설가 구보씨의 1일〉은 구보 박태원의 단편소설들과 중편소설을 원작으로 하고 있다.〈깃븐우리절믄날〉은 박태원, 이상, 정인택, 권영희 등 1930년대 남녀 문인들의 연애 이야기다. 1930년대 연애담의 주제와 양식

은 작가 자신을 직접 무대에 등장시킨 문제작 〈다정도 병인 양
하여〉국립극단 소극장 판, 2012로 이어지면서 성기웅의 연극 양식으로
굳어졌다. 〈20세기 건담기〉는 1937년 중일전쟁 시기를 배경으
로 이상과 김유정의 죽음, 이상이 운영했던 제비다방의 수영이
가 일본군 지원병으로 떠나 마찬가지로 죽음이 암시되는 결말로
구보씨 연작을 마무리하는 작품이다.

낙하하는 경성 사람들과 소설가 구보씨의 창작 노트

〈소설가 구보씨와 경성사람들〉은 박태원의 단편소설 「골목
안」, 「윤초시의 상경」, 「반년간」, 「악마」, 「성탄제」, 그리고 수
필 「이상적 산보법」을 에피소드식 구성으로 연극화한 것이다.
소설가 구보가 친구 이상과 함께 경성의 거리를 거닐면서 소설
창작의 아이디어를 얻기 위해 창작 노트를 작성하면서 하나씩
소설을 소개하는 방식이다. 이번에 재공연되는 〈소설가 구보씨
와 경성사람들〉에서는 초연 당시 이발소 소년 재봉이 이야기인
〈진통〉이 빠졌지만, 이야기의 전체적인 질감은 경성 사람들의
딱한 사정 이야기가 더 깊숙하게 느껴진다. 까페 여급 영이와 여
학생 순이 자매, 시골에서 상경한 윤초시가 만나는 까페 여급 숙
자, 황금광 친구의 기생 애인 최명화, 동경 신주쿠 조선인 여급,
병목정현재 퇴계로4가 공창지대 어린 매음녀 등 번쩍이는 근대 도시

의 명랑함이 아니라 도시 뒷골목의 어두운 그늘이 짙게 느껴진다. 박태원 소설이 동경의 조선 청년 예술가들의 일상을 그린 「반년간」을 거쳐 경성 사람들의 일상을 리얼하게 그리고자 하는 『소설가 구보씨의 일일』과 『천변풍경』으로 나아갔던 방향을 읽게 한다.

성기웅 덕분에 박태원 소설을 무대에서 열심히 보고 또 보고 있어서일까. 혹은 성기웅의 극작술이 소리 없이 더 깊어지고 있어서일까. 어느 공연보다 박태원 소설 속 인물들의 고민들이, 경성 거리를 나서 밤이 되어 집으로 돌아오는 구보씨의 하루 일과가 더 눈에 밟히고 귀를 기울이게 한다. 연극 〈소설가 구보씨와 경성사람들〉은 박태원이 동경 유학생활을 그린 소설 「반년간」의 동아일보 연재를 중단하고 "경성의 생활이 담긴" 소설을 쓰기 위한 새로운 창작방법론을 고민하고 모색하는 시기를 대상으로 하고 있다.

경성의 까페 여급과 투르게네프의 지나이다의 세계

이번 공연에서 유난히 눈에 띄는 것은 경성의 까페 여급, 여성들의 이야기이다. 이번 작품에서는 구보의 새로운 창작방법론 모색과 고민의 순간들이 더 강화되고, 구보와 이상의 만담 커플 장면보다 구보 개인의 창작노트를 중심으로 따라가서인지 경성 거리의 인물들에 대한 구보의 관찰의 시선이 더 강하게 느껴진다. 구보와 여동생 경원이 나쓰메 소세키와 투르게네프 소설을 논하고, 장곡천정소공동 조선호텔 티룸에서 만난 맞선 여인 정애와 투르게네프의 『하쓰코이첫사랑』, 스트린드베리의 『영양 쥬리미스 줄리』의 여성 인물 묘사의 '리알한 감각 결여'에 대해서 토론하는 장면은 다옥정 8번지 까페 여급 영이와 여학생 순이 자매, 「윤초시의 상경」장면의 까페 여급 숙자와 시골의 구여성 아내, 동경 신주쿠 조선인 여급과 하숙집 주인딸 스미에, 공창지대 매음녀 등의 현실과 연결되면서 구보의 관찰의 시선이 구체적으로 어느 곳으로 향하고 있는지 읽게 해준다.

투르게네프의 『첫사랑』은 이 공연에서 여학생 여성인물들에게 문제적인 작품으로 거듭 언급되는 작품이다. 구보의 여동생 경원도, 맞선 여인 정애도 투르게네프 소설을 이야기한다. 투르게네프 『첫사랑』의 주인공 화자 블라디미르는 16살 소년이다. 그의 첫사랑 여인 지나이다는 21살의 젊고 성숙한 여성이고, 기품 있고 강한 남성인 블라디미르의 아버지와 사랑에 빠진다. 『첫사랑』은 소년 주인공의 시점에서 기술되고 있기 때문에 지나이다와 아버지와의 사랑을 직접적으로 묘사하고 있지는 않다. 그러나 지나이다의 사랑 이야기는 톨스토이의 안나 카레니나와 스트린드베리의 미스 줄리의 세계, 소년낭만주의이 아닌 성인의 세계리얼리즘를 다루고 있다. 박태원이 1930년대 근대 소설의 문제적 인물들로 거듭 경성의 어린 까페 여급들과 매음녀들이 이야기를 다루는 것은 입센의 연극과 에밀 졸라의 근대 소설의 문제적 여성 인물들을 떠올리게 한다. 경성의 어린 까페 여급들과 매음녀들은 박태원의 혼성적 도시 경성을 탈식민주의적 풍경으로 읽게 하는 중요한 연결고리이다. 박태원이 「반년간」의 연재를 중단하고, 새로운 소설들인 『소설가 구보씨의 일일』, 『천변풍경』, 『성탄제』로 나아간, 그리고 월북 이후 『갑오농민전쟁』으로 나아간 방향을 짐작하게 한다.

외국 원작극

『존재의 세 가지 거짓말』과 〈위대한 놀이〉, 거짓말과 놀이 사이

〈위대한 놀이〉

〈위대한 놀이〉

일시 2016년 12월 3일~12월 29일 장소 두산아트센터 제작 하땅세 원작 아고타 크리스토프 대본 공동창작 연출 윤시중 예술감독 윤조병 번역 박철호 드라마투르기 김옥란 무대 윤시중 조명 조인곤 음향 정혜수 의상 김상희 음악감독 서상권 화술 이경선 출연 문숙경, 이수현, 서상권, 남미정/권제인, 조선주, 임세운, 조병욱, 염용균 동아연극상 신인연기상 문숙경

아고타 크리스토프Agota Kristof, 1936~2011의 소설 『존재의 세 가지 거짓말』용경식 역, 까치, 2014이 연극 무대에 오른다. 극단 하땅세의 〈위대한 놀이〉가 그것이다. 아고타 크리스토프는 '밀란 쿤데라에 비견되는 세계적인 작가'로 알려져 있다. 아고타 크리스토프의 대표작 『존재의 세 가지 거짓말』은 최근 케이블TV tvN

의 '비밀독서단', 출판사 위즈덤하우스의 팟캐스트 '이동진의 빨간책방' 등에서 다뤄지면서 다시 대중적인 관심을 얻고 있다.

원래 이 작품들은 「커다란 노트」 1986, 「증거」 1988, 「세 번째 거짓말」 1991의 세 작품으로 시차를 두고 각각 발표되었다. 국내에서도 1993년 3권의 소설로 각각 번역되었다. 최근 이 소설이 다시 화제가 되자 『존재의 세 가지 거짓말』이라는 하나의 제목으로 기존의 『비밀 노트』, 『타인의 증거』, 『50년간의 고독』이 1·2·3부의 구성으로 3권 합본 개역판이 나왔다. '존재의 세 가지 거짓말'은 한국 출판사에서 붙인 제목이다. 밀란 쿤데라의 『참을 수 없는 존재의 가벼움』 1984과 아고타 크리스토프의 『존재의 세 가지 거짓말』 1986~1991은 2차 세계대전과 소련 침공, 반체제 운동의 체코와 헝가리를 배경으로 쓰여진 동구권 작가의 자전적인 소설이다.

『존재의 세 가지 거짓말』, 루카스와 클라우스 쌍둥이 형제

『존재의 세 가지 거짓말』은 3부로 구성되어 있다. 3부의 구성은 애초에 한 권의 책으로 의도되어 쓰여진 것도 아니고 하나의 이야기로 연결되어 있지도 않다. 그러면서도 3부의 이야기는 서로 반복되고 중첩되고 다시 쓰여지면서 낯설고 기이한 하나의 이야기를 완성한다. 곧 이 소설의 매력은 표현의 명료함과 서사의 특별함이 아니라 자꾸만 반복되는 이야기, 반복되면서도 어긋나고 어딘가 다른 틈을 벌려놓는 이야기의 서술방식 자체에 있다.

1부는 대도시의 공습을 피해 국경 지역 할머니 집에 맡겨진 9살 쌍둥이 형제의 이야기다. 1부는 쌍둥이 형제가 쓰는 작문 노트에 담긴 '우리는'이라는 복수 화자의 이야기다. 국경 지역 소도시 K시의 할머니 집에 남겨진 쌍둥이는 전쟁터 한복판에서 매일매일 살아가는 법을 다시 배운다. 이미 학교는 문을 닫았고 성당의 사제도 굶주리고 있다. 이 소도시에는 유태인 학살의 임시 수용소가 있으며 매일매일 거리에는 독일 군인과 끌려가는 유태인 행렬이 가득하다. 술집에는 팔과 다리가 잘린 군인들이 술에 취해 노래를 부르고 있다. 쌍둥이들은 자신들만의 생존법으로 어른들의 전쟁터에서 살아남는다.

전쟁이 끝나고 '해방군'이라는 이름의 새로운 군인들이 들어오고 '혁명'이라는 이름으로 할머니의 집과 재산이 몰수되고 쌍둥이들의 생존은 또다시 문제된다. 그리고 전쟁터에 나갔던 아버지가 다시 돌아온다. 그는 전쟁 포로였다가 풀려났지만 해방된 조국에서도 여전히 쫓기고 있다. 아버지는 국경을 넘어 다른 나라로 가고자 한다. 쌍둥이들은 아버지를 돕기로 한다. 그러나 국경의 지뢰가 터지고 아버지는 죽는다. 쌍둥이 중의 하나는 아버지의 시체를 밟고 국경을 넘어간다. 다른 하나는 그대로 K시에 남느다. 국경을 넘는 방법은 누구가 앞서 가 먼저 지뢰를 밟게 하는 것이다.

2부는 그 이후의 이야기다. 다시 할머니 집으로 돌아온 '루카스'의 이야기다. 비로소 밝혀지는 쌍둥이 형제의 이름은 루카스와 클라우스이다. Lucas와 Claus, 이름의 철자 순서만을 바꾼 이름들이다. 2부는 전체 8장의 이야기와 후기가 붙어있다. 국경을 넘어간 클라우스가 다시 루카스에게로 돌아오지만 루카스는 이미 실종된 상태이고 루카스가 썼다는 '루카스의 노트' 한 권만이 남겨져 있다. 클라우스가 그 노트를 이어쓰고 완성하는 것이 2부의 마지막이다. 다시 이어진 3부에서는 국경을 넘어간 형제의 이름이 클라우스가 아니라 루카스임이 밝혀진다. 루카스와 클라우스는 다시 만난다. 그러나 클라우스는 루카스의 존재를 부정한다. 루카스는 국경을 넘어갈 때 자신의 아버지를 부정하고, 나이와 이름을 속였다. 루카스는 국경 너머에서 '루카스'가 아닌 '클라우스'의 이름으로 살아왔다. 3부는 미완성인 '루카스의 노트'가 클라우스에 의해 완성되는 2장의 겹구조로 이루어져 있다.

국경 지역의 쌍둥이 형제 중의 하나가 어느날 국경을 넘어가 헤어지고, 다시 만나지만, 서로를 부정하고 다시 헤어지는 이야기 — 어찌 보면 매우 단순한 이야기다. 그렇지만 이 이야기 전체를 매 순간 불안하게 흔들어놓는 것은 쌍둥이 형제의 설정과 쌍둥이 형제의 이름을 혼란스럽게 섞어놓고 부정하는 방식이다. 극적 장치로서 쌍둥이 형제의 설정은 재미있다. 쌍둥이는 하나 이면서 둘이고, 둘이면서 하나이다. 2차 세계대전 이후 둘로 갈라진 유럽과 두 개의 유럽을 한몸으로 살아야했던 개인들의 혼란은 우리에게도 익숙하다. 분단국가의 현실을 형제에 비유하는 것은 우리에게도 이미 익숙한 일이다. 그렇기에 다시 만난 쌍둥이 형제가 서로를 부정하며 더 분명한 이별을 반복하는 결말은 충격적이고 고통스럽다.

〈위대한 놀이〉, 실재계 현실의 잔혹 연습

연극 〈위대한 놀이〉는 『존재의 세 가지 거짓말』 중 첫 번째 이야기인 1부를 중심으로 한다. 『존재의 세 가지 거짓말』은 특히 작가들이 좋아하는 소설이다. 소설의 '허구'는 사실 '거짓말'이다. 그런데 그 거짓말이 이토록 아름답고 고통스러우니 작가들이 열광할 수밖에 없다. 이에 비해 연극 〈위대한 놀이〉는 소설 원작의 전체 이야기 중에서 일반 관객들이 좀더 보편적으로 공감할 수 있는 쌍둥이 형제의 작문 노트 이야기에 주목했다.

극단 하땅세는 〈세상에서 제일 작은 개구리 왕자〉, 〈붓바람〉, 〈파리대왕〉, 〈파우스트Ⅰ+Ⅱ〉 등의 작품에서 감각적인 무대 이미지와 배우들의 움직임 중심의 도전적인 작품들을 만들어왔다.

『존재의 세 가지 거짓말』의 1부는 9살짜리 쌍둥이 형제의 수수하면서 잔혹한 생존에의 훈련 모습을 담고 있다. 맞으면 아프다. 쌍둥이 형제는 아프지 않을 때까지 서로를 때려 훈련시킨다. 전쟁 중에는 사방에 폭발물과 군인 시체들이 뒹굴고 있다. 쌍둥이 형제는 닭과 고양이와 돼지를 죽이는 연습을 한다. 그렇게 쌍둥이 형제는 매일매일 강력해진다. 쌍둥이 형제는 매일매일 더 "마녀의 자식들"이 되어 간다. 쌍둥이 형제의 매일매일의 반복과 훈련의 연습은 곧 생존 연습이자 잔혹 연습이다. 이들에게는 전쟁터가 새로운 학교다.

그리고 소년들의 시선에서 포착되는 전쟁의 맨 얼굴들이 작문 노트에 그대로 기록된다. 성당의 신부는 마을의 소녀 언청이를 성희롱하고, 할머니는 유태인들을 숨겨주는 댓가로 돈을 벌고, 할머니 집에 세들어 사는 독일 장교는 성도착증 동성애자다. 아이들의 시선에 포착되는 '있는 그대로의 현실'이 감정이나 윤리적 판단이 제거된 채 그대로 쌍둥이의 노트에 기록된다. 어른들의 세계가 윤리와 도덕의 이름으로 은폐하고 있는 것을 소년들은 있는 그대로 바라보고 기록한다. 쌍둥이의 설정은 이 모든 현실과 반응을 증폭시키고 배가시키는 강력한 극적 장치가 되고 있다.

또한 쌍둥이 형제의 '우리는'이라는 복수 화자는 유아기의 분리 이전의 상상계적 현실을 환기시킨다. 모든 개인의 정체성의 출발은 '나'로부터 시작된다. '나'가 아니라 '우리'의 애착적인 관계는 엄마와 아기의 유아기의 단계에 해당한다. 1부의 이야기는 엄마로부터 떨어져서 할머니의 집에 맡겨지는 쌍둥이 이야기로 시작된다. 할머니의 집에 맡겨진 쌍둥이가 '아버지의 대사전'을 들고 들어온다는 점은 그런 점에서 의미심장하다. 쌍둥이는 자신들이 관찰하는 세상을 아버지의 언어가 담긴 사전 속의 말들로 작문 연습을 한다.

그런데 그 언어로 그린 세상 풍경은 인간의 세상이라기엔 좀 낯설다. 이들이 그린 전쟁터 한복판의 풍경은 동물과 야만의 풍경이다. 이 작품에는 유난히 동물의 이미지가 많다. 할머니 집에는 할머니가 기르는 가축들로 항상 시끄럽다. 이웃집 언청이는 개와 수간獸姦을 한다. 그런데 그 일은 수치스러운 일이 아니라 사랑을 원해서 한 일이라고 말한다. 2부에 나오는 야스민은 아버지와 근친상간으로 곱추 아들 마티아스를 낳는다. 곱추 아들 마티아스는 언청이가 개와 수간하여 낳은 '개-아들'로 겹쳐 읽히는 대목이다.

1부에 나오는 인물들의 이름이 모두 지워진 채 나오는 것도 이러한 맥락에서 흥미롭다. 쌍둥이 소년들은 아직 루카스와 클라우스라는 이름으로 불리고 있지 않다. 언청이도 이름 없이 별명으로 불린다. 외국인 장교가 독일 군인이며, 새롭게 들어온 해방군 군인들이 소련군이라는 이름도 지워져 있다. '독일군'과

'수련구'이라는 이름이 이데올로기가 기워거 있다. 이 소설이 비록 헝가리의 역사를 다루고 있으면서도 특정한 이름의 역사가 아니라 우화처럼 느껴지는 것도 이 때문이다. 루카스는 국경을 넘어갔을 때 자신의 이름을 먼저 지운다. 1부의 인물들은 아직 이름 붙여지지 않은 유아기적, 상상계적 인물들이다.

전쟁이 일어났고, 아버지의 법과 질서의 상징계적 질서는 뒤집어졌다. 이들은 충동적이고 맹목적이고 파괴적이다. 이들의 모습이 우리에게 낯설고도 익숙한 것은 이 때문이다. 쌍둥이 소년들은 뇌출혈을 일으킨 할머니가 죽여 달라고 하자 기꺼이 그 소원을 들어준다. 그 행위는 엄마 젖이 필요할 때 젖을 빼는 것과 같은 단순함을 가지고 있다. 그 행위에 동정이나 연민 따위는 없다.

1부의 결말이 아버지가 돌아오고, 쌍둥이들이 아버지의 시체를 밟고 국경을 넘는 행위로 마무리되는 것은 상징계적 질서의 회복이 거부되고, 상상계적 분리가 더더욱 깊어지는, 실재계의 현실만이 남는 삭막한 풍경을 보여준다. 지뢰의 폭음과 함께 쌍둥이 형제는 둘로 뜯겨져 헤어진다. 쌍둥이의 설정은 유아기의 엄마와의 애착관계를 보여주는 것이자 거울 속의 자신에게 "너는 누구니?"라고 묻는 거울단계의 자아상을 보여준다. 쌍둥이의 애착관계는 그만큼 더욱 강력하고 쌍둥이의 이별은 강렬한 폭발음과 같은 고통을 안겨준다. 요컨대 쌍둥이의 설정은 소설 원작에서 가장 매력적이면서 강력한 극적 장치이다.

따라서 공연에서도 쌍둥이의 극적 장치를 어떻게 효과적으로 살릴 것인가를 고민할 수밖에 없었다. 이를 위해 빈 무대에 테이프 하나로 무대를 만들었다 지우는 놀이적 방식을 적극적으로 시도하게 되었다. 테이프 하나로 간단하게 국경, 분리, 인종적 구별 지음의 경계선을 표현할 수 있었다. 이러한 유아기적 놀이의 방식은 자유로운 상상력을 통해 독특한 가족극들을 만들어온 하땅세가 가장 잘하는 방식이기도 하다. 쌍둥이들이 끊임없이 만들었다 지우는 무대, 테이프 하나로 쉽게 갈라지기도 하고 순식간에 없어지기도 하는 '다른 세계들'은 즐거운 놀이이자 고통스러운 놀이이기도 하다.

'거짓말'과 '놀이'는 일단 한번 시작하면 끊임없이 이어지고 멈출 수 없다는 점에서 매혹적이면서 동시에 고통스러운 일이다. 마치 빨간 구두를 신으면 죽을 때까지 멈추지 않는 춤을 추어야 하는 동화처럼. 아고타 크리스토프는 글쓰기 행위를 마치 자살행위와 같다고 했다. 존재를 위한 거짓말과 놀이는 죽을 때까지 끝없이 이어진다.

장 주네아 최치언과 김학수

〈하녀 빠빵자매〉

〈하녀 빠빵자매〉

일시 2016년 12월 7일~12월 18일 **장소** 게릴라극장 **제작** 극단 사니너머 **작** 최치언 **연출** 김학수 **드라마투르기** 김옥란 **무대** 손호성 **조명** 김창기 **의상** 이윤정 안무 금배섭 **음악** 김동욱 **인형움직임지도** 문재희 **노래지도** 엄기영 **분장** 김근영 **사진** 호안스튜디오 **기획** 이혜은 **홍보마케팅** 이지예, 이아름 **출연** 이미라, 조원종, 이태형, 박다미, 김동훈, 신은경, 김현지, 이정진

〈하녀 빠빵자매〉는 장 주네의 〈하녀들〉을 최치언 식으로 다시 쓴 작품이다. 장 주네의 〈하녀들〉은 프랑스에서 일어났던 실제 사건을 소재로 쓴 것이다. 빠빵 자매 사건이 그것이다. 하녀 크리스틴 빠빵과 레아 빠빵 자매는 자신들이 7년 동안 일했던 집의 여주인과 딸을 살해한 뒤 자신들의 방에서 동성애를 즐기다 발각되었다고 한다. 장 주네는 사생아로 태어나서 고아가 되

었고 동성연애자였으며 범죄자였고 작가였다. 〈하녀들〉은 장 주
네의 기존 질서와 금기를 위반하는 소외된 자들의 주제를 잘 드
러내는 작품이다. 어느 시대나 소외된 자들이 반란을 꿈꾸는 이
야기는 강렬한 파토스와 함께 관객들의 마음을 움직인다.

〈미친극〉과 〈소뿔자르고주인오기전에도망가선생〉과 〈하녀 빠뺑자매〉

〈하녀 빠뺑자매〉는 살인을 저지르고 흥건한 피 속을 뒹굴다
사형장의 이슬로 사라진 하녀 빠뺑 자매의 실화를 작품으로 쓰
고 있는 장 주네의 이야기를 그리고 있다. 실제 사건과 그 사건
을 작품으로 쓰고 있는 작가 장 주네의 이야기를 다시 이중의 극
중극으로 다루고 있다. 이중삼중으로 반복에 반복을 거듭하는
최치언 특유의 구조로 다시 쓰여진 장 주네의 이야기다. 삼중의
극중극 장치는 최치언의 전작인 〈미친극〉2010과 〈소뿔자르고주
인오기전에도망가선생〉이하 〈소뿔자르고〉, 2015에서도 이미 익숙하다.
이 공연의 연출가 김학수는 〈미친극〉의 배우였다. 김학수는
〈미친극〉에서 실제 배우 이름인 '학수'라는 인물로 등장했었다.
〈소뿔자르고〉의 주인공 황백호는 마지막 장면에서 극장 문을 열
고 세상 밖으로 나간다. 〈미친극〉의 학수는 마지막 장면에서 작
가들의 틈바구니에서 끝없이 다시 쓰여지는 극중극 속에 영원히
갇혀 버린다. 그런데 놀랍게도 〈미친극〉의 학수는 진짜 현실 속

에 튀어나와 최치언이 또 다른 극인 〈하녀 빼뼁기제〉의 연출가 역할을 맡고 있다. '학수'는 또다시 최치언의 '미친극' 속에 갇혀 버린 것일까?[1] 혹은 '학수'는 이번에는, 무사히, 잘, 최치언의 '미친극' 속에서 탈출할 수 있을까? 최치언의 미로의 글쓰기는 이번에도 여전하다.

'미친 놀이'의 연출가 김학수와 '도망가선생'의 작가 최치언

한편 이번 작품은 작가에 의해 쓰여진 작가 이야기라는 점에서 최치언의 작가로서의 무의식을 확인하게 해주는 작품이다. 장 주네를 욕망하는 작가 최치언의 욕망은 곧 장 주네를 사랑하면서도 그를 넘어서고자 하는 강한 동기를 품고 있다. 이번 작품에서 최치언은, 장 주네를 다시 쓰면서 장 주네를 위반하는 글쓰기를 시도하고 있다. 따라서 이번 작품에서 실제 사건과 다른 장

---

1   연출가 김학수는 2019년 10월 19일 불의의 오토바이 사고로 우리 곁을 떠났다. 김학수의 죽음으로 극단 사니너머의 활동 또한 잠정 중단되었다. 연출가 김학수와 극단 사니너머의 그동안의 활동을 기억하고 기리기 위해 『김학수 꼭두각시놀음 공연기록집 - 돌아온 박첨지 2013~2020』(다큐멘토, 2021)이 발간되었다. 김학수 연출은 중요무형문화재 제3호 남사당놀이 전수자이자 배우, 연출가로 전통과 현대극을 넘나드는 작업을 해왔다. 〈하녀 빼뼁자매〉는 장 주네 부조리극을 김학수가 끊임없이 실험하고자 했던 인형극 방식으로 새롭게 시도한 작품이었다. 그의 이른 죽음을 끝내 슬퍼하며, 그가 가고자 했던 연극의 길에 함께 섰었던 동료로서 그의 작업을 기억하고 어느 판에서든 다시 살려볼 것을 기약한다.

주네의 작품 속 인물들의 선택뿐만 아니라 장 주네와는 다르게 최치언이 선택하고 있는 지점들이 무엇인가를 바라보는 일은 꽤 흥미로운 관전 포인트이다.

〈하녀 빠-삥자매〉의 공간은 감방이다. 수인번호 508번은 감방 안에서 수인번호 435번의 장 주네를 만난다. 갇혀진 공간의 설정은 장 주네가 평생 들락거린 감방의 비유이기도 하지만, 최치언의 작품 속에서 반복적으로 나오는 극중극의 갇힌 공간이기도 하다. 508번 죄수는 435번 죄수 장 주네를 만나 그가 쓴 작품 〈하녀들〉의 극중극 공간 속으로 들어가 〈하녀들〉을 다시 쓰는 다른 작가가 되다, 508번 죄수는 곧 작가 최치언인 것이다. 평생 '글-감옥'에 갇혀 탈출을 꿈꾸며 살아가는 '도망가선생'인 작가 최치언이다.

그런데 흥미로운 것은 수인번호 435번 장 주네가 인형으로 등장하고 있는 점이다. 508번 죄수^{이태형} 분은 435번 장 주네 인형을 들고 장 주네 역할을 동시에 맡는다. 이 작품의 인형극 장치는 작가 최치언을 장 주네와 강력하게 동일시시키면서 서로를 바라보게 하는 흥미로운 구조이다. 진짜 현실의 김학수가 연출하는 공연 속에서 반대로 작가 최치언이 죄수와 인형 장 주네의 몸속에 갇혀버린 형국이다. 이 감옥에는 또 다른 장 주네의 환영인 '혼령'^{조원종} 분이 짓무른 검은 눈을 한 얼굴 가면만으로 장 주네의 곁을 떠돌고 있다. 이 작품의 인형들은 단순히 인간 세계를

대체하는 비유저인 존재들이 이 □□ 미쳐 환영처럼 둥둥 떠다니
는 환상의 '미친 놀이'적 성격을 강화시키고 있다.

띠월차와 가위, 위반의 상상력의 다른 선택

관객의 입장에서는 장 주네의 〈하녀들〉과 최치언의 〈하녀 빠
빵자매〉를 비교하는 재미가 우선일 터이다. 장 주네가 쓰는 작품
의 극중극 장치로 〈하녀들〉의 내용들이 인용되고 있지만, 실제
로 작품 속에 인용되는 부분은 원작을 훨씬 압축적으로 제시하면
서 최치언만의 다른 상징물로 중심 이미지를 바꿔놓고 있다.

우선 〈하녀들〉의 띠월차는 그대로 등장한다. 그러나 하녀들을
죽이는 것은 띠월차가 아니라 가위로 대체되어 있다. 언니 크리
스틴은 이 가위로 "마담이 우리를 엿볼 수 없게 마담의 눈을 파
내버릴 거야!"라고 말한다. 가위의 이미지는 뾰족하고 금속성의
성질 그대로 칼을 연상시킨다. 실제로 이 감옥 속의 죄수인형들
은 "칼의 반란"을 꿈꾸고 있다. 〈하녀들〉의 이야기가 값비싼 찻
잔에 따르는 띠월차의 격식을 중요하게 여기는 제의의식에 초점
을 맞추면서 하녀들의 반란이라는 여성적 이미지가 좀더 강하다
면, 〈하녀 빠빵자매〉는 가위와 칼의 남성적인 이미지가 강하게
부각되어 있다.

다음으로 마담과 무슈 대신 실화에 따라 마담과 딸이 등장한

다. 따라서 마담이 무슈의 감옥을 방문하는 대신 무도회에 간 것으로 처리되면서 '글을 쓸 줄 아는 하녀' 동생 끌레르의 밀고 편지 이야기는 삭제되었다. 대신 밀고 편지의 이야기는 언니 크리스틴이미라 분과 동생 레아빠-빵박다미 분이 마담의 빗과 속옷들을 훔쳐 감춰둔 가방이 발각되는 이야기로 대체되었다. 크리스틴과 레아빠-빵이 마담의 물건을 훔치는 이야기가 강화되면서 죄의식의 주제가 더 강화되었다. "저 꽃들이 마담에게 모든 것을 다 일러바칠 거야." "죄 없는 사람들이 너에게 죄를 주었구나." 크리스틴과 레아빠-빵은 마담의 물건을 훔치고 마담의 속옷을 훔쳐 입고 항상 발가벗겨져 발각될 위험에 떤다. 죄의식과 불안과 수치심에 떤다.

이들의 죄의식은 자신들의 다락방의 동성애 사실이 발각될 위험에 대한 두려움으로 더더욱 깊은 불안에 휩싸이게 된다. 동생 레아빠-빵은 "마담은 우리들의 영혼까지 지배한 거야!" 말하고, 언니 크리스틴은 "누구도 영혼까진 지배할 수 없어"라고 말한다. 〈하녀들〉의 동생 끌레르가 식어버린 띠윌차를 선택하며 자기 위로 속에서 차가운 죽음을 선택하는 것과 달리 최치언은 언니 크리스틴이 동생 레아빠-빵이 들고 있었던 마담인형을 가위로 찔러 죽이는 장면을 보여준다.

영혼을 잠식당한 동생 레아빠-빵은 죽음에 이르고, "난 크리스틴이야!" 자기 이름과 영혼을 되찾은 언니 크리스틴은 살아남아

작가 장 주네와 최치언에게 빠-빵 자매의 살인죄를 변호한다. 그리고 다시 나타난 혼령은 쇠창살 문을 열어주며 장 주네에게 "세상 밖에서 글을 쓰라"고 말한다. 〈하녀 빠-빵자매〉의 이러한 마지막 장면은, 최치언의 직전 작품인 〈소뿔자르고〉의 황백호가 극장 밖으로 나갔던 장면을 연상시킨다. 〈미친극〉에서 튀어나온 '학수'가, 마담 놀이의 연극 놀이 속에서 "마담의 속옷을 벗고" 자기 이름을 되찾은 언니 크리스틴을 통해서 소외받고 불안에 떠는 자들이 검고 붉고 따뜻한 피 속에서 서로를 움켜잡고 보듬는 세상 밖의 현실의 한 장면을 보여준다. 크리스틴과 레아빠-빵의 이름은 황백호와 학수가 세상 밖에서 알게 된 "또 다른 이름" 들이다. 아마도 이것이 최치언이, 장 주네의 〈하녀들〉의 원작을 단순히 패러디하는 것이 아니라 실제 사건인 하녀 빠-빵자매의 이야기에 집요하고 복잡한 관심을 보였던 이유일 것이다.

가장 늦게 도착한 시라노의 편지

〈록산느를 위한 발라드〉

〈록산느를 위한 발라드〉

일시 2017년 5월 4일~5월 21일 **장소** 백성희장민호극장 **제작** 국립극단 **원작** 에드몽 로스탕 **각색** 김태형 **연출** 서충식 **드라마투르기** 김옥란 **무대** 신승렬 **조명** 이현지 **의상** 임예진 **분장** 이지연 **영상** 윤민철 **작곡·음악** 조용경 **음향** 유옥선 **움직임지도** 남궁호 **안무** 권영임 **신체트레이닝** 유홍영 **펜싱지도** 김진희 **타악지도** 최대웅 **예술교육파트** 윤원혜, 배명한, 이진아 **조연출** 곽정은 **무대감독** 문원섭, 구준호 **제작총괄** 김성제 **프로듀서** 김미선 **예술감독** 김윤철 **출연** 김지훈, 안병찬, 정현철, 안창환, 하윤경

〈록산느를 위한 발라드〉가 다시 무대에 올라간다. 초연은 2015년 5월 소극장 판에서 이루어졌다. 2년만의 재공연이다. 공연장도 백성희장민호극장의 중극장으로 무대를 옮겼다. 이 작품은 에드몽 로스탕Edmond Rostand의 『시라노Cyrano de Bergerac』1897; 이상해 역, 열린

책들. 2008가 원작이다. 원작은 5막 구조의 대규모 공연이지만, 2015년 초연 당시 김태형 작가에 의해 4명의 배우가 등장하는 소극장 공연으로 각색되었다. 서충식 연출은 밧줄과 봉과 사다리를 이용하는 역동적인 장면을 통해 '낭만검객' 시라노를 위한 독특한 공연 이미지를 만들어냈다. 여기에 피아노와 바이올린 연주자가 함께 하는 작은 실내악 같은 공연으로 관객들로부터 많은 사랑을 받았다. 이 세상에서 가장 아름다운 사랑 이야기인 『시라노』가 청소년극으로 다시 태어나는 순간이었다.

재공연을 위한 고민들

재공연을 앞두고 작품 회의는 일찍부터 시작되었다. 2016년 12월 21일 첫 번째 작품 회의에서 공연장이 백성희장민호극장이고, 음악팀에 새롭게 타악을 추가하고 정현철 배우가 악사로 새로 합류한다는 소식이 전해졌다. "새로운 공연을 만들 겁니다!" 서충식 연출의 한마디였다. 우선 공연장이 바뀌었고, 시간의 흐름이 있었고, 무엇보다도 정치사회적으로 중요한 변화가 일어나고 있는 때였다. 그동안의 시간은 단순히 흘러가기만 한 시간은 아니었다. 이 시점에서 〈시라노〉를 다시 공연하게 되었다는 사실이 일종의 상징처럼 다가왔다. 2017년 시점에서 원작과 공연대본을 다시 읽으면서 새삼 놀랐다. 현재 시점에서 더더욱 명확한 의미로 다가오는 많은 이야기들이 〈시라노〉에 있었다. '낭만검객' 시라노가 마지막까지 싸우면서 끝까지 지키고자 애썼던 작은 깃털 펜의 '자유'의 의지가 깊이 다가왔다.

2017년 5월의 공연을 준비하면서, 다시 확인된 것과 보완될 부분들이 논의되었다. 우선 초연 당시 시간에 쫓기며 해결하지 못했던 결말의 문제가 중요하게 이야기되었다. 김태형 각색에서 원작과 가장 큰 차별성을 보이는 것은 록산느의 관점에서 원작을 재해석하고 있는 것이다. 김태형 작가는 "록산느의 관점을 계속 가져가고 싶다"고 말하며, 록산느가 청소년과 가장 가까운 캐릭터라는 점을 다시 한번 환기시켜주었다. 세상과 싸우다 죽는 시라노가 마지막까지 사랑했던 록산느는 정작 시라노의 사랑을 알지 못했다. 그녀는 모든 사람에게서 사랑받았지만, 정작 자신의 사랑을 가장 늦게 깨닫는 인물이다. 록산느는, 어쩌면 가장 어리석은 자이지만 가장 성장하는 자인 것이다. 사랑을 통해서 성장하는 인물, 그 / 그녀가 바로 록산느이다. 비단 록산느뿐만이 아니다. 사랑은 사람을 성장시킨다. 시라노가 쓰는 사랑의 시와 광장의 연설문, 모두 뜨거운 사랑이었다. 전쟁으로 크리스티앙은 죽었고, 정치적 혼란 속에서 시라노도 죽었지만, 록산느는 그들의 사랑의 힘으로 계속 살아갈 것이다.

청소년예술교육팀 또한 작품에 힘을 실어주었다. 초연 당시 청소년 참가단과 관객 반응을 모니터링한 자료를 건네주었다. 우선 기존 어린이·청소년공연에서 자주 다루기 않는 남성 기신 인물들의 이야기에 대한 호응이 높았던 점이 지적되었다. 〈시라노〉 원작이 담고 있는 저항의 이야기와 밧줄과 봉을 활용하는 공연의 역동성이 특히 남자 청소년 관객들에게 큰 호응을 얻었다는 것이다. 그리고 공연을 통해서 들을 수 있었던 시적 언어와 아름다운 대사들에 대한 반응도 컸다. 공연팀에서는 원작의 고전적인 언어가 요즘 청소년 언어와 맞지 않는 것이 아닐까 우려했던 것과는 달리, 원작의 시적인 언어는 그 자체로 감동의 대상이었다는 것이다. 이 공연이 기존 청소년극과 달랐다는 이야기를 듣는 것 또한 청소년극하면 떠오르는 교훈적인 주제의 공연과는 달리 정서적으로 공감할 수 있었던 부분이 컸던 것도 중요하게 언급되었다.

관객들이 각자 사랑의 태도를 대입하며 4명의 배우들에게 골고루 공감할 수 있었던 것도 이 공연이 청소년 관객뿐만 아니라 성인 관객들에게도 폭넓게 사랑받을 수 있었던 중요한 이유였다. 시라노의 마지막 말처럼, 누구에게나 청춘은 "우린 모두 어리석었지만, 환하게 빛났었던" 기억으로 때로는 아프게, 때로는 아련하게 남아있는 추억이기 때문이다. 어느 노랫말처럼 "젊은 날엔 젊음을 모르고, 사랑할 땐 사랑이 보이지 않았지만", "젊은 날엔 젊음을 잊었고, 사랑할 땐 사랑이 흔해만 보였지만", 이제 뒤돌아보니 "우린 젊고 서로 사랑을 했던" 것이다. 이상은, 〈언젠가는〉 중에서

시라노는 실존인물이자, 소설 『삼총사』1844의 주인공 달타냥

의 실제 모델이기도 하다. 소설에서 달타냥은 "열여덟 살의 돈키호테"알렉상드르 뒤마, 김석희 역, 『삼총사』, 시공사, 2011로 불린다. 1640년 아라스 포위전에 참전하고 심각한 부상을 입었던 시라노의 나이는 22살이었다. 『시라노』 자체가 청소년 이야기이다.

연습이 진행될수록 작가의 어깨는 점점 더 무거워져 갔다. 그러나 방대한 분량의 원작을 4명의 용감하고 경쾌한 청소년 주인공의 이야기로 다시 만들어냈던 김태형 작가에 대한 믿음 또한 컸기에 다양한 이야기들이 계속 오갈 수 있었다. 새로 투입된 악사 역할의 정현철 배우의 캐릭터를 조정하는 숙제도 만만치 않았다. 록산느의 사랑과 성장의 주제를 좀더 단단하게 만들기 위해서라도 시라노의 사회성의 주제가 보완될 필요성도 제기되었다. 그리하여 새롭게 '록산느'의 본명이 '마그들렌 로뱅'이라는 사실이 눈에 들어왔고, '록산느'라는 이름은 록산느가 스스로에게 지어준 새로운 이름이라는 설정으로 록산느의 밝고 건강한 캐릭터를 보강하게 되었다. 공연 후반부 시라노의 광장의 연설 장면도 추가되었다. 새로운 캐릭터인 정현철 배우는 악사이자 '리틀 시라노'의 '소년' 역할로 결정되었다. 시라노의 광장의 연설문, 소년의 시 모두 원작에 있는 시라노의 목소리들이다. 1월 23일 1차 수정고, 2월 19일 2차 수정고, 4월 15일 3차 수정고의 오랜 고민을 거쳐 결정된 사항들이다.

시라노는 못 생겼다. 시라노의 얼굴 한복판에 있는 커다란 코는 미스터리다. 시라노의 코는 열등감의 대상이다. 시라노는 허풍이 심한 남쪽 가스코뉴 출신의 시골 기사이다. 그의 얼굴은 이탈리아 광대극 코미디아 델라르테의 "풀치넬라를 닮은 얼굴"『시라노』 1막2장에서, 곧 어릿광대의 얼굴이다. 풀치넬라pulchinela를 따라가 보면, 시라노의 코는 어릿광대의 빨간 광대 코와 거짓말을 하면 자꾸만 코가 길어진다는 목각인형 동화 피노키오의 코카를로 콜로디,『피노키오의 모험』, 1883; 이승수 역, 비룡소, 2010와 연결된다. 시라노는, 자존심 강한 재담꾼이자, 어릿광대의 희극적 캐릭터를 가지고 있다. 그는 최고의 검객이면서 결투를 하면서도 시발라드를 읊는 서정시인, '낭만검객'이다.『시라노』의 원작자 에드몽 로스탕은, 실존인물 시라노를 광대극의 풀치넬라 캐릭터와 결합시킴으로써 시라노를 많은 사람들에게 사랑받는 독특한 인물로 만들어냈다. 시라노는, 마치 찰리 채플린처럼 풍자의 강렬한 웃음과 짙은 슬픔의 페이소스가 함께 있는 독특한 캐릭터로 백년이 넘도록 사람들의 마음 속 깊은 곳에 자리 잡고 있다. 이번 재공연에서 서충식 연출은 만화적 영상을 활용하여 공연의 희극성을 강조하고자 한다. 〈국물 있사옵니다〉에서 보여주었던 서충식 연출의 따뜻하고 밝은 웃음의 코드가 이번 공연에서도 제대로 빛날 것이다.

"달에서 떨어진 사나이"— 영국 청소년 소설가 제럴딘 매코크런의 소설 『시라노』에서 시라노에게 붙여준 별명이다.제럴딘 매코크런, 김진준 역,『시라노』, 문학동네, 2011 시라노와 달의 이미지는 초연 당시부터 김태형 작가와 서충식 연출가에게도 중요한 모티브였다. 시라노와 달의 이미지는 '달에서 떨어진 / 달로 올라가는' 시라노의 이미지와 함께 밧줄에 매달려서 달나라 여행의 몽상을 꿈꾸는 시라노 장면, 봄밤의 달빛 아래 사랑을 맹세하는 크리스티앙과 록산느 장면, 그리고 마지막 장면에서 세상 속으로 걸어 들어가는 록산느의 새로운 출발의 이미지를 마치 달나라 탐험과 같은 텅 빈 무대 이미지로 나타내고자 했다. 달의 이미지는 시라노의 시인이자 몽상가로서의 성격을 가장 잘 나타내주는 이미지이기도 하다. 시라노의 첫 등장을 알리는 원작의 1막 마지막 장면은 정치 풍자시로 위험에 빠진 "불쌍한 시인 한 명"을 노리는 백 명의 기사들에 맞서 일 대 백의 결투를 위해 달밤의 파리의 거리로 나서는 시라노 일행의 야간 촛불행렬의 장면과 함께 끝난다.

본명 마그들렌 로뱅, 일명 록산느. '록산느Roxane'의 이름의 뜻은 '밝음'이다. 어둠이 물러가고 새벽의 밝음이 온 세상을 비추는 것과 같은 존재. 시라노가 달의 이미지라면, 록산느는 해의 이미지를 가지고 있다. 시라노의 달과 록산느의 해. 반짝반짝 빛나는 이름들이다. 이 공연에는 사랑의 꽃나무와 모든 것이 끊임없이 지워지면서도 오래도록 출렁이는 파도 소리도 함께 한다.

하늘의 해와 별과 달처럼 반짝반짝 빛나고 파두처럼 소리치는 세계. 청춘의 쿵쾅거리는 심장소리처럼 역동적인 이미지들이 가득하다. "영주들은 자기네끼리 싸우고, 국왕은 추기경과 싸우고, 스페인 왕은 프랑스 왕과 싸우고 있었다. 이런 은밀한 전쟁이나 공공연한 전쟁 외에도 도둑과 거지, 위그노신교도, 이리떼, 불량배들이 세상의 모든 사람들을 상대로 싸우고 있었다." 소설 『삼총사』가 묘사하고 있는 루이 13세와 리슐리외 추기경의 시대다. 루이 13세 시대는 시라노가 실제로 살았던 시기이다. 리슐리외 추기경은 절대왕권의 강력한 프랑스를 꿈꾸었던 마키아벨리적 인물이다. 드 기슈는, 이 작품에서 리슐리외 추기경을 대신하는 인물이다. 리슐리외 추기경은 드 기슈의 삼촌이다. 시라노의 시대는 종교마저도 전쟁에 몰두했던 전쟁의 시기이자 혁명의 시기였다.

시라노의 광장의 연설 장면이 들어오면서 비로소 풀리는 장면이 있었다. 시라노는 처음부터 록산느를 짝사랑하고 있었다. 그는 크리스티앙을 만나기 전부터 록산느에게 보내는 편지를 가슴속에 품고 있었다. 불의 앞에 용감한 시라노이지만 사랑 앞에서는 약했다. 시라노는 크리스티앙의 연애편지를 대신 쓴다. 전쟁터에서도 시라노의 편지쓰기는 계속 된다. 몰살의 위협을 앞두고 시라노는 마지막 편지를 쓴다. 그러나 그 편지는 록산느에게 배달되지 못했다. 대신 크리스티앙의 품속에서 크리스티앙의 마지막 편지로 록산느에게 전달되었다. 시라노의 편지가 비로소 시라노의 이름으로 록산느에게 도착하는 것은 광장의 연설 장면 이후이다. 시라노가 광장의 연설문을 쓰고 세상 속에서 자신의 모습으로 당당히 서있을 때 드디어 시라노의 마지막 편지가 록산느에게 '가장 늦게나마' 도착한다. 단순히 마지막 편지의 주인공이 누구인지 밝혀지고 끝나는 것이 아니라 시라노의 전 생애를 건 사랑이 완성되었을 때 비로소 편지는 시라노의 이름으로 읊어진다. 시라노는 의문의 사고로 37살 젊은 나이에 죽었다. 우리가 시라노의 마지막 편지에서 읽는 것은 그의 죽음의 의미이다. 시라노는 시인이고, 평생 외로웠고 가난했지만, 깃털 펜처럼 한없이 가볍게 자유롭게 살았다.

"지금이 밤이요 낮이요?"

〈두드려라, 맥베스〉

〈두드려라, 맥베스〉

일시 2018년 6월 7일~6월 10일 장소 대학로예술극장 대극장 제작 극단 해를보는마음 원작 세익스피어 각색 안경모 예술감독 김숙희 연출 황준형 드라마투르기 김옥란 조연출 김민주 비쥬얼디렉터 차민엽 조명 김영빈 무대 EASThug 의상 이현지 안무 장혜라 음악감독 강은구 타악구성 고석용 타악지도 이정우 음악조감독 강예신 제작 PD 김종식 출연 박경주, 강혜진, 배아영, 이종현, 홍아론, 주창환, 김성재, 이성수, 조재욱 이지훈, 고용선, 김동진, 위민국, 고형우

극단 해를보는마음은 젊은 극단이다. 〈두드려라, 맥베스〉는 전통 모듬북 타악 퍼포먼스를 중심으로 〈맥베스〉를 현대적으로 재해석한 공연이다. 〈두드려라, 맥베스〉는 국내는 물론 해외 페스티벌 공연에서 여러 차례 공연을 거듭해온 극단 해를보는마음의 대표적인 레퍼토리 중 하나이다. 공연 제목처럼, 밀양연극제,

춘천국제연극제, 아비뇽페스티벌까지 국내외 유명 연극제의 문들을 힘차게 두드렸다. 남성 배우 중심의 역동적 퍼포먼스를 강조했던 기존 공연과 달리 이번 공연에서는 레이디 맥베스를 새롭게 등장시켜 새로운 해석을 강화하였다.

실제 역사 속에서, 스코틀랜드 왕 맥베스의 전쟁은 내전이었다. 스코틀랜드 왕조 초기는 왕권 다툼으로 불안정한 시기였다. 적을 죽이는 것이 아니라 역모를 진압하고 왕을 죽이고 동지를 죽이는 싸움이었다. 맥베스와 그의 의붓아들 룰라크 통치 시기는 유일하게 정통 왕조의 맥락이 끊긴 때였다. 셰익스피어는, 엘리자베스 여왕 뒤를 이어 1603년 스코틀랜드와 잉글랜드를 통합하여 왕으로 즉위한 스코틀랜드 왕 제임스 1세 앞에서 공연하기 위해 맥베스에 관한 역사적 사실을 변형시키고, 정치적 부권주의를 강조해 〈맥베스〉를 썼다.

극단 해를보는마음의 맥베스와 레이디 맥베스는 더 이상 악인이나 악녀가 아니다. 마녀들도 등장하지 않는다. 맥베스와 레이디 맥베스는 오랜 전쟁에서 벗어나 살고자 애쓴다. 어두운 욕망이 아니라 생존을 위한 욕망이다. 맥베스와 레이디 맥베스의 아이 또한 전쟁 중에 잃었다. 맥베스와 레이디 맥베스는 오랜 동지적 관계로 서로를 지탱한다. 맥베스와 레이디 맥베스를 제외하고, 덩컨왕과 멜컴왕자, 뱅코우와 아들 플리언스 등 원작의 인물 구성이 모두 부자관계가 중심인 것도 대조적이다. 맥베스는 전쟁을 끝내기 위해 덩컨왕을 살해했으나, 잠을 잃고, 레이디 맥베스 또한 잃는다. 맥베스는 스스로 지옥의 문을 열었다. 맥베스는 지옥에서 묻는다. "지금이 밤이요, 낮이요?" 왜 우리는 살기 위해 애를 쓰면 쓸수록 아주 가까이에서 지옥의 문소리를 듣게 되는 것일까? 그러나 맥베스의 심장이 멈추기 전까지 생이 끝나지 않는 것처럼, 이번 공연 또한 맥베스의 심장이 멈추기 전까지 북소리를 멈추지 않는다. 그래서 "두드려라, 맥베스!"이다.

찾아보기

인물

작품